병렬말뭉치에 기반한 한국어 종결어미와 중국어 어기사의
양태 의미 대조 연구

한국문화사 국제 한국학 총서

병렬말뭉치에 기반한 한국어 종결어미와 중국어 어기사의 양태 의미 대조 연구

杨静静 著

한국문화사

머리말

　이 연구는 한국어 종결어미 '-지', '-네', '-구나'의 양태 의미를 밝히면서 양태 의미에 있어서 이들 종결어미와 중국어 어기사(語氣詞)의 대응 양상을 밝힘으로써 중국어권 학습자들이 한국어 종결어미 '-지', '-네', '-구나'의 양태 의미를 제대로 이해하고 이 어미들을 적절히 사용하게 하는 기반을 마련하는 데에 목적이 있다. 논의를 요약하면 다음과 같다.
　2장에서는 이후의 논의를 진행해 나가기 위한 기본적인 논의를 수행하였다. 양태의 개념과 실현 양상을 검토한 뒤 종결어미가 양태의 실현 양상임을 논의하였다. 그리고 기존의 양태의 분류 방법에 대한 논의를 검토한 뒤 양태를 인식 양태와 행위 양태로 크게 하위 분류하였다. 이밖에 중국어학에서 양태에 대한 연구를 살펴본 후 어기사가 중국어 양태의 실현 양상임을 논의하고 어기사의 개념과 분류 방법을 검토했다. 끝으로 어기사는 양태 체계에서 인식 양태에 속한 것임을 확인하였다.
　3장에서는 종결어미 '-지', '-네', '-구나'의 양태 의미를 분석하였다. 우선 인식 양태와 행위 양태 다의성을 가지는 양태 종결어미 '-지'의 양태 의미를 검토하였다. '-지'는 [이미 앎] 및 [기지가정]의 인식 양태 의미를 가지는 것으로 확인되었다. '-지'의 핵심 양태 의미는 [이미 앎]이지만 설명의문문에 사용될 때는 '과거에도 알았지만 지금도 화자가 말한 명제를 당연히 알고 있어야 한다는 가정'이나 '청자가 명제를 몰라도 해당 명제가 당위성이 있어서 청자가 화자로부터 얻은 해당 정보를 충분히 동의하거나 수용할 수 있다는 가정'의 의미가 파생된다는 것으로 논의되었다. 또한 '-지'는 '제안' 혹은 '기원'의 행위 양태 의미를 가지기도 함을 확인하였다. 그 다음으로 '-네'와 '-구나'의 양태 의미를 고찰하였다. '-네'의 핵심 양태 의미는 [새로 앎]이며 화자가 새로 알게 되는 경우뿐만 아니라 화자가 내면화되어 있던 사실을 다시 자각하게 된 경우나 화자가 예상하던 것을 확인한 경우도 신정보라고 할 수 있으며 이들은 [새로 앎] 의미 영역에 속한다고 논의하였다. 또한 '-네'는 '지각'을 비롯해서 내성, 추론, 전문에 의한 정보를 표현하기도 한다는 것을 확인하였다. '-구나'도 마찬가지로 주로 [새로 앎]의 의미가 나타난다는 것을 확인하였다. 그리고 기존 연구에서 '추론'의 속성만으로 '-네'와 '-구나'를 구분했을 때의 문제점을 지적하고 '-네'와 '-구나'의 양태 의미를 대조적으로 살펴보았다. 대부분의 '-네'는 '지각'에 의한 정보를 표현하며 '추론'에 의한 정보를 표현하기도 하지만 '-네'가 추론의 기능을 가지기 위해서는 과거 시제 '-었-', 선어말어미 '-겠-', 그리고 '-을 것 같다', '-은가 보다', '-을까 싶다', '-은 모양이다' 등 추측 표현과 결합해야만 가능하다. 반면 대부분 '-구나'는 '추론'에 의한 정보를 표현하므로 '-네'가 '추론'의 속성보다 '지각'의 속성과 더 밀접하게 연관되는 반면에 '-구나'가 '지각'의 속성보다는 '추론'의 속성과 더 밀접하게 연관된다고 보았다. 그러므로 '직접 지각'의 의미로부터 확장된 화자의 '강한 확신' 의미는 '-네'만 갖는 것임을 확인하였다. 또한 대부분 '-구나'가 '추론'에 의한 앎을 표시하는 것으로 항상 '사유 과정'을 거쳐야 하기 때문에 '깨달음'의 의미로 기술할 수 있음을 확인하였다.

 4장에서는 '啊(a), 呢(ne), 吧(ba), 呗(bei)' 4가지 중국어 어기사의 양태 의미에 대해 고찰하였다. 우선 어기사 '啊(a)'의 양태 의미를 '의외성'으로 파악하며 '啊(a)'에는 청자에게 반응을 보이도록 요구한다는 화자의 의도가 보인다고 논의하였다. 그 다음에 '呢(ne)'가 평서문과 의문문에서 상의한 의미를 가진다는 것을 확인하였고 의문문에 쓰인 '呢(ne)'의 양태 의미를 '자문', 평서문에 쓰인 '呢(ne)'의 양태 의미를 '명제 내용이 참인 것을 강조함'으로 보았다. 또한 '吧(ba)'의 양태 의미를 '화자의 불확신'으로 보았다. 그리고 판정의문문에 쓰인 '吧(ba)'는 [이미 앎]과 관련된 속성이 드러난다는 것을 확인하였다. 마지막으로 어기사 '唄(bei)'의 양태 의미를 검토하였다. '唄(bei)'의 양태 의미를 '당연함'으로 파악하였다. 이와 같은 '당연함'은 [기지가정]과 관련된 속성을 드러내는 것으로 분석하였다.

5장에서는 3·4장의 논의를 바탕으로 양태 의미에 있어서 '-지', '-네', '-구나' 3가지 종결어미와 4가지 중국어 어기사 '啊(a)', '呢(ne)', '吧(ba)', '唄(bei)'의 대응 양상을 살펴보았다. 우선 종결어미 '-지'와 중국어 어기사의 대응 양상을 고찰하였고 양태 의미에 있어 종결어미 '-지'가 중국어 어기사 '吧(ba)', '唄(bei)', 어기사 '啊(a)'가 들어간 관용 표현 '當然(당연히)…啊(a)', 그리고 어기사 '呢(ne)', '來著(laizhe)'와 대응된다는 것을 논의하였다. 특히 종결어미 '-지'와 어기사 '吧(ba)'가 가장 밀접한 대응 관계를 보이는 것임을 확인하였다. 다음으로 종결어미 '-네'와 중국어 어기사의 대응 양상을 검토하였고 양태 의미에 있어 종결어미 '-네'가 중국어 어기사 '呢(ne)', 어기사 '啊(a)'가 들어간 관용 표현 '看來(보아하니)…啊(a)', '原來(알고보니)…啊(a)', 그리고 어기사 '吧(ba)'와 대응된다는 것을 논의하였다. 이 가운데 종결어미 '-네'와 어기사 '呢(ne)'가 가장 밀접한 대응 관계를 보임을 확인하였다. 마지막으로 종결어미 '-구나'와 중국어 어기사의 대응 양상을 살펴보았고 양태 의미에 있어 종결어미 '-구나'가 중국어 어기사 '啊(a)'가 들어간 관용 표현 '原來(알고보니)…啊(a)', 그리고 어기사 '啊(a)', '吧(ba)' 와 대응됨을 논의하였다. 이 가운데 종결어미 '-구나'와 '原來(알고보니)…啊(a)'가 가장 밀접한 대응 관계를 보임을 확인하였다

 6장에서는 본고의 논의를 요약하며 의의를 밝혔다. 동시에 이 연구가 가지는 한계와 문제점도 함께 지적하였다.

2025년 10월

양정정

차 례

머리말 · 5

1. 서론 ——————————————————— 13
1.1. 연구 목적 ………………………………………… 13
1.2. 연구 대상 및 연구 방법 ………………………… 18
1.3. 선행 연구 검토 …………………………………… 24
1.4. 논의의 구성 ……………………………………… 38

2. 한중 양태 의미 대비 연구를 위한 이론적 고찰 ——— 41
2.1. 양태의 개념 및 실현 양상 ……………………… 41
2.2. 인식 양태의 개념 및 범위 ……………………… 52
2.3 중국어의 양태 연구 ……………………………… 63
2.4 중국어 어기사 …………………………………… 69

3. 한국어 종결어미 '-지', '-네', '-구나'의
양태 의미에 대한 고찰 ——————————————— 73
3.1. '-지'의 양태 의미 ………………………………… 73
3.1.1 '-지'의 인식 양태 의미 ……………………… 74
3.1.2 '-지'의 행위 양태 의미 ……………………… 85

3.2. '-네'와 '-구나'의 양태 의미 ·· 89
　　3.2.1 '-네'의 양태 의미 ·· 89
　　3.2.2 '-구나'의 양태 의미 ·· 100
　　3.2.3 '-네'와 '-구나'의 양태 의미 대비 ···················· 104

4. 중국어 어기사 '啊(a)', '呢(ne)', '吧(ba)', '呗(bei)'의 양태 의미에 대한 고찰 —————————————— 119

　　4.1 '啊(a)'의 양태 의미 ·· 121
　　4.2 '呢(ne)'의 양태 의미 ·· 127
　　4.3 '吧(ba)'의 양태 의미 ·· 138
　　4.4 '呗(bei)'의 양태 의미 ··· 144

5. '-지', '-네', '-구나'와 중국어 어기사의 대응 양상 ——— 151

　　5.1 '-지'와 중국어 어기사의 대응 양상 ······················ 151
　　5.2 '-네'와 중국어 어기사의 대응 양상 ······················ 176
　　5.3 '-구나'와 중국어 어기사의 대응 양상 ················· 203

6. 결론 ——————————————————————— 211

참고문헌 · 218
中文摘要 · 226
作者简介 · 229

표 차례

〈표 1〉 말뭉치 자료 목록 …………………………………………… 22
〈표 2〉 말뭉치의 규모 ……………………………………………… 23
〈표 3〉 '-네'와 '-구나'의 양태 의미 대비에 관련된 선행연구 …… 29
〈표 4〉 기존 논의에서의 양태의 정의 …………………………… 41
〈표 5〉 기존 연구에서의 양태의 실현 양상 …………………… 48
〈표 6〉 기존 연구에서의 양태의 하위 분류 …………………… 52
〈표 7〉 중국어 양태에 관한 연구 ………………………………… 66
〈표 8〉 본고의 증거성 하위 유형 ………………………………… 97
〈표 9〉 '-지'와 어기사의 대응 양상 ……………………………… 174
〈표 10〉 '-네'와 어기사의 대응 양상 …………………………… 201
〈표 11〉 '-구나'와 어기사의 대응 양상 ………………………… 208

01

서론

1.1 연구 목적

본고는 한국어 종결어미 '-지', '-네', '-구나'의 양태 의미를 밝히면서 양태 의미에 있어서 이들 종결어미와 중국어 어기사(語氣詞)[1]의 대응 양상을 밝힘으로써 중국어권 학습자들이 한국어 종결어미 '-지', '-네', '-구나'의 양태 의미를 제대로 이해하고 이 어미들을 적절히 사용하게 하는 기반을 마련하는 데에 목적이 있다.

학습자로서 외국어 학습의 최종 목표는 원어민과 최대한 정확하고 자연스럽게 의사소통을 이루는 것이다. 이와 같은 목적을 달성하기 위해서 단순한 발화의 뜻은 물론 화자의 태도, 정서 및 의지 등도 정확하게 파악해야 한다. 사람들은 말을 할 때 단순히 사실만을 전달하는

---

[1] 중국 언어학계에서는 어기의 개념 등에 대해 견해가 나누어지고 있는데, 대체로 '화자가 말하고자 하는 정서나 감정 또는 심적 상태'라고 하는 것이 통설이다(王尙文2000:3). 어기를 표현하는 허사를 어기사(語氣詞)라고 한다. 어기사(語氣詞)는 '어기조사(語氣助詞)'로 부르기도 한다. 본고에서는 '어기사'로 사용할 것이다.

것이 아니라 그 사실에 대한 감정, 판단, 느낌, 태도 등도 함께 전달하기 때문이다. 화자의 주관적인 태도는 흔히 '양태(modality)[2]'라고 하며 한국어 양태 의미는 종결어미에 의해 나타내기도 한다[3]. 이러한 관점에서 본다면 한국어 교육에서 종결어미의 교육은 매우 중요한 부분을 차지한다고 할 수 있다.

한국어 종결어미 '-지', '-네', '-구나'는 구어에서 높은 빈도수로 사용되는 것들이다. 이들 종결어미는 중국어권 학습자들이 한국어를 배울 때 별다른 어려움을 겪지 않는 것으로 파악하기 쉽지만 실제 의사소통 상황에서는 사용을 피하는 경우가 종종 있는 것으로 보인다. 이는 이들 종결어미가 가지고 있는 양태 의미를 제대로 이해하지 못했기 때문이라고 생각한다. 필자는 토픽 6급인 중국어권 한국어 학습자들 10명을 대상으로 한 설문조사[4]의 결과에 따르면 한국어 수준이 높은 고급 학습자라도 종결어미 '-지', '-네', '-구나'의 양태 의미에 대해

---

[2] 'modality'라는 용어는 서구에서 유래한 것이다. 이에 대한 번역은 학자에 따라 조금씩 다르다. 일부 학자들이 'modality'를 '양상(樣相)'으로 번역하지만(안명철 1983) 대부분 논의에서는 '양태(樣態)'로 번역해 사용하였다. 본 연구에서는 '양태'라는 용어를 사용하기로 한다.

[3] 이 부분에 대해 2장에서 자세히 다루겠다.

[4] 설문조사 내용은 다음과 같다.

1. 철수와 같이 있는 애가 철수를 꼭 닮은 것을 보니 다음과 같은 발화 중 어느 것이 더 옳다고 생각하십니까?
   (1) 네가 철수 동생이구나.
   (2) 네가 철수 동생이네.

2. 다음과 같은 대화 중 대답 (나1)과 (나2)의 차이점이 무엇이라고 생각하십니까?
   가: 철수는 어디 갔어?
   나1: 학교에 갔어.
   나2: 학교에 갔지.

3. '이게 누구 가방이야?'와 '이게 누구 가방이지?'의 차이가 무엇이라고 생각하십니까?

정확하게 파악하지 못하고 있는 것으로 나타났다.

(1) 가. (철수를 꼭 닮은 것을 보니) 네가 철수 동생이구나.
나. (철수를 꼭 닮은 것을 보니) 네가 철수 동생이네.

박재연(1999:215)에서 (1가)가 전혀 이상을 가지지 않는 것에 비해서 (1나)가 자연스럽지 못한 것이라고 지적했으며 이에 대해 '-구나'가 '-네'와는 달리 '추론'에 의한 정보를 표현하는 기능을 가지고 있기 때문이라고 설명하였다. 즉 예문(1)과 같이 철수와 닮은 외모를 가진 사람을 보고 이를 근거로 그가 철수의 동생이라는 정보를 추론해 냈다는 것이다. 하지만 이와 같은 '-구나'와 '-네'의 양태 의미 차이에 대해 한국어 수준이 높은 중국어권 한국어 학습자라도 제대로 파악하지 못하고 있다. 설문조사 결과, 10명 응답자 중 70%는 '(철수를 꼭 닮은 것을 보니) 네가 철수 동생이네'라는 발화가 전혀 어색하지 않은 것으로 판단하였다.

(2) 가: 철수는 어디 갔어?
나1: 학교에 갔어.
나2: 학교에 갔지.

(2)에서 (나1)과 (나2)의 대답은 언뜻 보기에는 동일한 의미를 가지고 있는 것으로 생각될 수 있다. 그러나 조금만 깊이 생각해 보면 '-지'가 사용된 (나2)의 화자는 '철수는 학교에 갔다'는 것을 화자(가)도 알아야 마땅한데 왜 다시 묻느냐는 느낌을 표현할 수 있다. 박재연(1999:94)에서 이러한 '-지'의 양태 의미를 [이미 앎]과 [청자기지]로

파악하였다. 이에 비하여 '-어'가 사용된 (나1)은 무표적인 평서문의 의미를 드러낸다. 하지만 필자의 설문조사 결과에 따르면 20%의 응답자만 '-지'가 가지고 있는 [이미 앎]과 [청자기지]의 양태 의미를 알고 있었고 20%의 응답자는 (나1)과 (나2)의 차이를 모른다고 답했으며 나머지 60%의 응답자는 '-지'는 '강조'의 역할을 한다고 답했다.

(3)가. 이게 누구 가방이야?
나. 이게 누구 가방이지?

예문(2)와 비슷하게 (3가)와 (3나)의 대답은 언뜻 보기에는 동일한 의미를 가지고 있는 것으로 생각될 수 있는데 깊이 생각해 보면 다른 뜻으로 나타난다. (3가)는 단순한 의문문으로서 화자가 그 가방이 누구 것인지를 전혀 모르고 해당 정보를 알기 위해 질문을 던지며 청자의 대답을 원한다. 이에 비하여 (3나)와 같은 '-지'가 사용된 문장은 화자가 그 가방이 누구 것인지에 대해 예전에 알고 있었으나 잠시 기억이 나지 않는 의미로 나타난다. 박재연(1998:95)에서 (3나)는 '이게 누구 가방이더라?'와 같은 의미로 사용될 수 있다고 지적한 바 있다. 그러나 이러한 의미 차이에 대해 10%의 응답자만 정확하게 알고 있었고 남은 90%의 응답자 중 30%는 잘 모르겠다고 답했고 60%는 '-지'는 '강조'의 역할을 한다고 하였다.

이상의 사실들을 종합해 보면 한국어 종결어미 '-지', '-네', '-구나'가 높은 빈도수로 사용되고 있음에도 불구하고 중국어권 고급 한국어 능력 학습자라도 이들 종결어미의 양태 의미를 정확하게 모르고 있다고 할 수 있다.[5]

---

5) 엄녀(2010)는 중국어권 한국어 고급 학습자를 대상으로 양태 표현을 사용하는

중국어권 학습자가 어떠한 한국어 문법을 배울 때 중국어에서 이와 대응되는 용법이 있는지를 먼저 생각하는 것이 일반적이며 대응되는 용법이 있으면 해당 문법을 이해하기가 훨씬 더 쉬워진다. 따라서 한·중 언어 대비 연구는 점차 늘어나고 있으며 한국어학 분야에서 중요한 지위를 차지하고 있다.

중국어 학계에서는 '양태(modality)'를 '情態'라고 한다. 중국어는 고립어로서 어미 같은 문법 요소가 없지만 특정한 양태사(情態詞) 이외에 양태 의미를 어기사(語氣詞)에 의해서도 나타내는 것으로 알려져 있다. 중국 어기사는 한국어 종결어미와 마찬가지로 문장 끝에서 나타나며 문장을 종결시킬 수 있으며 양태 의미를 표현하는 것이다. 선행연구를 본다면 한·중 대조 연구는 어휘 대조 연구가 대부분이고 문법 범주의 비교 연구는 그렇게 많지 않다는 것을 알 수 있다. 특히 한국어 종결어미와 중국어 어기사의 양태 의미 비교 연구가 더욱 드물다고 할 수 있다.

이상과 같은 점을 고려할 때 한국어 종결어미와 중국어 어기사의 양태 의미 대비 연구는 상당히 의미 있는 작업이라고 생각하며 이것이 본 논문의 연구 목적이다. 이 연구를 통해 한국어 종결어미와 중국어 어기사의 대조에 있어 일정한 경향(패턴)이 밝혀진다면 학문적으로는 한국어 종결어미와 중국어 어기사의 대조에 관한 일정한 이론체계를 제시할 수 있을 뿐 아니라 이를 바탕으로 실용적인 측면에서는 특히

양상에 대해 조사하였다. 이 연구를 통해 중국어권 한국어 고급 학습자가 실제 화행에서 모국어보다 적절한 양태 표현을 사용하지 못하고 단정적인 표현을 많이 사용하는 것을 확인할 수 있다. 한국어 능력이 비교적 뛰어나다고 볼 수 있는 고급 수준의 한국어 학습자의 경우라고 할지라도 양태 표현에 대한 파악이 부족하다는 것을 알 수 있다. 따라서 실제 의사소통에서 학습자의 원활한 의사소통을 촉진하기 위해서는 양태 표현의 교육이 상당히 필요하다.

중국어권 한국어 학습자가 한국어를 습득하거나 구사하고자 하는 경우 가장 적절하게 종결어미를 활용할 수 있는 기법을 제시할 수 있을 것으로 기대한다.

1.2 연구 대상 및 연구 방법

본고의 연구 대상을 종결어미 '-지', '-네', '-구나[6]'로 선정한 이유는 크게 두 가지가 있다. 첫째, '-지', '-네', '-구나'는 인식 양태[7] 및 내면화[8]의 의미를 공통적으로 나타낸다. 둘째, 이 세 가지 종결어미가 중국어 어기사와 직접적인 대응 관계를 보인다.[9] 다음과 같은 예문을 통해

---

6) 본고에서는 '-구나', '-군', '-구먼', '-구려'의 공통적인 양태 의미를 설명하기 위한 대표형으로 반말의 특성을 가장 많이 가지며 일상생활에서 더 많이 쓰이는 '-구나'를 사용하기로 한다.
7) 인식 양태(epistemic modality)는 양태 연구의 출발점이 되었던 개념 중 하나로 명제의 사실성(factual status)에 대한 화자의 태도를 표현하는 문법 범주이다 (Palmer 2001:8). 전통적으로 인식 양태에는 화자가 자신의 정보를 어느 정도 확실한 것으로 말하고 있느냐의 정도에 따라 확실성(certainty), 개연성 (probability), 가능성(possibility)의 의미 영역이 포함되는 것으로 다루어진다(박재연 2004:51). 인식 양태의 개념 및 범주에 대해서는 후술하겠다.
8) 박재연(2006: 80)에서는 원래부터 알고 있어서 내면화된 정보는 '이미 앎', 어떤 시점에 새로이 알게 되어 아직 자신의 지식 체계에 완전히 통합되지 못한 정보는 '새로 앎'으로 지칭하였다. 박재연(1999) 등 연구에서 [이미 앎] 및 [새로 앎] 의미가 포함된 상위 개념에 대해 '내면화'라는 용어를 사용하였다. 여기서는 박재연(2006)에 따라 [이미 앎] 및 [새로 앎] 의미가 포함된 상위 개념을 '내면화'라는 용어를 사용하기로 한다.
9) 박재연(2006)에 따르면 인식 양태와 관련된 종결어미는 '-지', '-네', '-구나', '-거든', '-을까', '-을걸', '-다나, -다면서'류 등이 있다. 이 가운데 인식 양태 및 내면화 의미를 공통적으로 나타내는 종결어미 '-지', '-네', '-구나'가 본고의 연구 대상으로 선정되었다. '-지', '-네', '-구나' 이외에 종결어미 '-거든'도 인식 양태 및 내면화 의미를 공통적으로 나타낸다. 하지만 본고는 한국어 종결어미와 중국어 어기사의 대응 관계를 밝히는 것에 목적을 두고 있으므로 '-거든'은

살펴보자.

(4)가. 복숭아꽃이 피었어.
　　나. 복숭아꽃이 피었지?
　　다. 복숭아꽃이 피었네!
　　라. 복숭아꽃이 피었구나!

위와 같이 4개 예문은 모두 '복숭아꽃이 피었다'는 사실을 전달하기 위해 발화된 것임에도 불구하고 사용된 종결어미에 따라 의미 차이를 포착해 낼 수 있다. (4가)처럼 '-어'를 사용할 때는 화자의 주관적인 태도를 내포하지 않으며 객관적인 서술만 한 것으로 단순한 서술문으로 해석할 수 있다. (4나)처럼 '-지'가 쓰이는 경우는 의문문이지만 화자가 '복숭아꽃이 피었다'는 것을 믿고 있고 이에 대해 청자가 긍정적인 대답을 할 것임을 기대하는 경우이다. 다시 말해 '-지'는 화자가 알고 있는 정보에 대하여 청자도 역시 알고 있다고 가정하는 상황에서 사용된다는 것이다. 이와 같은 '-지'의 양태 의미를 박재연(2004, 2006)에서 [이미 앎] 및 [기지가정]으로 규정하였다. (4다), (4라)와 같이 종결어미 '-네' 및 '-구나'는 (4나)의 '-지'와 달리 이미 알았던 사실이 아니라 새로 알게 된 사실에 대해서 사용된다. 즉 (4다)와 (4라)는 화자가 '복숭아꽃이 피었다'는 사실을 새로 알게 되었을 때 발화된 것이다.[10] 박재연(2004, 2006)에서 '-네'와 '-구나'의 양태 의미가 각각 [지각], [새로 앎] 및 [지각], [추론], [새로 앎]으로 제안되었다. 후술하겠지만

　　양태 의미로 나타날 때 중국어 어기사와 직접적인 대응 관계가 없는 것으로 보여 본고에서는 이를 제외한다.
10) '-네'와 '-구나'의 양태 의미 차이를 3장에서 자세히 다룰 것이다.

이와 같은 [이미 앎], [새로 앎], [지각], [추론] 등과 같은 의미는 모두 인식 양태에 속한 것이다.

위의 한국어 종결어미들은 중국어 어기사와 대응된다. 그렇다면 예문 (4)에 대응하는 가장 일반적인 중국어 문장을 다음과 같이 살펴보자.

(5) 가. 복숭아꽃이 피었어.
   가'. 桃花開了。
   나. 복숭아꽃이 피었지?
   나'. 桃花開了吧?
   다. 복숭아꽃이 피었네!
   다'. 桃花開了呢!
   라. 복숭아꽃이 피었구나!
   라'. 桃花開了啊!

위에서 볼 수 있듯이 종결어미에 따른 양태 의미 차이를 보이는 한국어 예문과 대응되는 중국어 어기사도 서로 다르게 나타난다. (5나')처럼 '吧(ba)'는 화자가 알고 있는 정보에 대해 100% 확신하지 않아서 청자에게 내용을 재확인하고 있다. 따라서 여기서 '吧(ba)'도 '-지'와 비슷하게 [이미 앎]과 관련된 속성을 드러낸다고 추정된다. '呢(ne)'와 '啊(a)'는 보통 예상치 못한 정보를 표현할 때 쓰이며 (5다')와 (5라')와 같이 이는 각각 새로운 또는 예상치 못한 그래서 화자의 기존 지식에 아직 동화되지 않은 정보를 나타내는 의외성의 의미를 가진 '-네'와 '-구나'와 대응된다. 그러므로 여기서 (5다')와 (5라')가 서로 교체되어 번역되어도 큰 문제가 없어 보인다. 하지만 뒤에서 자세히 다루겠지만 종결어미 '-네'와 '-구나'가 양태 의미에 있어 뚜렷한 차이를 보이는 것과 같이 어기사 '呢(ne)'와 '啊(a)'도 양태 의미 차이를 나타낸다.

이상과 같은 점을 고려할 때 한국어 인식 양태 의미를 가진 종결어미 '-지', '-네', '-구나'와 중국어 어기사 '吧(ba)', '呢(ne)', '啊(a)'는 양태 의미에 있어 유사한 부분이 있다는 것을 추론해 낼 수 있다. 그럼에도 불구하고 한국어의 종결어미와 마찬가지로 중국어 어기사도 문맥에 따라 다른 의미로 나타나 하나의 어기사가 하나의 의미만을 나타내지 않으므로 본고에서는 종결어미 '-지', '-네', '-구나'와 중국어 어기사의 대응 양상을 밝히면서 한국어 종결어미와 중국어 어기사의 대조에 있어 일정한 패턴을 밝히고자 한다.

본고는 한·중 대조 연구에 있어 병렬말뭉치[11]의 유용성을 인식하고 한국어와 중국어로 구성된 병렬말뭉치를 구축하여 한국어 종결어미와 중국어 어기사의 대응 관계에 대하여 연구하고자 한다. 병렬말뭉치는 다양한 크기와 유형의 출발어 표현에 대한 번역 대응어를 찾아볼 수 있게 해 주고 풍부한 문맥 속의 다양한 용례 제공을 통해 언어 관계를 인식하고 문체를 개선하게 해 줌으로써 번역의 효율성을 높여주고(설문영 2021:22), 두 언어의 대조 연구에 유용한 도구가 된다.

본고에서는 한·중 병렬말뭉치에서 한국어 종결어미와 중국어 어기사의 대응 양상을 연구하기 위해 한국 드라마 대본과 중국어 번역본을

---

11) 민경모(2019)는 병렬말뭉치와 한국어 교육에 관한 연구에서 '병렬말뭉치'에 대해 'parallel corpus'의 번역어로 보통 '둘 이상의 언어로 된 동일 내용의 텍스트 쌍의 집합'을 일컫는다고 하였다. 여기에서 '병렬'이라는 용어는 '나란히 있는 둘 이상이 존재함'을 전제하며, '그 둘이 평행한 상태로 늘어섬'을 의미한다. '나란히 있는 둘 이상이 존재한다'는 측면에서 이를 '이개어, 이중어, 이언어, 이중언어' 혹은 '다국어, 다중어, 다언어, 다중언어' 등으로 부를 수 있다. 따라서 대역 말뭉치, 번역 말뭉치는 병렬말뭉치와 동일한 개념으로 사용될 수 있다고 하였다. 기존의 연구들을 살펴보면 실제로 소설, 신문, 잡지, 성경, 공문서, 산문, 매뉴얼/안내 책자 등의 실용 텍스트, 영화/드라마의 자막, 연설문 등 장르의 텍스트가 병렬말뭉치 구축에 이용되었음을 알 수 있다.

중심으로 한·중 병렬말뭉치를 구축하였다. 종결어미 '-지', '-구나', '-네'는 모두 구어성이 강한 종결어미라 실제 상황과 가장 유사한 드라마 대본을 연구 자료 대상으로 삼는 것이 가장 적절하다고 생각하기 때문이다. 본 연구에서 한국어 드라마를 선정한 기준은 다음과 같다.

첫째, 언어는 역사성을 가지기 때문에 옛날 드라마의 경우 현대 사회에서 자주 쓰이지 않는 표현이 나타날 수 있어 본 연구에서는 최신 드라마를 선정한다. 둘째, 본고의 연구 대상인 종결어미 '-지', '-구나', '-네'는 모두 구어성이 강한 종결어미라 반말이 잘 사용되는 학교생활이나 가족생활을 다룬 드라마로 선정한다. 셋째, 한국인의 일상생활 언어를 잘 드러내고 있는지를 고려하여 드라마의 배경은 현대로 한정하고 드라마 속 등장인물들이 일상적이고 현실적인 것으로 선택한다. 넷째, 방언이 많이 나오는 드라마는 제외한다. 마지막으로 학습자의 흥미와 학습 동기를 유발할 수 있도록 중국에서 인기가 많은 드라마를 선정한다. 이와 같은 5가지 기준을 바탕으로 선정된 드라마 목록은 다음과 같다.

<표 1> 말뭉치 자료 목록

드라마 제목	중국어 제목	방송사	방영 년도	분량	최고 시청률	웨이보(微博)[12] 조회수[13]
<그해 우리는>	那年我們	SBS	2021년	16부작	5.3%	7.5억
<여신강림>	女神降臨	tvN	2021년	16부작	4.6%	27.9억
<스물다섯 스물하나>	二十五, 二十一	tvN	2022년	16부작	11.5%	17.7억
<서른아홉>	三十九	JTBC	2022년	12부작	8.1%	2.9억

본고에서는 위와 같은 드라마를 자료로 삼아 병렬말뭉치를 구축하였다. 구체적으로 말하면 본 연구의 한·중 드라마 병렬말뭉치의 구축 과정은 다음과 같다. 우선 '韓劇韓文字幕網[14)'에서 선정된 한국 드라마를 대상으로 하여 드라마에 나타난 한국어 자막과 중국어 자막을 컴퓨터 텍스트로 입력하였다. 다음으로 텍스트의 정확성을 보장하기 위해 드라마를 보면서 텍스트 내용의 실제 음성 발화와의 일치성에 대해 검토하였다. 그리고 본고에서 구축한 병렬말뭉치의 규모는 총 약 30만 어절이다.[15] 말뭉치의 상세한 규모는 아래와 같이 제시한다.

<표 2> 말뭉치의 규모

드라마	어절 수		문장 수	
	한	중	한	중
<그해 우리는>	61891	19809	18793	16986
<여신강림>	60099	23900	19860	18088
<스물다섯 스물하나>	60650	21956	19749	18573
<서른아홉>	42917	15835	14268	13553
합계	225557	81500	72670	67200

12) 중국에서 가장 큰 소셜 네트워킹 및 마이크로 블로그 서비스다.
13) 해당 조회 수는 2022년 7월 30일을 기준으로 집계한 것이다.
14) 韓劇韓文字幕網(한국 드라마 한글 자막 제작 사이트, http://www.hanwenzimu.com)는 2005년에 시작된 중국에서 제일 큰 한국 드라마 자막 제작 사이트이며 2022년까지 유료 회원수가 8만 명이 넘고 조회수는 3,000만이 넘는다. 한국 드라마를 번역해서 중국으로 도입하는 사이트 중 가장 권위 있는 사이트라고 할 수 있다.
15) 30만 어절은 한국어와 중국어의 총 어절수이며 실제 어절수는 307,057이다. 이 가운데 한국어 어절은 225,557이며 중국어 어절수는 81,500이다.

1.3 선행 연구 검토

본 절에서는 종결어미 '-지', '-구나', '-네'에 관련된 선행연구, 그리고 '-지', '-구나', '-네'와 중국어 어기사의 대조에 관련된 선행연구를 살펴보고자 한다.

1.3.1 종결어미 '-지', '-구나', '-네'에 대한 선행연구

한국어 문법에 있어서든 한국어 교육에 있어서든 종결어미 '-지', '-구나', '-네'에 대한 연구가 활발히 이루어져 왔다. 하지만 본고에서는 이들 종결어미의 양태 의미에 중점을 두어 논의를 진행하기 때문에 '-지', '-구나', '-네'의 양태 의미를 위주로 다루던 선행연구를 중점으로 살펴보고자 한다.

우선 '-지'는 양태 종결어미 중 가장 많은 관심을 받았던 어미이다. '-지'의 양태 의미와 관련되는 선행연구는 장석진(1973), 장경희(1985), 한길(1986, 1991), 이기동(1987), 이해영(1995), 손현선(1996), 박재연(1999, 2004, 2006), 임동훈(2008, 2011), 최수정(2014), 정경미(2017), 손혜옥(2018) 등이 있다.

장석진(1973), 한길(1986, 1991), 이기동(1987), 손현선(1996)에서는 문장 유형별로 '-지'의 의미를 파악하였다. 장석진(1973:127~131)에서는 '-지'가 '-어'와 달리 '추정법'의 의미를 가지고 있음을 주장하였다. 명령문에서 '-지'는 요청이나 요구 혹은 명령보다는 보다 약화된 제안을 전달하는 데에 사용되며 청유문에서도 이와 같은 사정은 마찬가지인데 이는 모두 '-지'의 추정적 속성 때문이라고 하였다. 손현선(1996)에서는 '-지'의 기본 의미로 본 '추정법'은 의문문 외의 다른 문

장 유형에서는 확실히 드러나지 않는다는 이유로 장석진(1973)의 문제점을 지적하였다.[16]

손현선(1996)에서는 '-지'는 서술문에서 '당연함', 의문문에서는 '동의를 구함', 명령문과 청유문에서 '권유'의 의미를 지닌다고 하였다. 손현선(1996:31-41)에 따르면 각 문장 유형에서 다른 의미를 나타내지만 이들은 모두 화자가 발화할 때 화자 이외의 사람들의 생각을 고려해서 발화하는 것이라는 공통점이 있음을 논의하였다. 구체적으로 말하면 '-지'가 평서문에 쓰이면 화자가 자신의 생각만을 위주로 발화하는 것이 아니고 화자 이외의 사람들의 생각을 발화에 끌어 온다는 것이다. 즉 청자의 생각이나 일반적인 생각을 감안해서 발화하는 것이 된다. 의문문에 쓰이며 청자의 생각만을 위주로 답을 요구하는 것이 아니라 화자 자신의 생각을 나타내며 청자의 답을 요구하는 것이 된다. 명령문과 청유문도 마찬가지로 명령문에 쓰이면 화자의 생각만을 중심으로 청자에게 행동을 요구하는 것이 아니라 청자의 생각을 감안하는 것이며 청유문에 쓰이며 청자에게 화자 자신과 함께 무슨 일을 하고자 하는 뜻을 나타내는데 이때 역시 화자의 생각만을 발화하는 것이 아니고 청자의 생각을 고려한다는 것이다.

한길(1986, 1991)에서는 평서문의 '-지'는 '약속, 회상 서술, 친근하거나 부드러운 서술'의 의미를 가지며 의문문의 '-지'와 같은 경우에는

---

16) 손현선(1996)에서 다음과 같은 예문을 제시하면서 장석진(1973)의 주장을 비판하였다.

(1) 가. 한글을 누가 만들었더라?
　　나. 세종대왕이야.
　　나'. 세종대왕이지.

손현선(1996:31)에 따르면 장석진(1973)의 주장대로 평서문의 '-지'가 추정적인 의미를 갖는다고 한다면 예문(1)에서 (1나')가 (1나)보다 추정적이어야 하는데 꼭 그렇다고 할 수 없다고 하였다.

판정의문문의 '-지'는 '추정 확인 물음', 설명의문문의 '-지'는 '친근하거나 부드러운 물음'의 의미를 가진다고 하였다. 청유문의 '-지'는 '함께 하기를 부드럽게 제의함', 명령문의 '-지'는 '해 주기를 부드럽게 권유함'의 의미를 갖는 것으로 보았다. 그러므로 '부드럽고 친근함'을 다른 문장 유형에서의 '-지'의 공통적 의미로 보았다. 이기동(1987)에서는 '-지'의 핵심 의미를 '믿음'으로 파악하였다. 이기동(1987:83~87)에 따르면 의문문의 '-지'가 화자 자신이 믿고 있는 명제에 대해 청자가 긍정적인 대답을 할 것임을 기대하는 경우에 쓰이며 서술문의 '-지'가 화자가 명제를 믿고 있고 청자도 명제를 알거나 믿고 있어야 하는 경우에 쓰이며 제안문에서 '-지'가 쓰이는 경우는 청자가 어떤 행동을 해야 되며 또는 할 준비가 된 것으로 화자가 믿고 있어서 제안하는 경우라고 하였다.

'-지'의 양태 의미가 본격적으로 논의된 것은 장경희(1985)에서부터이다. 이 논의에서는 서로 다른 통사적 특성을 가진 종결어미 '-지', '-군', '-네'를 동일한 양태 범주를 설정하여 이들을 양태 범주를 나타내는 표지로 설정하였다. 이 가운데 '-지'의 의미로 [이미 앎]의 양태 의미를 제안하였다. 장경희(1985:108~117)에서는 '-지'의 문맥적인 핵심 의미를 파악하기 위해 '-구나'와 대조하면서 '-구나'는 [처음 앎], '-지'는 [이미 앎]의 의미를 지니고 있다고 하였다.[17] 장경희(1985) 이후에 양태적 관점에서의 논의는 '-지'가 어떤 명제 내용에 대하여 사용되는가에 대해서는 거의 일치점을 찾았다. 즉 '-지'는 화자가 이미 알고 있는 내용을 표현할 때 쓰인다는 것이다. 이해영(1995:164)에서는 '-

---

17) 장경희(1985:112)에서는 [이미 앎]의 [앎]의 의미는 감각기관을 통한 지각적인 앎과 같은 한정된 앎이 아니고 [정보 소유]라는 포괄적 앎이며 정보는 화자의 직접 경험에 의하여 획득할 수도 있고 여러 가지의 매개체나 증거물을 통해 얻을 수도 있다고 하였다. 이에 대해 후술하겠다.

지'의 기본 의미를 '이미 알고 있는 것에 대한 짐작'으로 규정하였다. 박재연(1999, 2004, 2006), 임동훈(2006), 최수정(2014), 정경미(2017) 등 논의에서도 '-지'로 발화된 내용은 화자가 이미 알고 있는 것임에 동의한다.

박재연(1999, 2004, 2006)은 한국어 양태의 정의 및 체계를 바탕으로 '-지'의 양태 의미를 다루었다. 박재연(1999)은 인식 양태를 중점으로 인식 양태 의미 영역이 [정보의 확실성 여부], [정보의 근원], [정보의 내면화 정도], 그리고 [청자 지식에 대한 가정] 네 가지로 구성된다고 하였고 이 가운데 '-지'는 평서문, 의문문, 명령문, 청유문 등 모든 문장 유형에서 쓰일 수 있지만 인식 양태 의미는 정보의 교환이 문제되는 평서문과 의문문에서만 나타낸다고 하였다. 화자의 내면화 정도의 측면에서 '-지'는 [이미 앎]의 의미를 지니고 청자 지식의 가정의 측면에서 보면 '-지'는 [청자기지]의 인식 양태 의미를 가지고 있다고 하였다. 또한 평서문보다 의문문에서는 [이미 앎]이나 [청자기지]의 의미를 더욱 확실히 나타내며 판정의문문에서는 [이미 앎]과 [청자기지]의 의미가 잘 나타나지만 설명의문문에서는 [청자기지]는 유지되지만 [이미 앎]의 의미가 부각되지 않을 수도 있다고 지적하였다. 이어 박재연(2004, 2006)에서는 '-지'를 인식 양태적 용법을 보이는 것과 행위 양태적 용법을 보이는 것으로 대별하여 전자는 정보의 내면화 정도에서 [이미 앎]을, 청자의 지식에 대한 가정에서 [기지가정]을 표시한다고 하고 후자는 '제안'과 '기원'의 의미를 표시한다고 하였다.

그 이후로 [이미 앎] 및 [기지가정]의 의미로 '-지'의 모든 용법을 설명하기 어렵다는 이유로 박재연(2004, 2006)의 주장을 비판하면서 '-지'의 양태 의미를 다룬 연구가 속출되어 있다. 대표적인 연구는 임동훈(2008), 최수정(2014), 정경미(2017) 등이 있다. 임동훈(2008)에서는 한국어의 서법과 양태 체계를 다루면서 '-지'의 양태 의미를 분석하였다. 임동훈(2008)은 '-지'에 대한 논의를 박재연(2004)의 주장을 바탕으로 다루었다. 임동훈(2008:244)에서는 '-지'의 경우 청자가 알고 있다고 화자가 가정한다는 [기지가정]의 의미가 맥락에 따라 나타나지 않을 수도 있다고 주장하면서 '-지'의 양태 의미를 파악할 때 박재연(2004)에서 제시한 [이미 앎]만 받아들였다.[18] 최수정(2014)에서도 박재연(2006)의 주장을 비판하면서 '-지'의 인식 양태 의미를 분석하였다. 최수정(2014)에서는 박재연(2006)에서 설정한 '-지'의 양태 의미인 [이미 앎]과 [기지가정]은 '-지'의 다양한 양태 의미를 모두 설명하기 어렵다고 지적하면서 '-지'의 양태 의미는 [이미 앎]이 아니라 [과거 앎]으로 수정해야 한다고 주장하였다. 즉 '-지'의 의미에는 '과거에 최초로 알게 되어 지금까지도 알고 있음'뿐만 아니라 '과거에 안 적이 있었으나 지금은 망각함'의 의미까지도 포함된다는 것이다. 그리고 [기지가정]도 '청자도 명제가 참임을 알고 있을 것이라는 가정' 및 '청자도 명제에 대해 마땅히 알고 있어야 한다는 가정'으로 세부화된다고 주장하였다. 정경미(2017)에서는 '-지'의 다양한 용법이 [(사유의 과정을 포함한) 이미 앎]과 [정보 수용의 당위성 전제]로 설명될 수 있다고 보았다. [(사유의 과정을 포함한) 이미 앎]이란 '-지'가 짐작으로 얻은 명제, 망각한 것을 다시 기억해내는 명제 등을 지시한다는 것을 근거로 '-지'의 [이미 앎]에는 [사유의 과정]이 포함되어 있다는 것이다.[19] [수용의 당위성 전제]는 청자가 그 지식을 내면화시키는 것이 당연하다는

---

18) [기지가정]의 의미가 나타나지 않는 '-지'의 예문을 3장에서 제시하겠다.
19) 손혜옥(2018:219)에서 화자에게 새로운 정보가 '이미 앎'에 해당하는 구정보로 전환되는 것은 시간의 흐름에 따른 결과일 뿐 사유의 과정이 포함된다고 보기 어려우며 '이미 앎'의 정보가 되는 과정이 언어적으로 부호화되어 표현된다고 보기는 더욱 어렵다며 정경미(2017)의 문제점을 지적하였다.

화자의 전제를 표시한 뜻으로 최수정(2014)의 '청자도 명제에 대해 마땅히 알고 있어야 한다는 가정'과 일맥상통하는 면이 있다. 이와 같이 '-지'의 의미를 '당연함'으로 파악한 논의는 최수정(2014), 정경미(2017) 외에도 임동훈(2011), 손혜옥(2018) 등이 있다.

이상의 논의들을 종합해 볼 때 학자마다 '-지'의 의미를 설정하는 데 있어 각기 다른 관점을 가지고 있지만 '-지'가 화자가 이미 알고 있는 정보를 표현할 때 쓰인다는 점이 대체로 받아들여졌던 것이다. 이처럼 [이미 앎]의 의미를 나타낸 '-지'와 달리 '-네'와 '-구나'는 모두 직접적인 감각 행위를 통하여 새로 알게 된 사태에 사용될 수 있다. 이와 같은 비슷한 의미를 가지기 때문에 '-네'와 '-구나'가 많은 문맥에서 별다른 의미 차이 없이 교체되어 사용될 수 있다. 여태까지 대부분 '-네'의 양태 의미에 대한 연구가 '-구나'와 대조하면서 진행되어 왔다. 선행연구에서 논의한 '-네'와 '-구나'의 의미를 다음과 같이 정리할 수 있다.

<표 3> '-네'와 '-구나'의 양태 의미 대비에 관련된 선행연구

선행연구	'-네'의 의미	'-구나'의 의미
장경희 (1985)	[현재 지각]	[처음 앎]
이기동 (1987)	화자가 무엇을 지각하는데 이것이 그의 생각과 다를 때 사용	화자가 무엇을 지각하면서 이와 관련된 무엇을 갑자기 의식할 때 사용
Lee (1991)	지각할 때 명제가 사실로 실현됨	내면화되지 않은 형식
박재연 (1999)	[지각], [새로 앎]	[지각], [추론], [새로 앎]

신선경 (2001)	새로운 지각, 청자 중심적 서술 태도(청자 반응 확인)	새로운 지각, 화자 중심적 서술 태도
박나리 (2004)	직접 지각한 내용에 대한 표현	지각 외에 추리 및 직관 행위로 얻는 내용에 대한 표현
임동훈 (2008)	지각을 통해 관련 명제 인식	내성을 통해 관련 명제 인식
박진호 (2011가)	직접 지각, 의외성	의외성
정경숙 (2012)	증거성, 의외성	화자가 어떤 사실을 지각함과 동시에 그 지각을 바탕으로 화자의 추정적 의미가 추가됨
심현정 (2017)	강한 확신	깨달음
손혜옥 (2018)	현재 직접 증거성	새로 앎
정순화 (2021)	의외성, 즉각성, 순간적인 지각	의외성, 과정성, 새로 앎의 과정

이상의 선행연구들을 살펴보면 사용된 용어는 다르지만 '-네'와 '-구나'는 모두 [새로 앎][20]의 의미, 즉 화자가 관련 정보를 새롭게 알게 된다는 의미를 가지나 '-네'는 지각을 통해 관련 정보를 인식하고 '-구나'는 '지각'이나 추론[21]을 통해 관련 정보를 인식한다는 가장 기본적인 차이가 있다. 다시 말해 '-네'와 '-구나'는 의외성의 의미는 공유하되

---

20) 장경희(1985)의 [처음 앎]과 박재연(1999)의 [새로 앎]은 용어 사용에 조금 차이가 있지만 [새로 앎]이 재인식까지 고려한 용어이므로 그 의미는 거의 유사하다고 볼 수 있다.
21) 선행연구에서는 같은 의미로 '추론', '추리', '내성', '추정' 등 다른 용어를 사용하지만 여기서는 가장 많이 쓰인 '추론'을 사용하고자 한다.

증거성의 의미는 공유하지 않는다. 이에 대해 박진호(2011가:11)에서 '-네'와 '-구나'의 중요한 차이점으로서 '-네'는 '증거성'과 '의외성'의 두 가지 의미를 모두 갖지만 '-구나'는 '의외성'의 의미만을 갖는다고 하였다. 이에 대해 임동훈(2011), 박진호(2011가), 손혜옥(2018) 등에서 '-구나'가 표시하는 정보의 원천은 직접적인 화자의 경험일 수도 있고 간접적인 화자의 추론일 수도 있으므로 '-구나'가 증거성의 의미를 가지고 있다고 보기는 어렵다고 하였다. 이러한 차이로 인해 '직접 지각'의 의미로부터 확장된 화자의 '강한 확신', 즉 정보의 사실성을 드러내는 의미는 '-네'만 갖는 것으로 보인다. Lee(1991), 조민정(1996)에서 '-구나'보다 '-네'는 더 단정적이고 사실성이 있다고 지적한 바 있다. 이외에 '-네'와 '-구나'의 차이점에 있어서는 신선경(2001)에서 '-네'는 '청자 중심', '-구나'는 '화자 중심'이라는 의미 기능과 관련된 것으로 파악하였다. 신선경(2001:77)은 '-구나'와 '-네'는 '새로운 지각'이라고 하는 공통적인 의미를 가지지만 서술 시점에 따라 구분된다고 주장하였다. 즉 '-구나'는 서술의 시점이 화자 자신에게, '-네'는 청자에게 놓이는 것으로 분석하였는데 '-구나'의 경우에는 화자가 처음 알게 된 사실을 자신의 입장에서 서술하는 반면 '-네'는 화자가 지각한 내용에 대해 청자에게 서술 시점을 놓고 청자의 반응을 확인하고자 하는 '확인'의 양태 의미를 가진다고 해석하였다.

이밖에도 '-네'와 '-구나' 중 하나만을 포함한 연구들도 있었다. 구현정(1996)에서는 '감탄'은 '-구나'가 가지는 기능의 한 하위 범주일 뿐이며, '감탄'이 '-구나'로 표현된다거나 '-구나'로 표현된 형식은 감탄을 나타낸다는 견해는 부분을 전체로 확대·해석한 것이라고 하였다. 또한 '반영적 경청(active listening)[22]'에 사용되는 '-구나'의 담화 기능에

---

22) 반영적 경청이란 상대방을 존중하고 상대방의 생각을 알고자 하는 마음을 상

출발하여 '-구나'는 '화자-중심적 기능'과 '확인 기능'을 가지고 있다고 하였다. 박금연(2008)에서도 '-구나'의 '확인' 의미에 초점을 맞추어 연구하였다. 남기심(2001)은 '-구나'는 알지 못한 사실을 비로소 새로 깨달아 알게 된 사실, 이전까지 화자의 지식 체계 속에 없었던 것을 진술하는 양태 서법 어미라고 하였다. 임채훈(2008)은 '-구나'의 양태 의미를 '단순한 지각, 앎, 감탄'으로 파악하였다.

'-구나'에 비해 '-네'에 관련된 연구가 훨씬 더 이루어져 왔다. 한국어 종결어미 '-네'는 전통적으로 감탄의 표지로 다루어져 왔는데(고영근1989, 윤석민2000 등) 장경희(1985)를 기점으로 최근에는 인식 양태, 증거성, 그리고 의외성의 범주를 바탕으로 '-네'의 의미를 파악하는 것이 일반적이다. 이 가운데 '-네'를 인식 양태로 범주화한 논의는 대표적으로 장경희(1985), 손현선(1998), 박재연(2006), 권익수(2013, 2015) 등이 있다. 이들 연구에서 증거성과 의외성을 인식 양태의 하위 범주로 분류하여 장경희(1985)는 증거성, 손현선(1998)과 권익수(2013, 2015)는 의외성, 박재연(2006)은 의외성과 증거성을 '-네'의 핵심 의미로 보았다. 다시 말해 선행연구는 '-네'의 의미를 '증거성'으로 본 논의와 '의외성'으로 본 논의로 양분된다고 할 수 있다.

'-네'의 핵심 의미를 의외성으로 파악한 논의는 대표적으로 박진호(2011가), 정경숙(2012), 조용준(2016), 이윤복(2019), 정순화(2021) 등이 있으며 '-네'의 핵심 의미를 증거성으로 파악한 논의는 대표적으로 송재목(2007, 2011, 2014, 2015나)가 있다. 하지만 특히 주목할 만한 것은 이와 같은 선행연구는 의외성을 '-네'의 핵심 의미를 봐도 증거성

대방이 느낄 수 있도록 열심히 듣는 것을 의미하는 상담심리학의 용어다(구현정1995:51). 영어에서는 이를 나타내는 발화가 특별한 표지를 가지지 않지만 한국어에서는 '-구나'가 특정적으로 사용된다고 하였다.

을 아예 부인하는 것이 아니라는 것이며 그 반대도 마찬가지다. 핵심 의미가 아니라도 핵심 의미에서 파생되어 나온 의미로 보고 있는 것이 일반적이다. 이에 대해 박진호(2021:212)에서 지적한 바와 같이 사실상 한 표지가 '의외성'과 '증거성'의 의미를 함께 가지는 것은 자연스러운 일이라고 할 수 있고 발화시에 새로 알게 된 정보일 경우 정보의 내용뿐만 아니라 그 정보를 얻게 된 경위가 문제시되기 쉽기 때문이다. 그래서 의외성 표지가 어떤 사실을 새로 알게 되었다는 것뿐 아니라, 그 사실을 어떻게 알게 되었는지까지 한꺼번에 나타내는 일도 종종 일어날 수 있다는 것이다.

지금까지 '-지', '-네', '-구나'와 관련된 선행연구들을 살펴보았다. 다음으로 이들 종결어미와 중국어 어기사의 대조 연구를 살펴볼 것이다.

1.3.2 '-지', '-네', '-구나'에 대응된 중국어 어기사에 대한 선행연구

한국어 종결어미 '-지', '-네', '-구나'와 중국어 어기사의 대조 연구 성과는 아직 저조한 실정이다. 대표적인 연구는 강려연(2017), 조가근(2019), 역소란(2019), HOUXIAORONG(2020) 등이 있다.

우선 '-지'의 경우에는 강려연(2017)에서는 중국 소설 <허삼관 매혈기(許三觀賣血記)> 및 한국어 번역본을 자료로 종결어미 '-지'와 중국어 어기사의 양태·화행적 대조 연구를 진행하였으며 종결어미 '-지'가 '吧(ba)', '啊(a)', '啦(la)', '呢(ne)', '嗎(ma)', '了(le)', '的(de)' 7가지 어기사와 대응될 수 있다고 하였다. 역소란(2019)에서는 한국어 교재를 자료로 삼아 '-지'는 '啊(a), 吧(ba), 嗎(ma), 呢(ne), 的(de), 了(le)' 6개의 전형적 어기사와 모두 대응될 수 있다고 하였다.

상술한 두 가지 선행연구에 따르면 종결어미 '-지'는 가장 전형적인 6가지 중국어 어기사 '啊(a), 吧(ba), 嗎(ma), 呢(ne), 的(de), 了(le)'와 모두 대응될 수 있다고 하였다. 하지만 강려연(2017)과 역소란(2019)과 같은 연구에는 문제가 있어 보인다.

우선 강려연(2017)은 중국 소설 <허삼관 매혈기(許三觀賣血記)> 및 한국어 번역본, 역소란(2019)은 한국어 교재를 분석 자료로 삼아 연구를 진행했는데 '-지'는 구어체에서 쓰임이 많은 종결어미로서 이에 대해 분석할 때 소설 및 교재 등 문어 자료에 비해 실제 대화를 연구자료 대상으로 삼는 것이 더욱 적절하다고 생각한다. 다음으로 이들 선행연구에서 사용된 자료 규모가 작은 편이다. 전자는 165개 '-지'의 예문을 분석하였고 후자는 326개 '-지'의 예문을 살펴보았다. 이와 같은 소규모의 자료로부터 얻는 결론이 얼마나 설득력을 갖추고 있는지에 대해 재고할 필요가 있다. 예를 들면 강려연(2017)에 따르면 소설 <허삼관 매혈기(許三觀賣血記)>에서 종결어미 '-지'가 어기사 '啊(a)', '啦(la)', '呢ne)'로 번역된 예문이 각각 3개로 나타났다. 이와 같이 몇 개의 예문으로만 대응 관계를 입증하기에는 무리가 있다고 생각한다. 그러므로 결론의 설득력을 높이기 위해 더 큰 규모의 말뭉치를 통해 종결어미 '-지'와 중국어 어기사의 대응 관계를 살펴볼 필요가 있어 보인다.

또한 중국 어기사는 어감의 차이만 나타내고 정확한 의미를 규정하기가 어려운 일이며 한 개의 어기사에는 여러 가지 정서나 어감이 반영되어 다양한 의미를 가진 종결어미 '-지'는 다양한 어기사와 대응될 수 있다는 것을 부인할 수 없을 듯하다. 그러나 상술한 선행연구와 같이 종결어미 '-지'와 다양한 중국어 어기사와 대응될 수 있다는 것만 논의하였고 대응되는 비율에 있어 보여준 뚜렷한 차이를 소홀히 여긴

것도 종결어미 '-지'와 중국어 어기사의 대응 관계에 대해 정확하게 파악하는 데에 부족한 면이 있다고 할 수 있다. '-지'는 여러 가지 어기사와 대응되지만 대응 관계에 있어 뚜렷한 차이를 보여주고 있으며 이러한 대응 관계의 차이는 종결어미와 어기사의 양태 의미에 의한 것으로 돌릴 수 있다고 생각한다. 다시 말해 '-지'와 가장 밀접한 대응 관계를 보이는 중국어 어기사는 양태 의미에 있어 '-지'와 유사한 면이 있다는 것이다. 따라서 양태 의미에 있어 한국어 종결어미 및 중국어 어기사의 보다 구체적이고 세세한 대응 관계를 밝히는 데에 의미가 있다고 판단한다.

다음으로 종결어미 '-네'와 '-구나'가 대응되는 중국어 어기사에 대한 선행연구를 보겠다. 조가근(2019)에서는 소설 <왕을 찾아서>, <깊은 슬픔>, <소년을 위로해줘>의 중국어 번역본, 그리고 한국 드라마 <시크릿가든> 대본을 자료로 종결어미 '-구나', '-군'의 중국어 대응 양상 연구를 진행하였고 결과에 따르면 '-구나'와 '-군'은 중국어 어기사 '啊(a)', '了(le)', '呢(ne)', '吧(ba)', '嘛(ma)', 부사나 동사 '原來', '竟然', '看來', 어기사와 부사, 동사의 공기인 '原來…啊', '原來…的啊', '竟然…啊', '看來…啊', '看來…吧', '應該…的吧', '應該…吧'와 대응될 수 있다고 하였다. 역소란(2019), HOUXIAORONG(2020)에서는 종결어미 '-네'와 중국어 어기사의 대조 연구를 했다. HOUXIAORONG(2020)에서는 국립국어원 언어 정보 나눔터 및 중국 '북경 대학교 중국 언어학 연구센터 말뭉치(CCL)'를 이용하여 한국어 종결어미 '-네'와 중국어 어기사 '啊(a)', '呢(ne)', '吧(ba)'의 대조 연구를 했다. 하지만 두 말뭉치는 한·중 대응 말뭉치가 아니고 각자의 말뭉치에서 예문을 뽑은 것이고 필자는 한국어 예문을 중국어로, 중국어 예문을 한국어로 직접적으로 번역한 방식으로 진행하였다.[23]

상술한 두 가지 선행연구를 통해 종결어미 '-구나'와 '-네'는 모두 어기사 '啊(a)', '呢(ne)', '吧(ba)', '了(le)'와 대응된다는 것을 확인할 수 있다. '-네'와 '-구나'가 모두 직접적인 감각 행위를 통하여 새로 알게 된 사태에 사용될 수 있어 '-네'와 '-구나'가 많은 문맥에서 별다른 의미 차이 없이 교체되어 사용될 수 있다. 따라서 '-네'와 '-구나'와 대응되는 중국어 어기사도 비슷하다고 속단할 수 있다. 하지만 '-네'와 '-구나'는 양태 의미에 있어 뚜렷한 차이가 보인다.

지금까지 '-네'와 '-구나'는 중국어 어기사와의 대응 관계를 같이 고찰한 논의가 없으므로 이 두 가지 종결어미가 중국어 어기사와의 대응 양상에서 보이는 차이를 파악할 수 없어 보인다. 본고는 종결어미 '-네'와 '-구나'가 중국어 어기사와 대응 관계에 있어 분명한 차이가 나타남을 보이고자 한다.

상술한 한국어 선행연구 이외에 중국 대학교에서 중국어로 작성된 관련 연구 성과도 있었다. 周怡君(2011)에서는 한국인 중국어 학습자를 대상으로 어기사 '啊(a)', '嗎(ma)', '吧(ba)', '呢(ne)', '嘛(ma)'의 다섯 개의 어기사를 중심으로 한국어 종결어미와 대비하였으며 '-지'는 평서문, 의문문, 청유문, 명령문에서 의미 기능은 각각 다르지만 나름대로 '吧'와 대응할 수 있고 '-네'와 '-구나'는 감탄의 의미로서 어기사 '啊'와 대응하는 양상을 보인다고 하였다. 그밖에도 이 논의에서 '-잖아', '-는가', '-는데', '-을걸' 등 여러 가지의 종결어미가 다루어졌기 때문에

---

23) 이외에 고빙빙(2015)에서는 서술문을 만드는 한국어 종결어미들이 중국어에서 어떤 형식으로 대응되는지를 연구하면서 총 16개의 종결어미를 다루었다. 따라서 각 종결어미의 의미에 대한 파악이 그다지 심도 깊게 이루어지지 않은 듯하다. 이 가운데 '-네'의 의미를 '감탄'으로 파악해 이러한 감탄 의미와 대응된 중국어 어기사는 '啊(a)', '呢(ne)'가 있다고 하였고 '-지'는 '啊(a)', '呢(ne)', '吧(ba)'와 대응될 수 있다고 하였다.

각 종결어미의 의미에 대한 파악이 그다지 깊게 되지 못했다는 한계점이 있다. 樸明男(2014)에서는 한·중 종결 표현을 대비하였고 구체적으로 '吧(ba)'와 '-네', '嘛(ma)'와 '-잖아', '唄'와 '-지'의 기능 차이를 살펴보면서 이들의 교육 방법을 제시하였다. 이 논의에는 이들 종결어미의 양태 의미를 정확하게 파악하지 못한 문제로 인해 중국어 어기사와의 대응에 있어서 재고할 부분이 적지 않을 듯하다. 특히 이 논의에서는 '-네'와 대응되는 중국 어기사는 '吧(ba)'라고 하였는데 후술하겠지만 양태 의미로 분석한다면 '-네'의 [+확신] 의미가 '吧(ba)'의 [-확신] 의미와 서로 충돌되므로 대응하기가 어느 정도 어색하다. 朱家凱(2018)에서도 중국어 어기사 '啊(a)', '吧(ba)', '呢(ne)', '嗎(ma)'와 여러 한국어 종결어미의 비교 연구를 진행하였다. 이 논의에는 '-지', '-네', '-구나'와 중국어 어기사의 대조 분석이 어느 정도 있기는 하지만 이들을 중심으로 하는 연구가 아니므로 이들 종결어미와 중국어 어기사의 대조 부분이 소략한 편이다. 결론만 말하면 '-지'와 '吧(ba)', '-네'와 '-구나'는 '啊(a)'와 대응할 수 있다고 하였다.

상술한 논의를 종합해 보면 본고의 연구 대상으로 삼는 한국어 종결어미 '-지', '-구나', '-네'와 중국어 어기사의 대응 양상 고찰에 관련된 선행연구는 없지 않지만 이 3가지 종결어미를 중심으로 종합적으로 고찰한 논의는 찾아보기 어렵다고 할 수 있다. 뿐만 아니라 지금까지 관련된 선행연구에서는 한국어 종결어미의 다양한 용법과 대응되는 중국어 어기사를 찾아내는 작업에 집중되어 왔으며 이들 종결어미의 양태 의미에 대한 파악에는 소홀한 측면이 있다. 구체적으로 말하면 기존 연구에서는 [이미 앎], [새로 앎]과 같은 개념이 비교적 추상적인 개념이라 중국어 어기사와 대조하기가 어렵다는 이유로 이와 같은 양태 의미를 소홀히 여겨 '감탄' 등 '-네'와 '-구나'의 보다 더욱 구체적인 의미에 대한 파악 쪽으로 기울어져 논의하였다. 그러나 후술하겠지만 실제로는 '감탄'을 '-네'와 '-구나'의 핵심 의미로 보기가 어렵다. 또한 '-지', '-네', '-구나' 등 종결어미가 가지는 [새로 앎], [이미 앎]과 같은 양태 의미가 추상적인 개념이지만 이와 같은 양태 의미를 가진 중국어 어기사도 존재하여 양태 의미 측면에 있어서 대비할 가치가 충분히 있다고 생각한다.

또한 한국어 종결어미와 마찬가지 중국어의 어기사도 문맥에 따라 다른 의미로 나타나 하나의 어기사가 하나의 의미만을 나타내지 않는다. 따라서 지금까지의 선행연구를 통해 '-지', '-네', '-구나'와 중국어 어기사는 '일대다(一對多)'의 대응 관계임을 알 수 있다. 그럼에도 불구하고 이들 종결어미의 한 가지 양태 의미에 주목하면 중국어 어기사와 '일대일(一對一)'의 대응 관계를 찾아볼 수 있는데 지금까지 선행연구에서 이에 대해 밝히지 못한 아쉬움이 있다.

이에 본고에서는 기존 선행연구에서 '-지', '-네', '-구나'와 중국어 어기사를 대비할 때 이들 종결어미의 양태 의미를 그다지 깊게 파악하지 못한 아쉬움을 보완하기 위해 '-지', '-네', '-구나'의 양태 의미를 밝히는 데에 중점에 두며 이러한 양태 의미를 바탕으로 이들 종결어미와 중국어 어기사의 대응 양상을 밝히고자 한다.

1.4 논의의 구성

본고는 총 6개의 장으로 구성된다.

1장에서는 연구 목적, 연구 대상, 연구 방법을 밝히고 관련된 선행연구를 검토한다.

2장에서는 논의의 큰 틀이 되는 기본적인 개념들을 설명한다. 2.1에서는 양태의 개념과 실현 양상에 대해 논의하며 2.2에서는 본고의 연구 대상인 종결어미 '-지', '-네', '-구나'가 공통적으로 보이는 인식 양태의 개념과 범위를 검토한다. 2.3에서는 중국어의 양태 연구 성과를 고찰하고 2.4에서 중국어 어기사를 소개하고 어기사가 양태의 의미 영역 체계 안에서 어떠한 위치를 차지하는지에 대해 살펴본다.

3장과 4장에서는 각각 종결어미 '-지', '-네', '-구나'의 양태 의미와 이들 종결어미와 대응되는 중국어 어기사 '吧(ba)', '呗(bei)', '啊(a)', '呢(ne)'의 양태 의미에 대하여 자세히 논의한다.

5장은 3·4장에서 밝힌 종결어미 '-지', '-네', '-구나'와 중국어 어기사 '吧(ba)', '呗(bei)', '啊(a)', '呢(ne)'의 양태 의미를 바탕으로 그 간의 대응 양상을 살펴본다.

마지막으로 6장은 결론으로서 이상의 논의를 정리하고 논의의 부족한 점과 앞으로의 과제를 제시한다.

02

한·중 양태 의미 대비 연구를 위한 이론적 고찰

2.1 양태의 개념 및 실현 양상

 문장은 객관적으로 파악되는 명제와 화자의 심리적 태도를 나타내는 요소로 구성되어 있으며 흔히 명제에 대한 화자의 태도는 양태라고 부른다. 하지만 한국어 양태에 대한 연구는 다른 문법 범주에 대한 연구와는 달리 전반적인 개념에서부터 연구자마다 의견이 엇갈리고 있다. 구체적으로 기존 논의의 양태에 대한 정의는 다음 <표 4>와 같이 정리할 수 있다.

<표 4> 기존 논의에서의 양태의 정의

선행 연구	양태의 정의
장경희(1985)	사건에 대한 화자의 정신적 태도를 표현하는 문법적 범주
고영근(1986)	화자의 심리적 태도와 관련된 의미 영역

Lee(1991)	상황에 대한 화자의 평가
김지은(1998)	선행하는 명제에 대한 화자의 태도를 표현하는 범주
이선웅(2001)	화자가 명제 내용에 영향을 미치지 않고 한 문장 내에서 표현하는 심리적, 정신적 태도
안주호(2004)	일의 상태에 대한 화자의 인지적·감정적·의지적 태도를 나타내는 의미 범주
박재연(2006)	명제에 대한 화/청자의 주관적인 한정을 표현하는 문법 범주
문병열(2007)	명제와 사건에 대한 화자의 주관적 판단을 나타내는 문법 형식
임동훈(2008)	명제의 사실성과 실현성에 대한 화자의 태도가 표현된 범주
박진호(2011나)	절이나 문장이 나타내는 명제/사태에 대한 주관적 태도/판단을 나타내는 범주
손혜옥(2016)	비현실 명제와 비실현 사건과 관련된 화자의 태도가 문법 표지로 나타난 것
이지연(2018)	명제에 대한 화자의 태도를 나타내는 범주

상술한 정의에서 볼 수 있듯이 한국어 문법 연구에서 양태라는 용어를 어떻게 사용할 것인지에 대한 합의는 아직 이루어지지 않은 상태이지만 양태란 '명제에 대한 화자의 태도'라는 정의에서 크게 벗어날 수 없음을 알 수 있다. 본고에서도 역시 가장 널리 알려져 있는 '명제에 대한 화자의 태도'라는 양태의 의미를 사용하고자 한다. 하지만 문제는 이 정의에서 사용하는 '화자의 태도'라는 용어는 지나치게 모호하여 양태라는 범주가 지시하는 대상이 어떤 것인지를 분명히 알려주지 않아서 이 개념을 적용하는 양태의 범주 규정에 있어서 연구자에 따라

넓어질 수도 좁아질 수도 있다는 것이다.[1] '양태'를 넓은 의미로 쓰는지 좁은 의미로 쓰는지에 따라 '양태'는 '서법', '문장 유형', '시제' 등의 개념과 혼동될 수 있다.

우선 양태와 가장 밀접한 관계를 가지는 범주인 '서법'을 보겠다. 한국어에서 '양태' 이외에 '서법'도 '화자의 태도'를 나타내는 문법 현상이라 양태와 서법은 같은 개념으로 다루어지기도 하지만 구분되어 다루어지기도 한다. 양태와 서법 간의 상관관계에 있어 많은 학자에 의해 논의되었으나 다소 의견이 엇갈리고 있다. 양태와 서법의 관계에 대한 논의를 정리하면 다음과 같다.

(1) 기존 논의에서 양태와 서법의 관계에 대한 쟁점
   가. 대립 관계: 장경희(1998), 이효정(2004), 고영근(2004), 박진호(2010)
   나. 포함 관계: 서정수(1986), 윤석민(1998), 이선웅(2001), 임동훈(2008)
   다. '양태'라는 용어만 사용[2], '서법'이라는 개념 불필요: 박재연(2004, 2006)

---

[1] '명제에 대한 화자의 태도'라는 양태의 의미에 있어서 '화자의 태도' 이외에 '명제'라는 양태의 작용 대상에 대해서도 쟁점이 있었다. 양태의 작용이 미치는 모든 범위를 명제로 파악하는 연구(박재연2004, 김경혜2020)가 있는 반면 [-사실], [-실현]으로 한정하는 연구(손혜옥2016, 이동혁2017)도 있다. 후자의 경우 명제를 '현실-비현실'에 비추어 보았을 때 명제가 이미 실현된 것이거나 화자가 명제를 사실로 인식한 경우의 명제는 양태의 작용 대상이 될 수 없다고 보는 것이다. 본고에서는 문장이 객관적으로 파악되는 명제와 화자의 주관적 태도로 나타내는 요소로 구성된다는 것을 전제하면 문장에서의 명제란 화자의 주관적인 태도를 제외한 객관적 내용이라 할 수 있다고 생각해서 양태의 작용이 미치는 모든 범위를 명제로 파악하기로 한다.

[2] 최근의 박사학위논문인 손혜옥(2016), 오승은(2017)에서도 양태라는 용어만 사용한다.

(1)을 보면 박재연(2004, 2006)에서는 한국어의 양태와 서법 기술에는 '서법'의 개념과 용어가 필요 없다고 주장하였다.3) 이외에 양태와 서법의 관계는 크게 대립 관계와 포함 관계로 나눠져 있다. 먼저 대립 관계로 본 논의를 살펴보자. 장경희(1998)에서는 양태와 서법을 모두 문법 범주로 보고 있으나 서로 다른 문법 범주에 포함시켰다. 즉 화자가 명제 그 자체에 대해 갖는 태도를 양태로 보고 화자가 청자에 대해 갖는 태도를 나타내는 것을 서법이라 불렀다. 이 논의에서는 '서법'은 전통적으로 불려져 온 문장 유형(sentence type)을 가리킨다. 장경희(1998)와 달리 이효정(2004)은 양태와 서법을 모두 의미적 범주로 보았으나 서법은 양태와는 달리 명제에 대한 화자의 태도를 나타내는 것이 아니라 청자에 대한 태도를 표현하는 것으로 본 것은 장경희(1998)와 통한 면이 있다. 장경희(1998), 이효정(2004)처럼 양태와 서법을 모두 문법적 범주로 보거나 모두 의미적 범주로 본 것과 달리 고영근(2004), 박진호(2010)에서는 양태와 서법은 시간 지시와 시제의 관계처럼 서로 짝을 이루는 의미 범주와 문법 범주의 관계라고 주장하였다.4) 즉 양태 의미를 문법적 장치를 통해 나타내면 서법이라 할 수 있다는 것이다.

양태와 서법의 포함 관계에 있어서는 양태가 상위 범주인지 서법이

---

3) 박재연(2006)에서 다음과 같은 세 가지 이유에서 서법이라는 용어를 사용하지 않는다고 하였다.
   가. 인구어적 서법과 달리 한국어는 '-겠더-', '-겠구나-' 등에서 보듯이 서법 형식의 연쇄가 능하다.
   나. 인구어의 서법은 필수적이며 통사적인 범주이나 한국어의 서법 형식은 수의적이다.
   다. 한국어 문법 연구에서는 서법이란 용어가 문장 유형 범주를 가리키는 데 자주 사용되었다.
4) 고영근(2004:29)에 따르면 서법은 전통적으로 화자의 명제에 대한 심리적 태도가 동사의 활용형으로 구현된 문법 범주를 가리키고 양태는 화자의 태도가 명사, 부사, 어순, 어조 등으로 실현되는 의미론적 범주를 가리킨다고 하였다.

상위 범주인지에 대해서도 반대적인 의견을 가지고 있다. 서정수 (1986)는 서법을 상위 범주로 본 반면에 윤석민(1998), 이선웅(2001), 임동훈(2008)은 양태를 상위 범주로 간주하였다. 서정수(1986)에서는 서법을 문법적 범주로 보고 그 하위 부류로 양태와 문체법으로 나누었다. 반면에 윤석민(2000)에서 '-겠-' 등이 나타내는 의미와 '-다'가 나타내는 의미가 모두 양태로 포괄될 수 있으나 그 성격이 크게 다르므로 전자는 서법으로, 후자는 문장종결법으로 달리 처리하는 것이 합리적이라고 주장하였다. 이선웅(2001)에서 양태를 의미적 양태성과 문법적 개념인 양태법으로 나누었으며 서법을 양태법으로 대치할 수 있는 점에서 서법을 양태의 하위 범주로 보고 있다. 임동훈(2008)에서도 양태를 크게 '서법'과 '문법적 양태'로 구별하여 서법을 양태의 하위 범주로 간주하였다.[5] 본고는 이와 같이 양태와 서법을 포함 관계로 보면 기존의 한국어 문법 범주에 혼란을 초래할 수 있으므로 바람직하지 않다고 생각한다. 그러므로 본고에서는 용어의 혼란을 피하기 위하여 양태와 서법을 독립적인 범주로 보며 양태는 '명제에 대한 화자의 심리적 태도'를 나타내는 문법 범주[6]로, '서법'이라는 용어를 한국어 문법 연구

---

[5] 임동훈(2008)에서는 양태를 '서법'과 '문법적 양태'로 구별하고 굴절형으로 실현되면서 화행과 관련되거나 필수성을 동반하는 경우만 서법으로 보고 비굴절형으로 실현되거나 굴절형으로 실현되더라도 화행과 무관하고 필수성을 동반하지 않은 경우는 문법적 양태로 본다. 이에 따르면 '굴절형으로 실현되면서 화행과 관련되고 필수성을 동반한' 문장 유형 어미 '-다, -어라, -니, -냐' 등은 서법을 표현한다. '굴절형으로 실현되지만 화행과 무관하고 필수성을 동반하지 않는 '-겠-, -더-, -으리-' 등은 '문법적 양태'를 표현한다. '-을 것 같-, -을 듯하-' 등은 굴절형도 아니고 화행과도 무관하며 필수적이지도 않기 때문에 또한 '문법적 양태'를 표현한다. 이는 서법 개념을 최대한 서양 언어의 직설법, 가정법, 명령법 등의 영역과 유사하게 사용하고자 한 것이라고 박재연(2019:231)에서 지적한 바 있다.

[6] 본고에서 양태를 문법 범주로 보는 이유는 양태를 문법 범주에서 제외하면 화자의 태도를 나타내는 어미인 '-겠-'이나 '-더-'를 기술할 자리를 찾기 어렵

에서 '문장 유형[7]'이라는 개념과 같은 의미로 쓰고자 한다. 즉 본고에서는 서법이란 용어가 문장 유형과 같은 개념으로 사용되어[8] 양태와 구별된다. 논의의 편의를 위하여 다음과 같은 예시를 제시한다.

(2) 할아버지께서는 벌써 가셨겠다. (박재연2006:40)

문장을 '명제+α'[9]의 구조로 이해하고 양태를 '명제에 대한 화자의 태도'로 정의한다면 'α' 부분에 해당하는 모든 문법 요소를 양태의 범주로 간주할 수 있다. (2)의 문장에서 '할아버지께서는 벌써 가~'까지가 명제 내용을 표시하는 부분이라면 '-으시었겠다'는 바로 'α', 즉 양태로 볼 수 있는 것이다.[10] 하지만 실제로 '-으시었겠다'를 모두 양태

기 때문이다.
7) 평서문, 의문문, 명령문 등의 구별은 흔히 문장 유형(sentence type)이라고 불린다. 문장 유형이 나타내는 문법 범주가 무엇인지를 지칭하는 용어로는 크게 문체법(고영근1976), 서법(김민수1969), 의향법(허웅1969)/의향서법(남기심2001), 문장종결법(윤석민1999)이 있었다.
8) 그러나 Lyons(1977)에서 주장한 바와 같이 문장 유형(sentence type)과 서법(mood)은 구별될 필요가 있다. 직설법(indicatives)은 평서문(declaratives)으로 실현될 수도 있고 의문문(interrogatives)으로 실현될 수도 있기 때문이다. 손혜옥(2016:30)에서도 문장 유형 표지는 종결어미이며 화행과 직접적 관련이 있지만, 관형사형, 명사형 어미는 통사적 기능도 다르고 화행과 직접적 관련이 없고 이러한 면에 입각하여 문장 유형과 서법을 서로 구분할 수도 있다고 지적한 바 있다. 본고에서도 서법과 문장 유형의 차이점을 인정한다. 그럼에도 불구하고 본고에서 '서법'을 문장 유형과 같은 개념으로 쓰기로 한 이유는 두 가지 있다. 첫 번째는 한국어문법 연구에서 '서법'이라는 용어를 어떻게 사용할 것인지에 대한 합의는 아직 이루어지지 않은 상태이다. 하지만 서법과 문장 유형을 같은 것으로 본 것은 서법과 양태 두 가지 용어가 철저히 구별된다는 장점이 있다. 두번째, 문장 유형과 서법을 구분한다면 한국어에서 종결어미가 발휘하는 기능이 무엇인지 궁금해진다. 이러한 문제점을 감안하면서 본고에서는 '서법'을 문장 유형과 같은 개념으로 사용하고자 한다.
9) Fillmore(1968)에서는 문장을 명제 내용과 그 이외의 것(α)으로 나누고 α에 해당하는 것을 모두 양태로 간주한다.

의 범주로 볼 수 없다는 것이 분명하다. 주지하듯이 '-으시-'는 주체높임을 표시하는 요소이며 '-었-'은 과거 시제를 표시하는 요소이며 '-다'는 이 문장이 평서문임을 표시하는 문장 유형 범주에 속하면서 이 문장의 화자가 청자와의 사회적 관계를 어떻게 파악하는가를 나타내는 청자대우법을 표현하는 것이다. '-으시었겠다' 중에 화자의 추측과 관련된 의미를 표현한 '-겠-'만 '화자의 태도'와 관련되어 양태의 범주로 볼 수 있다.[11] 그러므로 (2)의 문장에서 '-으시었겠다'를 모두 양태로 본다면 양태는 주체높임법, 시제, 문장 유형, 청자대우법 등의 개념과 구분하기가 어려워진다. 결론을 내리면 본고에서는 예문 (2)에서 문장 유형을 표시하는 '-다'는 서법 범주에 포함시키며 '-겠-'이 표현하는 의미만을 양태로 간주하기로 한다.

양태의 범주를 설정한 다음에 이어서 양태의 실현 양상을 살펴보자. 한국어에서 양태를 표현하는 대표적인 문법 형식은 선어말어미와 종결어미이다. 이론적으로 생각해 볼 때 양태 범주가 실현되기에 가장 적합한 한국어의 문법 형식은 선어말어미이다. 선어말어미는 문장의 종결, 절 접속, 절의 지위 변환 등의 구조적 기능을 담당하지 않기 때문이다(박재연2006:91). 그러나 기존 양태 연구에서는 양태의 실현 양상에 있어서는 다음 [표 5]와 같이 연구자마다 다소 의견의 차이를 보인다.

---

10) 실제로 이렇게 본 논의가 없지 않다. 이선웅(2001)은 주체높임법, 문장 유형, 청자대우법 등의 범주가 '화자의 태도'를 표현하는 면에서 모두 양태에 포함되어야 한다고 주장하였다. 이는 양태를 광의적으로 보는 입장이다.
11) 양태를 협의의 입장에서 규정하는 연구는 장경희(1985, 1998), 고영근(1986, 2004), 임동훈(2003), 박재연(2004, 2006) 등이 있다.

<표 5> 기존 연구에서의 양태의 실현 양상

선행연구	양태의 실현 양상
장경희(1985)	인지동사12), 선어말어미, 어말어미, 양태소의 결합
장경희(1998)	선어말어미
김지은(1998)	어미, 보조용언, 일반용언
고영근(2004)	선어말어미, 일부 종결어미
국립국어원(2005)	선어말어미, 종결어미, 우언적(periphrastic) 구성
박재연(2004, 2006)	선어말어미, 종결어미, 양태 어미의 연쇄
엄녀(2010)	강세, 억양, 종결어미, 선어말어미, 보조사, 어휘적 요소, 통사적 요소(어순), 복합 구성
손혜옥(2016)	선어말어미, 우언적 구성

위와 같은 도표에서도 보일 수 있듯이 기존 연구에서는 모두 선어말어미를 양태의 실현 양상으로 인정하는데 종결어미를 양태의 실현 양상으로 인정하는 문제에 대해서는 다소 의견의 차이를 보인다. 즉 양태가 선어말어미로만 실현되는지 혹은 종결어미로도 실현될 수 있는지에 대한 견해가 달라지게 된다.

---

12) 양태 의미를 어휘적인 요소 및 문법적인 요소를 통해 나타낸다. 하지만 본고에서 문법적인 요소를 중심으로 삼아 어휘적인 요소들은 논의의 대상에서 제외된다. 따라서 장경희(1985)에서의 인지동사, 김지은(1998)에서의 일반용언, 그리고 엄녀(2010)에서의 어휘적 요소 등을 따로 논의하지 않는다. 또한 '조차, 나마, 나' 등 보조사도 양태 범주에 속하는 것으로 논의되기도 한다(고영근1986 등). 하지만 박재연(2006:15)에서는 보조사에서 나타나는 화자의 태도는 양태라고 보기 어렵다고 지적한 바 있다. 보조사를 양태의 영역에 포괄할 수 있는지에 대한 문제는 본고의 주된 주제하고 거리가 있으므로 이에 대한 판단을 보류하도록 하겠다.

이 가운데 장경희(1985, 1998)의 논의에 주목할 만하다. 장경희(1985)에서는 '-겠-, -더-' 등의 선어말어미뿐만 아니라 '-네, -구나, -지' 등의 종결어미도 양태를 구현한다고 보았다. 하지만 장경희(1998)에서는 양태가 구현되는 형식을 일관되게 선어말어미로 보기 위해서 장경희(1985)에서 양태 종결어미로 보았던 '-네, -구나, -지' 등을 다시 분석하여 양태를 구현하는 것은 종결어미가 아니라 선어말어미 '-느-, -구-, -지-'라고 보았다.[13] 하지만 손혜옥(2016)에서 지적한 바와 같이 장경희(1998)는 '-구나', '-네', '-지'에서 선어말어미의 양태 표지를 분석해 내는 것은 이론적으로 양태 표지와 문장 유형 표지 간의 차이를 선명하게 할 수 있다는 점에서 이점이 있지만 '-구-', '-느-', '-지'가 공시적으로 분석되는지 확신이 서지 않고 어떤 종결어미와 결합하여 응축형을 이루는지 장경희(1998)에서도 언급된 바가 없어 이러한 처리가 바람직한 기술 방향이라 생각되지 않는다. 손혜옥(2016)에서는 문장 유형과 구분된 양태 범주를 세우기 위해 양태 의미와 관련이 있기는 하지만 직접 화행[14]을 나타내는 요소들은 문장 유형으로, 양태 의미를 나타내

---

13) 장경희(1998:268-271)에서는 '-구나', '-네', '-지'를 응축형이라 하여 이들 어미를 다시 분석하여 각각 선어말어미 '-구-', '-느-', '-지-'를 분석해 내어 이들을 양태 표지로 삼고 대청자적 성격을 지닌 종결어미와 구별하였다.

14) Searle(1979)에서는 화행을 다음의 다섯 가지로 제시하였다.

    가. 단언(assertives): 청자에게 상황이 어떠한지를 말함
    나. 지시(directives): 청자에게 어떤 일을 하도록 함
    다. 언약(commissives): 스스로 어떤 일을 하겠다고 말함
    라. 선언(declarations): 발화를 통해 세상에 어떤 변화를 일으킴
    마. 정감(expressives): 감정이나 태도를 표현함

한국어에서 화행은 대체로 종결어미에 의해 표현된다. 양태는 화행과 일정한 관련성을 가지고 있다. 지시 화행은 의무양태로 이해할 수 있고, 약속의 화행은 의도의 동적양태로 이해할 수 있다. 문법 범주로서의 양태는 비현실 명제와 관련한 것만 양태로 보았으나, 양태의 개념을 확장하면 단언의 화행도 명제를 사실로 인식하는 화자의 인식적 태도를 나타내는 인식양태로 이해할 수

면서 화행과 직접적인 관련을 가지지 않는 요소들은 양태 범주로 구분하였다.15) 다시 말해 문장 유형은 직접 화행을 나타내는 종결어미에 의해 실현되는 것으로, 양태는 화행과 간접적인 관계를 맺으면서 명제의 사실성과 사건의 실현성을 나타내는 선어말어미와 우언적 구성(periphrastic constructions)에 의해 실현되는 것으로 구분하는 입장을 취했다. 따라서 문장 종결을 주된 기능으로 하는 종결어미를 양태의 범주에서 제외시켰다. 고영근(2004)에서도 양태 의미가 기본적으로 선어말어미로 구현되는 것으로 보았다. 하지만 이 논의는 종결어미로 표현되는 양태 의미를 부인한 것이 아니다. 고영근(2004:234)에 따르면 선어말어미에 비하면 양태 의미가 종결어미로 표현되는 것은 우발적인 면이 많아 이를 기초로 어떤 범주를 세우기가 어렵다고 하였다.

상술한 것과 같이 양태는 선어말어미에 의해 표현되고 문장 유형은 종결어미에 의해 실현된다면 꽤 정연한 체계를 얻을 수 있을 것이다. 그러나 '-네, -구나, -지' 등 종결어미에서 양태가 표현되는 현상을 인정할 수밖에 없다. 그러므로 대부분의 연구에서 종결어미를 양태 표지로 다루었다(임동훈2003/2008, 박재연2004/2006, 국립국어원2005, 엄녀2010, 박진호2011가 등). 본고에서는 양태가 종결어미로도 표현된다고 본 것은 '-다, -습니까' 등이 표현하는 문장 유형 범주도 양태에 속한다고 보는 것이 아니기 때문에 양태 의미가 종결어미에 의해 실현된다고 봐도 양태와 문장 유형을 구분하는 데에 큰 문제가 없다고 생각한다. 또한 한국어를 비롯한 많은 언어에서 하나의 문법요소가 시제, 상, 양

도 있다. 이와 같이 화행은 양태 의미로 해석할 수도 있는 것이다(손혜옥 2016:233).

15) 이러한 구분은 대청자적인 것을 문법 범주의 기본 속성으로 하는 문장 유형과 대명제적인 것을 기본 속성으로 하는 양태 범주에 부합하는 것이라 하겠다.

태, 문장 유형 등 중 둘 이상의 범주에 걸쳐서 복수의 의미 성분을 갖는 일이 흔히 있다. 따라서 본고에서는 종결어미를 양태의 구현 양상으로 보는 것이 옳은 것으로 보고자 한다. 이와 같은 양태의 범주에 비추어 보면 '-네, -구나, -지' 등 종결어미는 양태의 범주에서 논의될 수 있는 자격을 갖춘 것으로 판단된다.[16]

---

16) 종결어미 이외에 '-ㄹ 수 있다, -ㄹ 듯하다, -어야 하다' 등의 소위 '우언적 구성(periphrastic constructions)'을 양태의 구현 양상으로 볼 수 있는지에 대한 견해도 달라지게 된다. 대부분의 선행연구에서 '우언적 구성'을 양태의 범주에서 다룬 반면에 박재연(2004, 2006)에서는 우언적 구성이 나타내는 양태 의미가 화청자 지향성을 나타내지 않고 주어 지향성을 가지기 때문에 양태 표지로 보지 않는다고 하였다. 다음과 같은 예를 보자.
  (1) 가. 철수는 영희가 떠나 버릴 것 같았다.
      나. 영희는 쌀 한 가마니를 들 수 있다.
      다. 학생은 모름지기 공부를 열심히 해야 한다.
      라. 입장권이 있으신 분은 들어오셔도 됩니다.
박재연(2016:15-16)에 따르면 (1)에서 '-을 것 같-, -을 수 있-, -어야 하-, -어도 되-'가 각각 표현하는 '추측, 능력, 의무, 허가'의 의미는 분명히 양태와 관련되지만 이러한 우언적 구성이 표현하는 의미는 '화자의 태도'라고 보기 어렵다고 하였다. 구체적으로 (1가)의 '-을 것 같-'이 나타내는 '추측'은 문장의 주어의 지시 대상인 '철수'가 행하는 추측이며 (1나)의 '-을 수 있-'의 '능력'의 의미는 주어의 지시 대상인 '영희'에게 존재하는 객관적인 조건을 기술한다. (1다, 라)의 '의무'와 '허가'도 마찬가지로 '학생'과 '입장권에 있으신 분'에게 존재하는 객관적 조건일 뿐 화자의 태도라고 볼 수 없다. 따라서 양태를 '명제에 대한 화자의 태도'로 이해하면 (1)에서 보인 우언적 구성이 표현하는 의미는 엄밀한 의미에서 양태라고 하기 어렵다.
그러나 박재연(2004, 2006)에서 우언적 구성이 양태의 의미를 가지고 있음을 인정하기 때문에 이를 양태 표지에 준하는 형식(준-양태 형식)으로 처리한다. 본고에서도 우언적 구성은 표현하는 의미는 분명히 양태와 관련되어 대부분의 논의에 따라 우언적 구성도 양태의 구현 양상으로 보기로 한다. 하지만 이들은 본고의 연구 대상이 아니라 구체적으로 논의하지 않는다.

2.2 인식 양태의 개념 및 범위

인식 양태를 본격적으로 논의하기 전에 양태의 분류 방법부터 밝혀야 할 필요가 있어 보인다. 연구 대상과 분류 방법이 다름에 따라 연구자들에 의해 분류된 양태의 하위 분류도 일치하지 않는다. 먼저 기존 연구에서 양태에 대해 어떻게 분류하는지를 살펴보고 본고에서 사용하는 양태의 분류를 제시하도록 한다. 기존 양태 연구에서는 양태의 하위 분류에 있어서는 다음 <표 6>과 같이 연구자마다 다소 의견의 차이를 보인다.

<표 6> 기존 연구에서의 양태의 하위 분류

선행연구	양태의 분류
Lyons(1977)	인식 양태, 의무 양태
Bybee et al. (1994)	인식 양태, 동작주 지향적 양태, 화자 지향적 양태
Palmer(2001)	명제 양태[인식/증거], 사건 양태[의무/동적]
고영근(1986)	인식 양태, 의무 양태
김지은(1998)	화자 중심 양태, 주어 중심 양태
박병선(2000)	인식 양태, 당위 양태, 감정 양태, 증거 양태
이선웅(2001)	통보 양태, 인식 양태, 정감 양태, 의무 양태
이효정(2004)	인식 양태, 의무 양태, 평가 양태
박재연(2004, 2006)	인식 양태, 행위 양태
문병열(2006)	명제 양태(인식 양태), 사건 양태(당위 양태, 동적 양태, 평가 양태)
박진호(2011나)	인식 양태, 당위 양태, 동적 양태, 감정 양태, 증거 양태

양태의 가장 보편적인 분류는 영어의 양태 조동사 'must'의 두 가지 용법[17]을 설명하는 데서 비롯하여 양태를 인식 양태(epistemic modality)와 의무 양태(deontic modality)로 나누는 이분법이다(Lyons1977, 고영근1986, 김지은1998[18], 박재연2004, 2006[19]). 이와 같은 이분법 이외에 Bybee et al. (1994)[20], 이효정(2004)[21]은 인식 양태가 아닌 분류를 둘로 나누었다. Palmer(2001), 문병열(2006)은 유형론의 관점에서 나눈 분류법이다.[22] 나머지 연구는 그 분류에 약간의 차이가 있지만 모두

---

17) 박재연(2006:64)에서 다음과 같은 예를 들었다.

   (2) 가. He must be unmarried.
      나. You must work hard.

   (2가)에서 'must'는 '강한 추측'의 의미로 해석되며 (2나)의 'must'는 '의무'의 의미로 해석된다. 전자는 인식 양태, 후자는 의무 양태에 속한다.

18) 김지은(1998)에서의 '화자 중심 양태'와 '주어 중심 양태'는 '인식 양태'와 '의무 양태'라는 분류를 한국어에 적용하면서 수정을 가한 것이라고 할 수 있다. 김지은(1998:20~21)에서는 주어 중심의 양태는 전통적인 의무 양태를 확대한 개념으로 선행용언이 가리키는 행위와 관계된 주어의 '의도, 희망, 능력, 의무' 등의 양태 의미를 포괄한 것이고, 화자 중심의 양태는 전통적인 인식 양태를 확대한 개념으로 명제의 '가능성, 개연성, 확실성' 등에 대한 화자의 심리적 태도를 나타내는 인식 양태 외에 화자의 '희망, 바람, 유감' 등의 심리적 태도까지를 모두 포괄하는 개념으로 사용하였다.

19) 박재연(2004, 20006)에서는 기존의 인식 양태와 의무 양태의 이분법을 인정하면서도 개념상의 혼란을 피하기 위하여 '의무 양태'라는 용어 대신에 '행위 양태'라고 포괄적인 용어를 사용하였다.

20) Bybee et al.(1994)에서는 인식 양태가 아닌 부류를 둘로 나누어 동작주에 대한 객관적인 조건을 기술하는 '의도, 희망, 능력' 등의 부류를 '동작주 지향적 양태'로, 화자가 청자에게 어떠한 조건을 부과하는 '명령, 금지, 기원' 등의 부류를 화자 지향적 양태로 묶고 있다(박재연2006:65). 박재연(2006:65)에서 이러한 분류는 새로운 차원의 용어를 도입하고 있지만, 내용에 있어서 전통적인 이분법 분류와 크게 다르지 않다고 지적한 바 있다.

21) 이효정(2004)은 전통적인 인식 양태와 의무 양태 이외에 '-을 만하다, -아/어/여 보이다, -은 편이다, -은 셈이다' 등 유의미한 구절 형태들의 양태 의미를 '평가 의미'로 보았다.

22) Palmer(2001:22)에서는 유형론의 관점에서 범언어적인 양태 체계를 구축하였

한국어에 감정(정감) 양태를 포함시키고 있다(박병선2000[23], 이선웅 2001[24], 박진호2011나[25]). 이에 대하여 박재연(2004:50)에서는 '-어라, -다니' 등 어미는 화자의 감정을 나타내지만 감정의 속성값을 구체적으로 명시하는 것이 아니라고 하였다. 예를 들어 '어머나 뜨거워라!'에서

> 는데, 먼저 양태를 명제 양태와 사건 양태로 나누고, 2차원적으로 명제 양태를 다시 인식 양태와 증거 양태로, 사건 양태를 의무 양태와 동적 양태로 나누었다. 그리고 인식 양태에는 추측, 추론, 가정을 증거 양태에는 전언과 지각(시각, 비시각, 청각)을, 의무 양태에는 허용, 의무, 약속을 동적 양태에는 능력과 의지를 포함시켰다. 문병열(2006)은 Palmer(2001)에서 설정한 범언어적인 양태 체계 안에서 한국어의 양태 체계를 설정하고자 하였다. 문병열(2006)에 따르면 한국어의 명제 양태 안에는 증거 양태가 없고, 사건 양태에는 당위 양태, 동적 양태 그리고 평가 양태가 있다고 하였다.

23) 박병선(2000)에서는 인식 양태를 '사실로서의 단언'과 '사실 판단의 유보'로 이분하였고 당위 양태에는 어떤 사태가 반드시 성립되어야 한다는 '의무', 또는 성립되어도 된다는 '허용'의 의미를 포함하였다. 감정 양태에 '놀라움, 아쉬움, 후회, 근심, 두려움', 증거 양태에 '-대, -래, -재' 등을 포함하고 있다. 이 가운데 박병선(2000)에서 증거 양태 요소로 분류된 '-대, -래, -재' 등은 인용 표현으로서 명제에 대한 화자의 태도라기보다는 명제 사실 자체에 결합된 문법 요소로서 양태 범주에 속하는 요소라고 할 수 없다(엄녀2010:24).

24) 이선웅(2001)은 양태의 분류에 있어 전통적인 인식 양태와 의무 양태를 인정하며 종결어미로 의향법을 실현하는 요소들을 통보 양태라고 하였다. 그리고 이선웅(2001)에서는 청자 대우법을 실현하는 요소들도 감정 양태에 포함시키고 있는데 청자 대우법은 한국어에서 독립적인 문법 범주로 처리되어 온 것이므로 별도의 양태 범주로 설정하는 것은 바람직하지 않은 듯하다.

25) 박진호(2011나:310)에서는 양태의 범주를 다음과 같이 제시하였다.

- 인식 양태: 명제의 확실성에 대한 판단, 믿음의 정도를 나타냄. (예: 확실성, 개연성, 가능성)
- 당위 양태: 사태의 바람직함에 대한 판단을 나타냄. 또는 사태의 발생 책임이나 권리가 사태 내의 특정 참여자에게 있음을 나타냄. (예: 의무, 허락/허용)
- 동적 양태: 사태의 발생 가능성을 좌우하는 원인이 사태 내부의 참여자에게 있음을 나타냄. (예: 능력, 의도, 바람)
- 감정 양태: 명제에 대한 감정적 태도를 나타냄. (예: 놀라움, 유감스러움, 아쉬움, 후회, 다행으로 여김, 두려움, 경계심 등)
- 증거 양태: 정보의 근원, 입수 경로를 나타냄. (예: 직접 경험, 전문, 추론)

'-어라'는 긍정적인 감정을 '아이고 뜨거워라!'에서 '-어라'는 부정적인 감정을 나타내는데 이처럼 구체적인 감정의 속성값이 없는 요소들로 감정 양태라는 문법 범주를 구현하는 것은 어렵다고 하였다. 엄녀(2011:240에서도 한국어에서 화자의 감정을 표현하는 요소들은(-어라, -다니, -단다, -다나 등) 인식 양태나 의무 양태처럼 체계적인 하위의 의미 영역을 가질 수 없으므로 인식이나 의무 양태와 대등한 양태의 하위 분류로 간주하기 힘들다고 지적한 바 있다.

상술한 논의를 검토해 보면 인식 양태의 범주적 지위가 비교적 명확한 데 비해 인식 양태를 제외한 나머지 부류의 양태에 대해서는 분류 방법에서부터 용어에 이르기까지 합의가 이루어지지 않고 있다는 것을 알 수 있다. 본 연구는 '-지', '-네', '-구나'의 인식 양태 의미와 관련하여 논의를 진행하기 때문에 양태 체계를 지나치게 세분하는 것은 유용하지 않다. 본고에서는 양태의 하위 분류에 있어서 박재연(2004, 2006)의 이분법을 따를 것이며 양태를 '인식 양태'와 '행위 양태'로 양분하도록 하겠다.[26]

본고의 연구 대상인 종결어미 '-지', '-네', '-구나'는 인식 양태의 영역에 포괄되면서 논의되어 왔다. 이어 인식 양태의 개념 및 범위를 살펴보도록 하겠다.

Palmer(1986:51)에서는 인식 양태를 '화자가 자신의 말에 대해 가지는 확신의 정도를 나타내는 양태'로 정의를 내렸다. 그 이후로 인식 양태에 대한 정의는 보통 "명제 내용에 대해 화자가 어느 정도 확신을

---

26) 본고에서는 '-지', '-네', '-구나' 3가지 종결어미가 공통적으로 가지는 인식 양태 의미에 중점을 두어 논의를 진행하겠지만 종결어미 '-지'와 중국어 어기사 '吧(ba)'가 모두 인식 양태와 행위 양태 다의성을 가지기 때문에 대조할 가치가 있어 보여 본고는 종결어미 '-지'와 중국어 어기사 '吧(ba)'를 다루면서 행위 양태도 같이 논의할 것이다.

가지고 전달하는가 하는 '확신의 정도(the degree of commitment)'를 문법적으로 표현하는 것"으로 한다(이기갑2006, 문병열2007, 송재목2009, 엄녀2010, 박진호2011나 등). 따라서 인식 양태의 의미 영역 안에는 화자가 자신의 정보를 어느 정도 확실한 것으로 말하고 있느냐의 정도에 따라 '확실성(certainty)', '개연성(probability)', 가능성(possibility)'의 의미가 다루어졌다(박재연2006:79). 하지만 학자에 따라서는 인식 양태의 범위를 보다 넓게 파악하기도 한다. 인식 양태의 범주를 논의할 때 자주 함께 언급되는 것으로 증거성(evidentiality)[27]이라는 개념이 있는데 증거성이란 문장에 표현된 명제/정보를 어떠한 경로를 통해 입수했는가, 즉 정보의 근원(information source)을 나타내는 문법 범주이다. 연구자에 따라 증거성을 독자적인 문법 범주로 보기도 하고(Palmer2001[28], 송재목2009[29], 박진호2011가 등) 증거성을 인식 양태의 하위 범주로 보기도 한다(Palmer1986, Lee1991[30], 박재연

---

27) '증거 양태'로 지칭한 논의도 있다.(임채훈2008, 임동훈2008, 박진호·박병선1999 등)

28) Palmer(1986:51)에서는 인식 양태의 영역에 '전언(hearsay)이나 보고(report), 감각에 의한 증거' 등과 같은 증거성을 포함시켜 다루었다가 Palmer(2001:8)에서는 '인식 양태(epistemic modality)'가 화자의 명제의 사실적인 지위(factual status)에 관한 판단을 나타내는 데 반해 '증거 양태(evidential modality)'는 명제의 사실적 지위에 대해 화자가 가지고 있는 증거가 무엇인지 나타내는 것에 중심이 있기 때문에 인식 양태에서 증거성을 분리하여 증거 양태를 따로 설정하고 이들의 상위 범주로 명제 양태(propositional modality)를 설정하였다.

29) 송재목(2009:41-42)에서 정의와 중심 개념, 시제와의 관계 3가지 측면에서의 증거성과 인식 양태의 차이점을 논의한 바 있다.

30) Lee(1991: 62)에서는 인식 양태를 화자가 경험을 자신의 인지 체계에 통합시키는 인식론적 과정과 관련되는 범주로 규정하고 인식론적 과정이 다음과 같은 세 가지 하위 범주로 구성된다고 보았다.(임동훈2011:114에서 재인용)

 (3) 가. 확실성(certainty)은 어느 정도인가
   나. 증거의 원천(evidential source)이 무엇인가
   다. 내면화(assimilation) 정도나 지식의 위상(knowledge state)은 어떠한가

2004/2006, 임동훈2008 등).³¹⁾ 본고에서는 화자가 진술하는 명제를 뒷받침하는 증거의 출처를 표시하는 것은 간접적으로 명제에 대한 확신 정도를 드러낼 수 있으므로 증거성은 인식 양태와 관련지어 다루어질 수 있다고 생각하여³²⁾ 박재연(2004, 2006)의 인식 양태의 범주를 수용하여 증거성을 인식 양태의 하위 범주로 보고자 한다.

박재연(2004, 2006)에서 설정한 인식 양태의 개념적 의미 영역을 제시하면 다음과 같다.

(3) 박재연(2004:53)의 인식 양태 의미 영역
    가. 정보의 확실성에 대한 판단
- 확실성 판단: 화자가 명제의 확실성에 대해서 완전한 확신을 가짐.
- 개연성 판단: 화자가 명제의 확실성에 대해서 완전하지는 않지만 적어도 오십 퍼센트 이상의 확신을 가짐.
- 가능성 판단: 화자가 명제의 확실성에 대해서 오십 퍼센트 미만의 확신을 가짐.

    나. 정보의 획득 방법
- 지각: 해당 명제가 표현하는 정보가 감각적 경로에 의하여 획득된 것임.

---

31) 드물기는 하지만 증거성을 인식 양태와 거의 동일한 의미로 사용하는 경우 및 증거성을 인식양태의 상위 범주로 보는 경우도 있다. 전자는 Chafe(1986), 후자는 Westmoreland(1998)와 Drubig(2001) 등이 있다. (송재목2009:40에서 재인용)
32) 예컨대 영어의 'must'는 "추리된 확실성(inferred certainty)"을 나타내는데, 여기에는 "확실성"이라는 인식 양태의 의미 성분과 "추리된"이라는 증거성의 의미 성분이 함께 들어있다. (박진호2011가:3).

- 추론: 해당 명제가 표현하는 정보가 화자의 추론에 의하여 획득된 것임.
- 전언: 해당 명제가 표현하는 정보가 다른 사람으로부터 들은 것임.

다. 정보의 내면화 정도
- 이미 앎: 해당 명제가 표현하는 정보가 이미 화자의 지식 체계에 내면화된 것임.
- 새로 앎: 해당 명제가 표현하는 정보가 화자의 지식 체계에 미처 내면화되지 못한 것임.

라. 청자 지식에 대한 화자의 가정
- 기지 가정: 해당 명제가 표현하는 정보가 참임을 청자도 이미 알고 있다고 화자가 가정함.
- 미지 가정: 해당 명제가 표현하는 정보가 참임을 청자가 아직 모르고 있다고 화자가 가정함.

　(3가)는 전통적으로 인식 양태의 의미 영역에서 다루어져 왔던 것이고[33] (3나)의 정보 획득 방법은 증거성(evidentiality)의 범주에서 다루어져 왔던 것이며 (3다)의 정보의 내면화 정도는 의외성(mirativity)의 범주에서 다루어져 왔던 것이다.
　우선 (3나)의 증거성은 본고의 연구 대상과 밀접한 관계를 가지고

---

33) 인식 양태의 개념과 범위에 대해서는 학자마다 약간 차이가 있기는 하지만 대체로 명제에 대한 화자의 판단, 즉 해당 정보를 얼마나 확실한 것으로 간주하느냐와 관련된 범주로 이해되었다.

있으므로 여기서 간단하게 증거성의 개념 및 유형을 소개하도록 하겠다. 증거성에 대하여 학자들의 정의나 개념 설명은 다양하지만 대체로 '정보의 획득 방법', 즉 '화자가 문장이 지시하는 내용을 알게 된 출처를 나타내는 의미 범주'로 통일할 수 있다.[34] 화자는 자신이 발화하는 내용을 오감을 통해 직접 지각할 수도 있고 전해 들을 수도 있고 추론할 수도 있다. 따라서 증거성 범주는 여러 가지 하위 유형을 갖는다.

박진호(2011가:4)에서는 증거성의 개념 공간을 구성하는 항들은 대체로 다음과 같이 정리할 수 있다고 하였다.

(4) 증거성 유형
  ① 시지각 (visual perception)
  ② 시각 이외의 지각 (non-visual perception)
  ③ 내적 사유, 內省 (introspection, endophoric reflection)
  ④ 지각 증거를 바탕으로 한 추리 (inference based on perceptual evidence)
  ⑤ 일반적 사실을 바탕으로 한 추론 (reasoning based on general assumption, presumptive, assumptive)
  ⑥ 傳聞 (hearsay, quotative)

하지만 박진호(2011가:5-7)에서 지적한 바와 같이 각각의 언어에서 증거성 체계는 위와 같은 6개의 항 중 2개의 항으로 이루어진 비교적 단순한 체계로부터 6개의 항으로 이루어진 복잡한 체계까지 다양하게 존재한다. 한국어에서도 역시 증거성의 유형에 대해서 아직 통일된 합의에 도달했다고 볼 수 없다. 송재목(2009:33)에서 정리하고 있듯이

---

[34] 증거성에 대한 각 학자의 구체적인 정의는 정인아(2010:16-20) 참조.

증거성은 크게 '직접 지식(direct knowledge)'과 '간접 지식(indirect knowledge)'으로 구분된다. 증거성의 하위 유형들에 대한 명칭은 언어나 학자들에 따라 다르지만 화자의 발화의 근거가 되는 정보의 성격에 따라 크게 '직접 지식'과 '간접 지식'으로 나눌 수 있다.[35]

본고에서는 송재목(2009)과 박진호(2011가)의 논의를 바탕으로 증거성의 유형은 크게 '직접 증거'와 '간접 증거' 두 가지로 나누고 살펴보고자 한다. 이 가운데 '직접 증거'는 '지각' 및 '내성'[36]으로 나누어지고 '간접 증거'는 '추론' 및 '전문'으로 세분화하여 논의를 진행하고자 한다. 또한 '추론'은 다시 '지각 추론' 및 '일반 사실 추론'으로 세부화될 수 있다.

또한 증거성의 범주 지위에 대해 연구자들 사이에 상의한 견해들이 존재한다. 대체로 증거성이 양태의 하위 범주라는 의견과 증거성이 하나의 독립된 범주라는 의견으로 나타난다.[37] 앞서 말했듯이 본고에서는 박재연(2004, 2006)의 인식 양태의 범주를 수용하여 증거성을 인식 양태의 하위 범주로 보고자 한다.

다음으로 (3다)의 의외성도 '-지', '-네', '-구나'와 밀접한 관계를 갖고 있어 주목하게 된다. 의외성은 문장에 표현된 명제가 뜻밖임(unexpectedness), 신정보(new information)임을 나타내는 문법 범주이다. '의외성'이라는 개념을 정의하는 데 있어서 약간의 차이는 있기는 하지만 대체적으로 신정보, 준비되지 않은 마음, 놀라움을 표시하는

---

35) 송재목(2009)에 따르면 '직접지식'은 화자가 진술하는 사건/상황에 대해 직접 목격하거나 획득한 정보를 가지고 있다는 사실을 나타내며 '간접지식'은 화자가 관련 사건/상황에 대해 간접적인 정보만을 가지고 있다는 것을 나타낸다.
36) 본고에서는 '추론'과 같은 간접적인 증거와 달리 '내성'은 지식의 출처가 외부의 자극이 아닌 화자 자신의 심리적, 정신적 상태로 직접적인 증거에 포함시키는 것이 더 타당하다고 생각한다.
37) 이 부분은 송재목(2009:36-41)에서 정리되어 있다.

데에 의외성을 사용한다는 데에 많은 학자들이 의견을 같이 하고 있다 (이윤복2019:16). 하지만 박진호(2011가:7)에서 지적한 바와 같이 문장에 표현된 명제가 화자가 기대했던 것과 꼭 어긋나야만 의외성으로 간주될 수 있는 것은 아니며 화자는 해당 명제에 대해 사전에 아무런 기대도 가지고 있지 않았을 수도 있다. 따라서 '의외성'이란 화자의 기존 지식 체계 속에 이미 포함된 명제가 아니고, 화자가 충분히 예상했던 사실이 아니기만 하면 된다는 것이다. 박재연(2013)에서도 '의외성' 이라는 개념이 '감탄'이라는 속성과도 구별이 모호해진다는 점에서 '의외성'과 같은 범주를 '내면화'라는 용어를 사용하고 있다. 박재연(2013:85)에 따르면 '의외'는 문자 그대로의 의미에서 화자의 '기대'를 전제하는 말인데 한국어의 '-네, -구나, -더-' 등의 의미에 화자의 기대가 포함되어 있는 것은 아니다. 본고에서는 이와 같은 지적을 받아들이지만 대부분의 논의에서 사용하던 '의외성'이라는 용어를 사용하기로 한다.[38] 요약하면 본고에서는 '의외성'이라는 용어를 사용하며 '의외성'이란 '화자의 기대나 예상과는 무관하게 화자의 지식 체계에 완전히 자리 잡지 않은 새로운 정보임'으로 보고자 한다.

또한 증거성과 마찬가지로 의외성도 양태의 하위 범주로 볼지 독자적인 문법 범주로 볼지에 대해 연구자마다 의견이 엇갈리고 있다. Lee(1991), 박재연(1999, 2004, 2006) 등은 의외성을 인식 양태의 하위 범주로 간주하는 반면에 박진호(2011)[39], 정경숙(2012) 등은 의외성은

---

[38] 박진호(2011가), 정경숙(2012,2014), 이의종(2012), 송재목(2015가), 진관초(2016), 조용준 (2016), 이윤복(2019) 등 대부분의 논의에서 '의외성'이라는 용어를 사용하고 있다.

[39] 박진호(2011가:8)에서는 유형론적/경험적 관점에서는 의외성과 양태의 관계가 필연적으로 밀접한 것으로 미리부터 전제하기보다는 의외성과 증거성, 양태를 각각 별개의 범주로 설정하고 이들 범주가 교섭하는 양상을 살펴보는 것이 더 겸허한 태도일 것이라고 주장하면서 의외성을 별개의 범주로 보았다.

독립된 범주로 존재한다고 주장하였다. 또한 의외성을 증거성의 부차적 의미에 속하는 것으로 파악한 연구도 있었다.[40] 송재목(2015나)은 바로 이와 같은 입장에 있다. 송재목(2015나)에서는 의외성의 의미는 증거성 표지가 갖고 있는 본질적 속성에서 기인하는 것으로 문맥에 의해 취소가 가능하므로 의외성의 의미는 증거성 표지가 갖고 있는 함축적 의미라고 보았다. 임동훈(2011:114)에서는 의외성 범주는 언어에 따라 독자적인 문법 범주로 간주되기도 하고 증거성이나 인칭 표시 범주의 확장된 용법으로 간주되기도 하지만 한국어는 의외성을 주된 의미로 가지는 문법 형식이 체계를 이루어 존재하지 않으므로 독자적인 문법 범주라 하긴 어렵다고 하였다.[41] 본고에서는 임동훈(2011)의 주장을 수용하여 한국어 어미 '-구나', '-네', '-더-' 등은 의외성 의미를 가지고 있음을 부인할 수 없으나 그 의미가 체계적으로 존재하지 않아 의외성을 독립적 범주로 설정하는 것보다 인식 양태의 하위 범주로 간주하는 것이 바람직하다고 보고자 한다.

마지막으로 (3라) 청자 지식에 대한 화자의 가정까지 양태의 범위로 포괄해야 할지에 대해 쟁점이 있었다. 임동훈(2003, 2008, 2011)에서는 (3라)와 같은 '미지가정'과 '기지가정'은 양태보다 정보 구조(information structure)[42]의 관점에서 다루는 것이 합리적이라고 본다.

---

[40] 그동안 한국어의 의외성 논의에서 증거성은 빼놓을 수 없는 부분이었다. 대표적인 의외성 표지로 여겨지는 '-구나', '-네', '-더-' 등은 정보의 출처를 나타내는 것으로 매우 활발하게 논의되어 왔다. 이에 대해서는 다음 장에서 자세하게 다룰 것이다.

[41] 임동훈(2011)에서는 의외성을 독립적인 문법 범주로 보기 어렵다고만 하고 의외성을 인식 양태의 하위 영역에서 다루어야 하는지는 밝히지 않고 있다.

[42] 정보구조란 의사소통에서 화자가 발화를 통해 전달하려는 정보가 청자에게 새로운 것인지 아니면 주어져 있는 것인지에 대한 화자의 가정을 반영하는 언어적 양상이다. 한국어의 정보 구조에 대한 자세한 논의는 최윤지(2019) 참조.

임동훈(2003:149)에 따르면 양태와 정보 구조가 모두 문장의 의미 내용(즉 진리조건적 의미)을 바꾸지 않지만 전자가 그러한 의미 내용에 대한 화자의 태도를 드러낸다면 후자는 그러한 의미 내용을 청자에게 효과적으로 전달하기 위해 청자의 지식 상태를 측정하고 담화 맥락을 고려하여 이를 문장 구조로 실현하는 과정에 중점을 둔 것이다.[43] 따라서 임동훈(2003, 2008, 2011)에서는 (3라)와 같은 화자의 가정과 관련된 것까지 양태 범주로 본다면 양태의 범주가 지나치게 확장된 것이라고 지적하였다. 최윤지(2019)에서도 청자의 지식을 정보 구조로 다루었다. 하지만 청자 지식에 대한 화자의 가정이 본고 연구 대상인 종결어미 '-지', '-구나', '-네'의 양태 의미를 설명하는 데에 상당히 유용하므로 본고에서는 박재연(2006)의 논의를 수용하여 청자 지식에 대한 화자의 가정도 양태의 범위로 포괄하고자 한다.

2.3 중국어의 양태 연구

중국어학에서 양태에 관한 연구들도 한국어와 비슷하게 서구 연구를 바탕으로 진행한 것으로 앞서 논의한 바와 유사한 점이 많다. 중국어에서 '명제에 대한 화자의 태도'를 표현하는 '양태(modality)'를 '語氣'라고 부를지 '情態'라고 부를지에 대해 학자마다 상이한 의견이 존재한다.[44] 전자는 呂淑湘(1984), 王力(1985), 賀陽(1992), 齊滬揚(2002) 등이 있으며 후자의 대표적인 연구는 魯川(2003), 崔希亮(2003), 謝佳玲

---

43) 한국어에서 화자가 청자에게 효과적으로 정보를 전달하는 문법적 수단으로는 '은/는'과 같은 조사, 운율적 돋들림(prominence), 분열문 구성 등을 들 수 있다. (임동훈2003:149)
44) 이외에 드물기는 하지만 溫鎖林(2001)에서 'modality'를 '口氣(구기)'로 불렀다.

(2004), 彭利貞(2005), 徐晶凝(2008) 등이 있다.

　서구의 어학계에서 'modality'와 'mood'는 모두 화자가 명제에 대한 주관적인 태도를 표현한다는 것으로 간주하였다. 물론 서구의 어학계에서 'modality'와 'mood'의 차이점을 다음과 같이 밝힌 바 있다. 'modality'와 'mood' 개념의 차이에 있어서는 학자마다 의견이 다소 상이하지만 'mood'는 동사의 굴절, 즉 동사의 어형 변화를 통해 화자가 명제에 대한 태도를 표현하는 문법 범주(grammatical category)이며 예를 들어 직설법(indicative), 가정법(subjunctive), 기원법(optative), 명령법(imperative) 등이 있고 'modality'는 양태 조동사(modal auxiliary), 양태 동사(modal verb), 양태 부사(modal adverb) 등 여러 형식으로 화자의 명제에 대한 태도를 표현하는 의미 범주(semantic domain)로 기원(jussive), 소망(desiderative), 목적(intentive), 가정(hypothetical), 가능성(potential), 의무(obligative), 의심(dubitative), 권고(hortatory), 감탄(exclamative) 등을 포함한다는 것을 동의한다(Lyons1977, Bybee1985, Bybee&Fleischmen1995, Palmer1995, David 2000, Jespersen 2008 등). 이와 같은 차이점이 밝혀짐에도 불구하고 'modality'와 'mood'라는 두 가지 용어가 모두 화자의 주관적 태도를 표현하는 것으로 구분되기가 여전히 어려울 것이다.

　1989년에 廖秋忠이 '國外語言學' 학회에서 Palmer의 『Mood and Modality』를 소개하면서 중국어의 양태 연구는 본격적으로 활발히 시작되었다. 서구 어학계에서 'modality'와 'mood'라는 두 가지 용어에 대한 구분은 명확하지 않은 결과로 양태 연구 초기에는 중국어 어학계에서 'modality'와 'mood'라는 두 가지 개념이 섞여 쓰이게 되었다는 것이다. 중국어 양태 연구 초기에는 많은 학자가 'modality'와 'mood' 두 가지 의미를 포함한 '語氣'라는 용어를 사용하는 경우가 많았다.

賀陽(1992), 齊滬揚(2002) 등 연구에서는 '화자가 명제에 대한 주관적 태도'를 표현하는 것을 '語氣'라고 하며 賀陽(1992)에서는 '語氣'의 하위 범주를 '功能語氣(공능 어기)', '評判語氣(평판 어기)', '情感語氣(정감 어기)'로 분류하였으며 齊滬揚(2002)에서는 '語氣'를 '功能語氣(공능 어기)'와 '意志語氣(의지 어기)'로 나누었다.[45] 이 가운데 賀陽(1992)의 '判斷語氣(판단 어기)' 및 齊滬揚(2002)의 '意志語氣(의지 어기)'라는 개념에 포함된 '필연성', '가능성', '허락', '소망' 등 개념이 '양태(modality)'와 관련되어 있다는 것을 알 수 있다.

이상과 같은 논의를 종합해 보면 중국어 양태 연구 초기에는 '명제에 대한 화자의 태도'를 뜻한 것을 '語氣'라는 하며 '語氣'라는 개념에는 'mood'[46]와 'modality'라는 두 가지 개념을 포함하고 있다. 중국어 초기 연구에서는 '情態(modality)'라는 개념을 정식적으로 제시하지 못했지만 '情態(modality)' 범주에 속한 핵심 내용을 이미 인식하게 되었다.

중국어 어학계에서 魯川(2003)은 처음으로 'mood'와 'modality'의 개념을 구분하며 전자는 '語氣', 후자는 '情態'라고 부르기로 하였다. 魯川(2003)에 따르면 '情態(modality)'와 '語氣(mood)'는 모두 화자의 태도를 표현하는 범주임에도 불구하고 전자는 화자의 명제에 대한 태도를 나타내는 반면에 후자는 화자의 청자에 대한 태도를 나타낸 것이라고 주장하였다. 그 이후로 서구 문법에서 사용되어 온 'modality'는 '情態'라고 번역되어 중국어 어학계에서 큰 관심을 받아 왔다. 한국어

---

45) 賀陽(1992), 齊滬揚(2002)에서의 '功能語氣(공능 어기)'에는 '진설 어기', '가정 어기', '명령 어기' 등으로 분류하여 이들이 각각 '진설법', '거장법', '명령법' 등 '서법' 범주와 대응되어 'mood'의 영역에 속한 것이다.
46) 중국어는 형태적인 변화가 없는 고립어로서 동사의 굴절을 통해 화자의 주관적인 태도를 표현하지 못한다. 따라서 중국어 어학계에서 'mood'의 부분적 개념만을 받아들이고 중국어의 고유한 '어기사'로 '동사 굴절'이라는 부분을 대체한다.

문법에서 양태의 정의에서부터 연구자마다 의견이 엇갈리고 있는 것과 같이 중국어 문법에서도 '情態'에 대해 연구자마다 다소 의견의 차이를 보인다. 구체적으로 다음과 같은 표를 보자.

<표 7> 중국어 양태에 관한 연구

선행연구	'情態(modality)'의 정의	'情態'의 실현 양상[47]	'情態'의 분류
魯川 (2003)	화자의 명제에 대한 주관적 정서	양태 조동사, 양태 부사[48]	판단 양태[49], 의무 양태
崔希亮 (2003)	화자의 의견이나 태도가 사건의 실제적 상황 등과 관련된 것	양태 동사, 양태 부사, 양태 조동사[50], 어기사	인식 양태, 사건 양태[51], 능원 양태[52]
謝佳玲 (2004)	문장의 명제에 대한 화자의 관점과 태도를 나타내는 것	양태 동사, 양태 부사	인식 양태, 의무 양태, 동력 양태[53], 평가 양태[54]
彭利貞 (2005)	명제의 진리치나 사건의 현실성 상태에 대한 화자의 주관적 태도	양태 동사, 양태 부사, 어기사	인식 양태, 의무 양태, 동력 양태
徐晶凝 (2008)	화자의 명제에 대한 주관적 의식을 표현하는 문법 형식	어기사, 양태 조동사, 양태 부사, 문장 종류 (sentence type), 명사, 접속사[55]	인식 양태, 비인식 양태
엄녀 (2010)	화자의 명제에 대한 태도나 관점을 나타내는 문법 범주	양태 조동사, 어기사	인식 양태, 비인식 양태[56]

위와 같은 도표를 통해 알 수 있듯이 중국어학에서 양태에 대한

47) 중국어에서 이러한 성분을 '情態成分' 혹은 '口氣成分'이라고 불렀다.
48) 중국어에서 화자의 태도나 관점은 주로 양태 조동사와 양태 부사를 통해 표현된다. 하지만 중국어에서 일부 양태사는 문법화 과정을 겪고 있기 때문에 조동사인지 부사인지 구분하기 어렵다. 조동사가 부사로 변하는 것이 문법화의 일반적 과정이다. 따라서 일부 양태 조동사와 양태 부사 사이의 경계가 매우 모호하고 구분하기가 어렵다. 따라서 많은 학자들은 조동사를 동사와 부사 사이에 위치한 연속체로서 파악하려는 시도를 하였다(彭利貞2005 등). 양태 동사와 양태 부사 이외에 '준부사'라는 분류를 따로 설정하는 경우도 있다. 徐晶凝(2008)에서 부사와 조동사 사이에 '준부사(准副詞)'라는 부류를 설정하였다. 준부사에 해당하는 단어는 '必須', '不必', '一定', '肯定', '必然', '沒准', '難免' 등이 있다.
49) 魯川(2003)에서 '판단 양태(判斷樣態)'를 '인식 양태'와 같은 뜻으로 사용한다.
50) 崔希亮(2003)에서는 다른 논의에서 사용되는 '양태 조동사'와 같은 뜻으로 '능원동사(能願動詞)'라는 개념을 사용하였다. 여기서는 논의의 통일성을 위해 '양태 조동사'라고 한다.
51) 崔希亮(2003)에서 '사건 양태(事件樣態)'를 '의무'나 '허락'의 의미를 표현하는 의미 범주로 기술하였고 앞서 언급한 박진호(2001나)과 문병열(2007)에서 사용한 '당위 양태'와 같은 의미로 쓰인 것이다.
52) 崔希亮(2003)에서 '능원 양태(能願樣態)'를 '의도', '능력', '바람'의 의미를 표현하는 의미 범주로 논의하였고 謝佳玲(2004)과 彭利貞(2005)에서 사용한 '동력 양태(動力情態)'와 같은 뜻이다.
53) '동력 양태(動力情態)'는 '능력'과 '의지'와 관련된 의미로 영어에서 'can', 'will'을 통해 표현한 것이며 중국어에서는 '能夠', '願意' 등 동사를 통해 나타낸다.
54) 謝佳玲(2006)은 "중국어가 사실 동사와 부사를 통해 더 넓은 범위의 양태의미를 전달할 수 있다는 것을 발견할 수 있으며 중국과 서방 문헌에서 비교적 적게 언급한 평가 양태 (evaluative modality)도 포함한다."라고 했으며 '평가 양태(評價情態)'를 화자의 놀라움, 아쉬움, 후회, 두려움 등 감정을 표현한 것으로 논의하였다. 앞서 언급한 박진호(2001나)에서 사용한 '감정 양태'와 같은 개념으로 볼 수 있다.
55) 徐晶凝(2008)은 중국어에서 화자의 문장 내용에 대한 주관적 태도와 관점을 표현할 수 있는 언어 형식이 풍부하다고 하였다. 대부분의 학자들이 언급한 것 외에도 徐晶凝(2008)에서 문장 종류(sentence type), 명사, 접속사 등도 언급하여 양태 체계는 어휘적 성분에 국한되지 않고 더 넓은 개념의 양태 체계라는 것을 알 수 있다.
56) '비인식 양태'라는 용어를 사용한 한국어 논의는 엄녀(2011) 이외에 원극연

정의도 한국어학처럼 '명제에 대한 화자의 태도'에서 크게 벗어나지 않았다. '情態'의 분류에 있어서는 중국어에서도 최초에 서구 어학계에 따라 전통적인 이분법으로 양태를 구분하였고 그 후 Palmer(1995)의 삼분법에 따라 분류하기가 시작하였다.57) 용어 차이가 있기는 하지만 이 가운데 '인식 양태, 의무 양태, 동력 양태'가 가장 많이 언급되었다. '인식 양태'를 명제 내용이 참인지에 대한 화자의 진실성 판단으로 정의하고 화자의 진실성 판단은 '확실성', '개연성', '가능성'으로 구분한다. '의무 양태'는 도덕적으로 책임이 있는 행위자에 의해 수행되는 행위의 필요성이나 기능성과 관련되어 '의무'와 '허락'으로 구분할 수 있다. '동력 양태'에는 동작주의 '능력', '의지', '평가' 등 의미가 포함되어 있다.

중국어에서 '情態'에 대한 실현 양상은 한국어와 다른 모습을 보여 주목할 만하다. 언어 유형으로 보면 한국어는 교착어로서 문법적 형태가 풍부하고 중국어는 고립어로서 문법적 형태가 결핍되어 있다. 따라서 양태 의미를 실현하는 데에 있어서 한국어에는 선어말어미, 종결어미 등 문법적인 수단과 우언적 구성과 같은 문법적 수단과 어휘적 수단의 중간에 있는 수단이 주로 쓰이는 반면에 중국어에는 주로 어휘적인 요소인 동사, 부사를 사용하며 조동사, 어기사 등 문법적 요소도 사용한다. 이 가운데 어기사는 문말에서 화자의 주관적 태도를 나타내며 중국어의 양태를 나타내는 중요한 수단이라고 할 수 있다.

이어 중국어 어기사 및 어기사가 양태의 의미 영역 체계 안에서 어떠한 위치를 차지하는지에 대해 살펴볼 것이다.

(2016), 김경혜(2020) 등이 있다.
57) 彭利貞(2005)은 Palmer(1995)의 관점에 따라 인식 양태를 제외한 의미를 수행성을 가지는 것을 의무 양태로, 가지지 않는 것을 동력 양태로 분류하였다. 수행성(performativity)과 관련된 구체적인 내용 박재연(2006:57) 참조.

2.4 중국어 어기사

어기사(語氣詞)는 중국어의 몇 가지 특징 가운데 하나로 중국어를 다른 언어와 차별되게 하는 가장 독특한 특징이라고 할 수 있다. 어기사란 문장에서 어떤 어기를 표현하는 허사라고 한다. 따라서 어기사의 개념을 정확하게 파악하려면 어기(語氣)가 무엇인지를 먼저 알아내야 한다.

王力(1954/2000:160)에서는 '대부분의 경우 한마디 말에는 늘 정서가 어느 정도 담겨 있기 마련이고 이러한 정서를 표현하는 언어를 '어기'라고 하고 '어기'를 표현하는 데 있어 허사가 쓰이는데 이를 어기사라고 한다'라고 어기와 어기사에 대해 정의를 내렸다. 胡明揚(2003:97-98)에서는 어기는 '① 화자의 감정(表情語氣: 찬탄·경악·의아·불만 등), ② 자신이 말한 내용에 대한 태도(表態語氣: 긍정·부정·강조·완곡함 등), ③ 상대방에게 전달하려는 정보(表意語氣: 기원·명령·추궁·승낙 등)'와 같은 내용을 나타낸다고 하였다. 어기의 정의에 있어서는 학자마다 약간 입장의 차이가 있지만 현대 중국어학 학자들은 어기는 '말 속에 들어있는 정서·감각·태도 또는 정보'라는 정의를 인정하고 있다.

이와 같은 어기를 표현하는 표지는 '어기 표지'라고 한다. 중국어의 어기 표지로는 말의 속도나 음의 고저, 장단, 어기부사, 감탄사, 조동사, '不'이나 '沒'과 같은 부정부사, '了/著/過'와 같은 시제 조사, 어기사 등을 들 수 있다(정명숙2008:11). 이 가운데 중국어의 특징적인 품사인 어기사는 어기 표지 가운데 하나로서 존재한다. 즉 어기사란 어휘적 의미가 없으면서 문장에서 화자의 태도, 정서, 의지 등을 표현하는 허사를 가리킨다.

이어 중국어 어기사의 분류를 살펴보겠다.[58] 중국어 어학계에서 어기사에 대한 분류 기준은 다양하다. 선행연구를 정리하면 현대 중국어의 어기사를 5가지 기준으로 분류하였다. 첫째, 어기사의 위치에 따라 '구중(句中) 어기사'와 '구말(句末) 어기사', 혹은 '문중(文中) 어기사'와 '문말(文末) 어기사'로 분류할 수 있다(王力1954/2000, 呂叔湘2005, 孫汝建2006 등). 둘째, 어떠한 어기를 나타내는지에 따라 대체적으로 '진술 어기사, 의문 어기사, 감탄 어기사, 명령 어기사'로 나눈다(黃伯榮1994[59], 畢淑娜2012 등). 셋째, 음절수에 따라 '단음절 어기사'와 '이음절 어기사'로 분류한다(張誼生2010 등).[60] 넷째, 모음에 따라 'a계 어기사', 'o계 어기사', 'ou계 어기사', 'e계 어기사'로 나눌 수 있다(孫錫信1999).[61] 다섯째, 단음절 어기사의 발음에 따라 기본 어기사와 파생 어기사로 분류한다(張伯江2001).[62]

---

58) 齊滬揚(2002나)는 어기사에는 전형적 어기사와 비전형적 어기사의 두 가지가 있다고 하였다. 전형적 어기사는 사용 빈도수가 높으며 널리 사용되고 의미 표현의 기능이 강한 어기사를 말한다. 비전형적인 어기사는 사용 빈도수가 낮으며 널리 사용되지 못하고 의미 표현의 기능이 약한 어기사를 말한다. 현대 중국어에는 전형적 어기사가 6개만 존재한다. 바로 '啊(a)', '吧(ba)', '呢(ne)', '嗎(ma)', '的(de)', '了(le)'이다. 비전형적 어기사는 이들 6개를 제외한 다른 어기사를 의미한다. '唄(bei)', '啦(la)', '嘛(ma)', '麽(mo)'와 같은 일음절 어기사와 '罷了(ba le)', '似的(shi de)', '不成(bu cheng)', '來著(lai zhe)', '的話(de hua)' 등 이음절 어기사도 있다.
59) 黃伯榮(1994)에서는 어기사를 진술 어기사(的, 了, 吧, 呢, 著呢, 嘛, 唄, 罷了(而已), 也罷, 也好, 啦, 勒, 嘍, 啊), 의문 어기사(嗎, 麽, 吧, 呢, 啊), 명령 어기사(吧, 了, 啊), 감탄 어기사(啊)로 나누었다.
60) 드물기는 하지만 '就是了'와 같은 다음절 어기사도 존재한다.
61) 孫錫信(1999: 182-183)에서 제시된 어기사의 종류

		i-	n-	l-	b-	m-	w-
a계	a啊	ia呀	na哪	la啦	ba吧	ma嗎	wa哇
o계	o哦	io哟	nio嚄	luo咯	bo撥	mo麽	wo喔
ou계	ou嘔	iou呦	nou哝	lou嘍	bou啵	mou呣	wou
e계	e呃	ie呢	ne呢	le了	bei唄	me嚜	wei喂

중국어 어기사는 표준말(보통화)과 방언에 따라 형식이 다양하지만 張伯江(2001), 呂叔湘(2005), 張誼生(2010) 등 여러 선행연구에서 '的, 了, 嗎, 呢, 吧, 啊' 이 6개 어기사가 보편적으로 쓰인다고 논증을 했다.[63] 어기사는 문말에 쓰이며 화자의 주관적 태도를 나타내며 중국어의 양태를 나타내는 중요한 수단이라고 할 수 있다. 다음으로 어기사가 양태 체계에 어느 위치에 있는지를 살펴볼 것이다.

현대중국어 어학계에서 양태에 대한 연구 성과가 아직 저조한 실정이다. 이 가운데 대부분의 선행연구는 동사와 부사에 대한 양태 의미 연구에 집중되어 있다. 여러 논의에서 양태의 실현 방식으로 어기사가 있다고 언급을 하였지만(崔希亮2003, 彭利貞2005, 徐晶凝2008, 엄녀 2010 등) 어기사의 양태 의미를 구체적으로 자세히 분석한 연구는 드물다(徐晶凝2008, 金智姸2011 등). 그 중에서 徐晶凝(2008)는 어기사를 양태 체계에 넣어 어기사의 양태 의미를 구체적으로 다룬 연구로서 주목하게 된다.

徐晶凝(2008)에서는 양태를 '인식 양태' 및 '비인식 양태'로 나누었으며 '인식 양태'에 대해서 '명제 내용에 대해 화자가 어느 정도 확신을

---

62) 張伯江(2001:266)에서 제시된 어기사의 종류

기본적 어기사	기본적인 어기사에서 파생된 어기사
啊(a)	呵、呀、哇、哪、哈、哟、哎、唷
吧(ba)	罷、唄(=罷哎)、啵(=吧嘔)
了(le)	啦(=了啊)、咯、嘞、囉(=了哦)、嘍(=了嘔)
嗎(ma)	麼(麽)、嘛(=麼啊)
呢(ne)	吶、哩、咧、哪(=呢啊)

파생된 어기사란 선행 음절 말음에 따른 기본 어기사의 변이형 및 기본 어기사의 지역 방언에 따른 발음 변체를 가리킨다.
63) 실제로는 '的, 了, 嗎, 呢, 吧, 啊'와 같은 6개 어기사 이외에 '呀, 唄, 嘛, 啦' 등도 고빈도로 쓰이는 어기사라고 할 수 있다.

가지고 전달하는가 하는 확신 정도'라는 인식 양태의 가장 전통적인 정의를 취하였다. 徐晶凝(2008:76-81)에 따르면 어기사는 화자의 명제의 진실성에 대한 판단을 나타낼 수 있어 전체 양태 체계에서 '인식 양태'에 속한다고 지적하였다. 徐晶凝(2008:77)에 따르면 어기사에 따라 화자가 명제 내용에 대한 판단이 다르게 나타난다고 하였다. 다시 말해 중국어 어기사는 인식 양태 의미를 표현하는 방식이라고 할 수 있다는 것이다. 본고는 徐晶凝(2008)과 같이 어기사가 인식 양태를 표현한다고 보는데 자세한 내용은 4장에서 살펴보겠다.

상술한 내용을 바탕으로 본고에서는 양태 의미 측면에 있어 중국어 어기사와 한국어 종결어미에 대한 대조 작업이 충분한 가치가 있다고 생각한다. 이에 본고에서는 인식 양태 의미를 공통적으로 나타내는 한국어 종결어미 '-지', '-네', '-구나'를 연구 대상으로 선정하고 '-지', '-네', '-구나'와 이들 종결어미와 유사하게 인식 양태 체계에 속한 중국어 어기사의 대응 양상을 밝히고자 한다.

03

한국어 종결어미 '-지', '-네', '-구나'의 양태 의미에 대한 고찰

양태 의미에 있어서 종결어미 '-지', '-네', '-구나'와 대응되는 중국어 어기사를 밝히려면 이들 종결어미의 양태 의미를 확정하는 것이 선결되어야 한다. 따라서 3장에서는 절을 나누어 본고에서 사용한 말뭉치에서 출현한 용례를 통해 각각 '-지', '-네', '-구나'의 양태 의미에 대해서 분석하고자 한다. 앞서 2장에서 밝혔듯이 본고에서는 박재연(2006)의 양태 의미의 체계를 바탕으로 '-지', '-네', '-구나'의 양태 의미를 고찰하겠다.

3.1 '-지'의 양태 의미

종결어미 '-지'는 평서문, 의문문, 명령문, 청유문 등 모든 문장 유형에서 쓰일 수 있는 종결어미로서 구어에서의 사용 빈도가 높게 나타날 뿐만 아니라 가지는 양태 의미도 다양하다. 박재연(2006)에서는 양태의 하위 범주를 인식 양태와 행위 양태로 나누고 '-지'의 양태 의미를 논의하였다.

3.1.1 '-지'의 인식 양태 의미

박재연(2006)에서는 '-지'의 인식 양태의 의미 영역으로 '정보의 내면화 정도'와 '청자 지식에 대한 가정'을 설정하였다. 박재연(2006:200-201)에서는 양태 의미에 체계에 따라 '-지'의 인식 양태 의미를 다음과 같이 파악하였다.

(1) '-지'의 인식 양태 의미
    가. 정보의 내면화 정도: [이미 앎]
    나. 청자의 지식에 대한 가정: [기지가정]

앞서 언급했듯이 정보의 내면화 정도는 화자가 자신이 말하는 명제 내용에 대해 완전히 내면화시킨 것인지 그렇지 않은 것인지를 구분하는 것으로 [이미 앎]과 [새로 앎]으로 구분된다. 한국어에서 '-지', '-잖-' 등은 [이미 앎]을 나타내는 표지로 '-네', '-구나' 등은 [새로 앎]을 나타내는 표지로 다루어 왔다. 청자의 기지 가정은 화자가 말하는 명제 내용을 청자도 알고 있는지를 가정하는 것을 구분하는 것으로 [기지가정] 및 [미지가정]으로 나눈다. (1)에 의하면 '-지'는 화자가 완전히 내면화시킨 정보에 대하여 청자도 역시 알고 있다고 가정하는 상황에서 사용된다고 할 수 있다.

(2) (만화방 사장님에게) 사장님, '풀하우스' 11권 수요일에 나오죠? 한 권 빼주세요.

〈스물다섯 스물하나 1회〉

(2)에서 보는 바와 같이 '풀하우스 11권 수요일에 나오죠?'는 의문문인데 화자가 짐작되는 사실을 확인하기 위한 의문문이라고 할 수 있다. 즉 화자가 만화방 사장님에게 '풀하우스 11권 수요일에 나오냐'고 물어보는 것이 아니라 '풀하우스 11권 수요일에 나오는 것'이 화자가 이미 알고 있는 정보이며 사장님에게 확인하기 위한 발화이다. 이는 화자가 사장님의 대답을 듣지도 않으면서 바로 '한 권 빼 주세요'라고 한 발화를 통해서도 알 수 있다. 이는 판정의문문에서 '-지'가 [이미 앎]의 양태 의미를 가진 것을 보여준다. 그리고 의문문은 화자가 청자에게 질문을 하여 그 대답을 요구하는 문장 유형이므로 [기지가정]이라는 양태 의미에 대해서는 무표적이라고 할 수 있다. 박재연(2006)에서 지적한 바와 같이 [기지가정]의 양태 의미는 의문문보다는 평서문에서 잘 드러난다.

하지만 [이미 앎] 및 [기지가정]으로만 '-지'의 모든 용법을 설명할 수 없다고 여러 논의에서 지적한 바 있다(임동훈2008, 최수정2014, 정경미2017 등). 다음과 같은 예를 통해 살펴보자.

(3) 가. (자기 앞에서 갑자기 나타난 우산을 보면서 고유림의 혼자말) 뭐지? 누구지?

〈스물다섯 스물하나 1회〉

나. (주경이 서준에게) 지금 몇 시지? 가야 하나?

〈여신강림 15회〉

(4) 가. 솔이: 일하는 거 많이 힘들지? 연수: 아니, 옛날에 비하면 힘든 것도 아니지.

〈그해 우리는 6회〉

나. 미조: 저녁 먹었어?
미조 언니: 먹었지. 지금 시간이 몇 시인데…

〈서른아홉 4회〉

예문(3)에 나타난 '-지'는 [이미 앎]으로 설명할 수 없는 예들인 듯하다. (3가)와 (3나)는 각각 '뭐/누구'와 '몇'이라는 미지항(未知項)이 포함된 설명의문문에 '-지'가 사용된 예들이다. 화자가 미지항으로 질문했다는 것을 통해 화자가 명제를 이미 알고 있다고 볼 수 없음을 쉽게 알 수 있다. 따라서 최수정(2014), 정경미(2017) 등 여러 연구에서 설명의문문에는 '-지'가 [이미 앎]의 의미를 가지고 있다고 보기 어렵다고 하였다. 한편 예문(4)에 나타난 '-지'는 [기지가정]으로 설명할 수 없어 보인다. (4가)는 '일하는 거 많이 힘들지'라는 솔이의 질문에 연수가 종결어미 '-지'를 사용하여 '아니, 옛날에 비하면 힘든 것도 아니지'라는 대답으로 솔이의 발화를 반박하고 있는데 '-지'가 쓰인 것은 화자가 청자 솔이도 '옛날에 비하면 힘든 것도 아니다'라는 사실을 알고 있을 것이라고 가정하는 [기지가정]의 의미를 갖고 있다고 보기 어려워 보인다. (4나)도 미조가 지금 언니가 저녁 먹었는지를 몰랐는데도 언니가 '-지'를 사용하여 대답했다. 이때는 '-지'는 [기지가정]의 의미를 지닌다고 할 수 없어 보인다.

[이미 앎] 및 [기지가정]의 의미로 '-지'의 모든 용법을 설명하기 어렵다는 이유로 박재연(2004, 2006)의 주장을 비판하면서 '-지'의 양태 의미를 다룬 대표적인 연구는 임동훈(2008), 최수정(2014), 정경미

(2017) 등이 있다. 임동훈(2008)은 '-지'에 대한 논의를 박재연(2004)의 주장을 바탕으로 다루었다. 임동훈(2008:244)에서는 '-지'의 경우 청자가 알고 있다고 화자가 가정한다는 [기지가정]의 의미가 맥락에 따라 나타나지 않을 수도 있다고 주장하면서 '-지'의 양태 의미를 파악할 때 박재연(2004)에서 제시한 [이미 앎]만 받아들였다.

(5) 가. (자네는 잘 모르겠지만) 이곳은 한때 논밭이었지.
　　나. A: 월급은 줄까?
　　　　B: 월급이야 주지.

(임동훈 2008:244)

임동훈(2008)에서 위와 같은 예문을 제시하면서 '-지'의 [기지가정]의 양태 의미는 맥락에 따라 나타나지 않을 수 있다고 주장하였다. (5가)는 청자가 모르고 있는 상황에서도 '-지'가 쓰일 수 있음을 보여주고 (5나)도 월급을 주는 사실을 청자가 모르고 있는 상황에서 '-지'가 쓰일 수 있음을 보여준다. 따라서 임동훈(2008)에서 '-지'의 양태 의미를 [이미 앎]으로만 파악하였다.

하지만 본고에서는 예문(3), (4), (5)와 같은 [이미 앎] 및 [기지가정]이라는 양태 의미가 명확히 부각되지 않은 '-지'의 예들은 분명히 존재함에도 불구하고 임동훈(2008)과 달리 박재연(2006)에서 밝힌 '-지'의 [이미 앎] 및 [기지가정]의 양태 의미를 기본적으로 받아들이면서 논의를 전개하고자 한다. 단, 박재연(2006)에서 주장한 '-지'의 [이미 앎] 및 [기지가정]의 양태 의미를 그대로 받아들이지는 않으며 [이미 앎] 및 [기지가정]의 의미를 세부화시키거나 [이미 앎] 및 [기지가정]의 의미에 다른 내용을 보충하여 [이미 앎] 및 [기지가정]으로 설명하기가 어려운 예들을 설명하고자 한다.

최수정(2014), 정경미(2017)는 본고와 맥을 같이 해서 주목할 필요가 있다. 이어 최수정(2014), 정경미(2017)의 논의를 바탕으로 '-지'의 [이미 앎] 및 [기지가정]의 의미를 세부화할 것이다.

우선 [이미 앎]의 의미에 대해 살펴볼 것이다. 많은 선행연구에서 '-지'는 [이미 앎]의 의미를 지시하는 것이 증명되었고 이러한 분석은 상당한 지지를 받고 있다. 하지만 앞서 언급했듯이 [이미 앎]으로 설명할 수 없는 '-지'의 용법은 분명히 존재한다.

(6) 지웅: 어? 이런 것도 있네?
　　희도: 그거 이름이 뭐지, 그거?
　　지웅: 완력기.
　　희도: 어, 맞아.

〈스물다섯 스물하나 8회〉

'-지'의 양태 의미에 대한 파악에 있어서 예문(6)과 같은 '뭐'가 포함된 설명의문문이 주목된다. 명제에 미지항이 포함되어 있다는 것은 화자가 그 정보에 대해 온전히 알고 있지 못하다는 것을 의미한다. 그럼에도 불구하고 (6)과 같은 설명의문문에도 [이미 앎]의 의미를 가지는 '-지'가 쓰일 수 있다는 이유가 무엇인가 하는 문제를 살펴볼 필요가 있어 보인다. 예문(6)의 맥락을 보자. 지웅과 희도가 남의 방에서 놀고 있다가 지웅이 갑자기 구석에서 어떤 물건을 꺼냈다. 희도가 이 물건을 보면서 '그거 이름이 뭐야'라고 묻지 않고 '이름이 뭐지'라고 물었다는 것에 주목할 필요가 있다. 무표적인 '-어'를 사용하여 질문하는 '이름이 뭐야'는 화자 희도에게 이 물건의 이름이 무엇인지에 대한 정보가 아무것도 없는 상태일 때 발화하는 것과 달리 '-지'를 사용하여 '이름이 뭐지'라고 물어봤다는 것은 희도가 이 물건의 이름에 대한 정보가 아무것도 없는 것은 아니라는 것을 함축한다. 즉 화자 희도는 이 물건의 이름이 무엇인지를 전에는 안 적이 있었음을 의미하는 것이다. 이는 후행 발화를 통해서도 확인할 수 있다. 지웅이 이 물건의 이름이 완력기라고 대답하자 희도가 '어, 맞아'라고 한 것을 통해 화자 희도가 완력기의 이름에 대해 전에 알고 있었는데 지금 잠시 망각했다는 것을 알 수 있다.

이와 같은 예들에 주목해서 최수정(2014)에서는 '-지'의 [이미 앎]은 '과거에 최초로 알게 되어 지금까지도 알고 있거나 과거에는 알았지만 지금은 잠시 망각함'으로 구분하였다. 정경미(2017)에서는 '-지'의 [이미 앎]의 의미는 [(사유의 과정을 포함한) 이미 앎]으로 파악하였고, 즉 [이미 앎]을 그 정보를 알게 되는 과정을 기준으로 '단순한 앎'과 '사유가 개재된 앎'으로 구분하였고 예문(6)처럼 화자가 이미 알고 있던 정보를 망각했다가 사유를 통해 다시 새롭게 기억난 순간의 발화에 쓰인 '-지'는 바로 후자에 속한다고 하였다.[1] 최수정(2014)과 정경미

---

[1] 정경미(2017)에서의 [(사유의 과정을 포함한) 이미 앎]은 본고의 예문(6)처럼 화자가 이미 알고 있던 정보를 망각했다가 사유를 통해 다시 기억난 경우를 빼고 아직 일어나지 않은 일에 대해 이미 앎에서 짐작이라는 다른 정신적 과정을 거쳐 얻어진 정보일 경우도 포함한다.

(1) 쟤 저러다가 오늘도 지각하지.

(장경희1985, 박재연2006:225, 정경미2017:274에서 재인용)

(1)과 같이 '쟤 오늘도 지각한다'라는 명제 정보는 화자가 이미 알고 있을 수 없다. 아직 일어나지도 않은 일이기 때문이다. 정경미(2017)에 따르면 이에 대해 이미 알고 있던 정보를 가지고 짐작해서 따로 얻어낸 명제라고 한다면 설명이 된다. 즉, (1)의 명제는 이미 앎이 아니라, 이미 앎에서 짐작이라는 다른 정신적 과정을 거쳐 얻어진 정보라는 해석이 가능하다. 정경미(2017:274)에서는 이에 대해 '-지'의 [이미 앎]이 단순히 명제 정보를 알고 있는 상태를 지시

(2017)에서 사용한 용어에 있어서는 차이를 보이지만 전체적으로 같은 맥락의 파악인 것으로 보인다. 본고에서는 이와 같은 '과거에는 알았지만 지금은 잠시 망각함'이라는 용법이 [이미 앎]이라는 기본적 의미와 연결되며 '과거에는 알았지만 지금은 잠시 망각함'이라는 용법에서 '자문'의 용법이 파생된다고 보고자 한다. 다음과 같은 예문을 살펴보자.

(7) 가. (혼잣말) 어? 비밀번호 뭐였지?
〈스물다섯 스물하나 2회〉

나. (자기 앞에서 갑자기 나타난 우산을 보면서 유림의 혼잣말) 뭐지? 누구지?
〈스물다섯 스물하나 1회〉

(7가)는 화자 희도가 전에 알고 있는 화장실 비밀번호를 망각했을 때 '비밀번호 뭐였지'라고 자문을 하고 있다. 이와 같이 '-지'의 '과거에는 알았지만 지금은 잠시 망각함'이라는 용법은 '자문'으로 많이 쓰인다. 더 나아가서 엄밀히 말해 과거에 이미 알고 있지 않았어도 그냥 자문할 때도 '-지'가 쓰이게 된 것으로 보인다. (7나)는 바로 이러한 예문이다. (7나)와 같은 경우에는 화자가 자신 앞에서 갑자기 나타난 우산은 누가 준 것인지를 알고 싶은 상황인데 다른 사람에게 묻지 않으며 자신이 스스로 답을 구하려 하고 있다. 요약하면 예문(7)과 같은 예문에 나타난 '-지'가 자문의 성격을 가지는 설명의문문을 이끄는 것이라고 할 수 있다. 설명의문문은 특정한 사항에 관한 정보를 찾기

하는 의미가 아니라, 그 앎을 얻기 위한 '사유의 과정'까지 포함하는 의미 영역을 지시한다고 본다. 하지만 필자가 구축한 말뭉치에서 (1)과 같은 '-지'의 용례를 발견하지 못해 이러한 용법으로 쓰는 경우가 드물다고 할 수 있어 이에 대해 따로 논의하지 않기로 한다.

위한 의문문인데 '-지'가 쓰이게 되면 정보를 찾기 위하여 스스로 궁리하는 효과를 가져온다(장경희1985, 박재연2006 등).

이상의 논의를 종합하면 '-지'의 핵심 양태 의미는 [이미 앎]이지만 설명의문문에 쓰인 '-지'의 경우에는 '과거에는 알았지만 지금은 잠시 망각함'이나 '자문'의 의미도 가진다고 볼 수 있다.

다음으로 '-지'의 [기지가정] 의미를 살펴보자. 다음과 같이 [기지가정]의 의미가 명확하게 부각되지 않은 '-지'의 예들이 있다.

(8) 찬영: 왜 왔어?
미조: 널 보고 싶어서 왔지, 몰라서 물어?

〈서른아홉 4회〉

(8)에서 찬영이 미조에게 '왜 왔냐'고 질문을 한 것은 찬영이 미조가 자신 집으로 왜 왔는지에 대해 모른다는 것을 의미한다. 미조가 '널 보고 싶어서 왔지'라고 대답하고 있는데 이때 '-지'에는 [기지가정]이라는 의미를 나타내지 않음을 확실히 알 수 있다. 하지만 이때의 '-지'에는 [기지가정]과 관련한 의미가 완전히 없어진다고 할 수 없어 보인다. 이는 '-지'가 쓰인 발화 뒤에 이어진 '몰라서 물어'를 통해 알 수 있다. 만약에 미조가 찬영에게 단순히 '널 보고 싶어서 왔다'라는 정보를 전달하고 싶으면 '널 보고 싶어서 왔어'라고 할 수 있는데 이때는 뒤에 '몰라서 물어?'라는 발화가 이어지기에 적절하지 않다. '-지'가 쓰인 것은 미조가 말하지 않아도 찬영이 미조가 자신을 보고 싶어서 집으로 온 것을 마땅히 알고 있어야 하는데 왜 묻느냐는 의미를 부가적으로 표현한다는 것이다. 최수정(2014)에서 (8)과 같은 예들에 주목하여 '-지'의 [기지가정]을 '청자도 명제가 참임을 알고 있을 것이라는

가정' 및 '청자도 명제에 대해 마땅히 알고 있어야 한다는 가정'으로 세분하였으며 예문(8)은 바로 후자에 속한다고 하였다. 정경미(2017)에서도 같은 맥락으로 '-지'의 의미는 '수용의 당위성 전제'[2]라고 파악하였다. 즉 청자가 화자의 명제를 수용하는 것이 당연하다는 화자의 전제를 표시한다는 것이다.

상술한 바와 같이 최수정(2014)과 정경미(2017)에서는 용어에 있어서 다소 차이가 있지만 '-지'가 쓰인 명제의 당위성에 동의한 것에 공통점이 있다. 본고도 역시 '-지'가 쓰인 명제의 당위성을 인정한다. 그 근거로는 다음과 같이 두 가지가 있다. 첫째로 본고에서 사용한 말뭉치에 나타난 '-지'가 화자 자신의 판단이 당연하며, 이치에 합당하다는 태도를 나타내는 부사어 '당연히'와 공기하는 경우를 많이 발견할 수 있다는 것이다. 둘째로 '당연하다', '물론이다'와 같이 당위성을 나타내

---

[2] 정경미(2017)에서는 '앎'의 종류를 구분함으로써 '-지'가 포괄하는 넓은 의미 영역을 기술하고자 시도하였다. '앎'을 보편성에 따라 '특수한 앎'과 '공유된 앎'으로 구분하였다.

(2) ㄱ. 영희가 언제 갔냐고? 어제 갔지. 내가 어제 봤거든.
ㄴ. 나는 네가 고기를 안 먹는다는 걸 이미 알고 있었지.
ㄷ. 한글을 만든 분은 세종대왕이지.
ㄹ. 빨간불일 때 길을 건너면 안 되지.
ㅁ. 어른이 말씀하실 때 말대답하면 버릇없어 보이지.

정경미(2017:277)에 따르면 (2ㄱ)과 (2ㄴ)은 화자 개인만 아는 '특수한 앎'과 대조적으로 (2ㄷ)처럼 학교에서 배웠거나, 책, 각종 매체 등을 통해 알게 되는 정보, (2ㄹ)의 사회 규범, (2ㅁ)처럼 문화적으로 합의된 앎 등은 '공유된 앎'이다. 일반적으로 공유된 앎은 보편적인 정보이기 때문에 화자뿐만 아니라 청자도 알고 있을 확률이 높다. 그래서 이런 유형의 명제는 청자가 정보를 전달받을 경우에 그것을 납득하고 수용할 만한 당위성을 지니고 있을 것이다. 화자는 이러한 유형의 명제에 대해서 당위성을 부여하기 쉽다. 청자가 이러한 정보를 모르고 있다고 하더라도 언제든지 청자가 정보를 쉽게 구할 수 있을 것이고, 그러면 당연히 수용할 수 있을 것이라는 수용의 당연함을 전제할 수 있다.

는 표현이 '-지'와 결합되어 '당연하지', '물론이지'로 굳어져 관용적으로 사용된다는 점이다.[3]

이상의 논의를 종합하면 '-지'의 핵심 양태 의미는 [기지가정]이지만 '청자도 화자가 말한 명제를 당연히 알고 있어야 한다는 가정'이나 '청자가 명제를 몰라도 해당 명제가 당위성이 있어서 청자가 화자로부터 얻은 해당 정보를 충분히 동의하거나 수용할 수 있다는 가정'의 의미도 가진다고 볼 수 있다.

여기서 특히 주목할 만한 점은 상술한 '-지'가 가진 '청자도 화자가 말한 명제를 당연히 알고 있어야 한다는 가정' 및 '청자가 명제를 몰라도 해당 명제가 당위성이 있어서 청자가 화자로부터 얻은 해당 정보를 충분히 동의하거나 수용할 수 있다는 가정' 두 가지 파생 의미 중 전자는 청자에게 불쾌감을 줄 수 있는 반면에 후자는 그렇지 않다는 것이다. 전자에는 그것을 왜 모르냐고 질책하는 느낌이 들어서 청자에게 불쾌감을 줄 수 있기 때문이다. 여기서 예문(4가, 나)를 다시 가져와 분석하고자 한다.

(9) 가. 미조: 저녁 먹었어?
　　　　미조 언니: 먹었<u>지</u>. 지금 시간이 몇 시인데...
　　　　　　　　　　　　　　　　　　　　　〈서른아홉 4회〉

---

[3] 본고에서 사용한 말뭉치에서 부사 '당연히'가 총 76번이나 나왔으며 이 가운데 종결어미 '-지'와 공기한 용례가 총 64개로 빈도수가 높았다. 또한 '당연하지'와 '물론이지'의 형식으로 나타난 용례가 총 31개로 많지 않지만 '당연하다'는 본고에서 사용한 말뭉치에서 총 23회로 나타났는데 이 가운데 '당연하지'로 16회, '당연하죠'로 6회, 무표적인 종결어미 '-다'나 '-어'와 결합된 것 중 '당연하다'로 1회만, '당연해'로는 한 번도 나타나지 않았다. '물론이지'로는 총 7회, '물론이죠'로는 1회로 나타나며 무표적인 '물론이야', '물론이다'로는 한 번도 나타나지 않았다. 이는 '-지'가 '당연하다', '물론이다'와 같이 당위성을 나타내는 표현과 결합하는 경향이 있음을 보여준다.

나. 솔이: 일하는 거 많이 힘들지?
연수: 아니, 옛날에 비하면 힘든 것도 아니지.
〈그해 우리는 6회〉

앞서 말했듯이 (9)는 [기지가정]의 의미가 나타나지 않은 맥락으로 보인다. (9가)는 저녁 먹었느냐는 미조의 질문에 대해 '먹었지'라고 언니가 대답하는데 이는 그냥 '먹었어'라고 대답하여 질문에 대한 정보를 제공하는 것과는 달리 '지금의 시간 보면 너는 내가 저녁을 이미 먹었다는 것을 마땅히 알고 있어야 하는 것이 아니냐, 정말 그것을 몰라서 묻는 것이냐'와 같은 청자를 질책하는 의미가 느껴져 청자에게 불쾌감을 줄 수 있다. 그러나 (9나)는 청자에게 불쾌감을 주지 않는다. (9나)는 연수의 대답을 보면 '연수가 지금 일하는 거 힘들지 않다고 생각하고 있다'는 것을 솔이가 모르고 있다. 하지만 이때 '-지'를 결합시킨 문장에서는 무언가 당연시하는 느낌이 든다. 즉 솔이가 연수와 친해서 연수가 옛날에 얼마나 힘들었는지를 잘 알았을 것이다. 따라서 연수가 말하는 '옛날에 비하면 힘든 것도 아니다'는 것은 솔이에게 수용되는 것이 당연하다는 화자 연수의 태도가 느껴진다. 이와 같은 맥락에서 청자가 불쾌함을 느끼지 않는다. 다시 말해 (9가)는 화자가 청자에게 자신이 제공하는 명제를 어떻게 모를 수 있냐는 따지는 느낌이 든 반면에 (9나)는 화자가 청자가 자신이 제공하는 명제를 몰라도 되며 모를 수 있는데 화자로부터 얻은 해당 명제를 청자가 충분히 동의하거나 수용할 수 있다고 보는 화자의 태도가 느껴지는 것이다. 그러므로 전자는 청자를 질책하는 의미로 청자에게 불쾌감을 줄 수 있는 것이다.[4]

---

[4] '-지'가 '청자가 명제를 몰라도 해당 명제가 당위성이 있어서 청자가 화자로부터 얻은 해당 정보를 충분히 동의하거나 수용할 수 있다는 가정'이라는 의미

상술한 논의를 종합해 보면 '-지'가 쓰이는 맥락에 따라 [이미 앎] 및 [기지가정]의 의미 중 어느 하나가 명확하게 드러나지 않은 경우도 있기는 하지만 일부 기존 연구처럼 이러한 예들의 존재를 이유로 삼아 '-지'의 [이미 앎] 및 [기지가정]의 의미를 부인한 것과 달리 본고는 이러한 용례는 [이미 앎]이나 [기지가정]의 의미가 명확하게 드러나지 않았을 뿐이지, [이미 앎] 및 [기지가정]과 관련한 의미가 완전히 없어진다고 할 수 없다고 본다. 요약하면 본고에서는 [이미 앎] 및 [기지가정]을 '-지'의 핵심 양태 의미로 파악하되 [이미 앎]의 의미에서 '과거에는 알았지만 지금은 잠시 망각함'과 '자문'의 의미가 파생되며 [기지가정] 의미에서 '청자도 화자가 말한 명제를 당연히 알고 있어야 한다는 가정'과 '청자가 명제를 몰라도 해당 명제가 당위성이 있어서 청자가 화자로부터 얻은 해당 정보를 충분히 동의하거나 수용할 수 있다는 가정' 의미가 파생된다고 파악하고자 한다.5)

3.1.2 '-지'의 행위 양태 의미6)

앞서 평서문과 의문문에 쓰인 '-지'의 양태 의미를 살펴보았고 이제 명령문, 청유문, 약속문에서의 '-지'의 의미를 알아보자. 박재연(2016)

로 나타날 때 청자는 불쾌감을 느낄 경우가 적지만 아예 없지는 않다. 화자가 해당 명제를 청자가 당연하게 수용할 것이라고 생각하는데 실제로 청자가 수용할 수 없는데 강제적으로 수용을 받아야 할 경우 청자의 입장에서 불쾌함을 느낄 수 있다. 이에 대해 후술하겠다.
5) 이러한 구분은 장경희(1985)의 '핵심 의미'와 '문맥적 의미'의 구분에 상당 부분 대응하는 것으로 보인다.
6) 앞서 언급했듯이 본고에서는 인식 양태 의미에 중점을 두어 논의를 진행하겠지만 종결어미 '-지'와 중국어 어기사 '吧(ba)'가 모두 인식 양태와 행위 양태의 다의성을 가지기 때문에 대조할 가치가 있으므로 본고에서는 종결어미 '-지'와 중국어 어기사 '吧(ba)'를 다루면서 행위 양태도 같이 논의할 것이다.

에서는 '-지'의 행위 양태 의미의 영역을 다음과 같이 두 종류로 파악하였다.

(10) '-지'의 행위 양태 의미
    가. 재귀적 혹은 대타적 조건 부과: [제안]
    나. 대타적 조건 부과: [기원]

이 논의에 따르면 '-지'는 [제안]의 양태 의미를 지니기도 하고 [기원]의 양태 의미를 가지기도 하는데 [제안]의 경우에는 다른 사람에게 조건을 부과하는 것뿐만 아니라(대타적 조건 부과), 화자 스스로를 동작주로 하는 행위에 대해 조건을 부과하기도 한다(재귀적 조건 부과)고 하였다. 한편 [기원]의 의미를 가지는 '-지'는 '다른 동작주가 해당 명제가 표현하는 사태를 성립시키기를 화자가 바람'을 표현하므로 대타적 조건 부과에 속한다고 보았다.

본고에서는 박재연(2006)의 논의를 수용하여 '-지'의 행위 양태 의미를 [제안] 및 [기원]으로 파악하고자 한다. 다음을 보자.

(11) 가. 뭐 똑똑한 내가 해결하지.[7]
    가'. 뭐 똑똑한 내가 해결할게.
    나. 힘 좀 주지.
    나'. 힘 좀 줘.

---

[7] 최수정(2014)에서는 박재연(2006)의 의견과는 달리 (11가)와 같은 경우에는 '-지'의 의미를 [제안]이 아니라 [의도]로 보았다. 본고에서는 (11가)와 같은 '약속'의 의미를 나타낸 '-지'를 따로 구분하여 [의도]라는 행위 양태 의미를 상정하는 것보다는 박재연(2006)처럼 '약속', '명령', '청유'의 의미를 모두 [제안]으로 보는 것이 더 간명하다고 생각한다.

다. 이제 우리는 나가지.
다'. 이제 우리는 나가자.

(12) 가. 나 좀 예쁘게 낳아주지.
　　 나. 생각할 시간을 좀 주지 그래.

　박재연(2006:208)에 따라 (11)의 용례를 해석해보면 (11가)의 '-지'는 '약속'의 화행을 표현하며 (11나)의 '-지'는 '명령', (11다)는 '청유'의 화행을 표현한다. 인식 양태의 '-지'가 화자가 가진 정보를 문제 삼는 것과는 달리 이러한 문장은 화자가 동작주에게 행위에 대한 조건을 부과하는 의미를 가지므로 행위 양태 의미라고 할 수 있다(박재연, 2006:208). (12)의 '-지'에 대해서는 박재연(2006:210)에서는 화자가 다른 동작주에게 어떠한 조건을 부과하면서 실현되지 않은 사태에 대하여 과거에 실현되었더라면 더 좋았을 것이라거나 앞으로 실현되었으면 좋겠다는 화자의 소망을 나타낸다고 하였다. 여기서 특히 주목할 것은 (12)처럼 '-지'의 [기원]의 의미가 (11)과 같은 [제안]의 의미와의 구분이 모호하다는 것이다. 대타적 조건부과의 [제안]의 의미도 박재연(2006:210)에서 [기원]의 근거를 들면서 말한 것과 비슷하게 '다른 동작주가 해당 명제가 표현하는 사태를 성립시키는 것이 좋겠다고 화자가 의견을 말함'이기 때문이다.8) 하지만 (11)에 해당하는 [제안]과 (12)

---

8) 박재연(2006:86)에서는 다음과 같이 대타적 조건 부과의 의미 영역을 설정하였다.
　(3) 대타적 조건 부과
　　가. 명령[강제적 조건 부과]: 화자가 청자에게 해당 명제가 표현하는 사태를 성립시킬 것을 요구함.
　　나. 제안[반(半)강제적 조건 부과]: 다른 동작주가 해당 명제가 표현하는

에 해당하는 [기원]의 의미를 비교하여 차이점이 있다. [제안]은 '화자가 의견을 말함' 즉, 화자의 발화를 필수조건으로 삼고 있는 반면에 [기원]은 단지 '화자가 바람'이라고 되어 있어 화자의 발화를 필수조건으로 삼고 있지 않다. 즉, [기원]의 경우 화자는 꼭 청자를 상정하여 발화할 필요가 없으며 내면 발화로 '-지'를 사용하여 명제에 대해 바라는 것도 [기원]으로 볼 수 있는 것이다(최수정2014:81). 본고에서 사용한 말뭉치에서 '-지'의 용례 중 '-지', '-지요', '-죠'의 형태 중 해체에 해당하는 '-지'에서만 [기원]의 의미를 발견할 수 있다는 것도 이를 입증한다. '-지'의 용례들은 모두 해체인 '-지'로 결합했다는 것은 청자 상정이 필수적이지 않다는 것을 의미한다. 다시 말해 (11)과 같은 [제안]의 의미로 나타난 예문들은 (13)처럼 청자에 대한 높임을 나타내는 보조사 '요'를 결합해도 의미 변화가 없는 반면에 (12)처럼 [기원]을 나타낸 예들에 '요'를 결합하면 (14)와 같이 [기원]의 의미가 없어진다.

(13) 가. 뭐 똑똑한 내가 해결하지요.
　　　나. 힘 좀 주지요.
　　　다. 이제 우리는 나가지요.

(14) 가. 나 좀 예쁘게 낳아주지요.
　　　나. ?? 생각할 시간을 좀 주지요 그래요.

　　　사태를 성립시키는 것이 좋겠다고 화자가 의견을 말함.
　　다. 기원[비강제적 조건 부과]: 다른 동작주가 해당 명제가 표현하는 사태를 성립시키기를 화자가 바람.

'요'를 결합하면 (14가)에 쓰인 '-지'의 [기원] 의미가 없어지며 (14나)는 비문으로 돼 버린다. 즉, [제안]의 의미로 나타난 '-지'는 청자를 상정해야만 하는데 해체 '-지'에서만 두드러지게 나타난 [기원]의 의미는 청자를 상정할 필요가 없어 두 가지 의미가 분명하게 구분된다.

이상의 논의를 바탕으로 본고에서는 '-지'의 행위 양태 의미를 [제안] 및 [기원]으로 파악하고자 한다.[9]

3.2 '-네'와 '-구나'의 양태 의미

3.2.1 '-네'의 양태 의미

선행연구에서 기술된 '-네'의 의미는 다음과 같이 크게 네 가지로 나눌 수 있다.

(15) '-네'의 의미에 대하여
    가. 감탄법: 고영근(1989), 윤석민(2000)
    나. 증거성: Choi(1995)[10], 송재목(2007, 2011, 2014, 2015나), 임채훈(2007, 2008), 조민정(2017)
    다. 의외성: Strauss(2005)[11], 박진호(2011가), 정경숙(2012), 조

---

9) 본고에서 사용한 말뭉치에서 '-지'의 용례를 분석한 결과, 3232개 '-지'의 용례 중 인식 양태로 나타난 '-지'가 3093개나 있어 상당히 높은 빈도를 보였으며 행위 양태로 나타난 '-지'는 139개에 불과하다. 이에 대해 5장에서 자세히 다루겠다.
10) 송재목(2015나:48) 재인용.
11) 송재목(2015나:54) 재인용.

용준(2016), 이윤복(2019), 정순화(2021)
라. 인식 양태: 장경희(1985), Lee(1991), 손현선(1996), 신선경(2001), 박나리(2004), 박재연(2004, 2006), 권익수(2013)

우선 (15가)처럼 종결어미 '-네'는 전통적으로 감탄법 표지로 여겨졌으나 '감탄'이나 '놀람'의 의미를 직접적으로 나타내지 않은 경우의 빈도는 매우 높게 나타나므로 '감탄'은 '-네'의 핵심 의미가 될 수 없다고 많은 선행연구에서 지적한 바 있다(장경희1985, 박재연 2004 등). 이에 대해 본고에서 사용한 말뭉치를 통해서도 확인할 수 있다. '-네'가 '감탄'이나 '놀람'의 의미를 직접적으로 나타내는 경우의 빈도는 매우 낮게 나타났기 때문이다.[12]

그동안 '-네'가 의외성 표지인지 증거성 표지인지를 놓고 논쟁을 벌여왔다. 지금까지 '-네'의 핵심 의미를 화자가 감각기관을 통해 직접 확인한 정보를 나타낸다고 보는 것에는 이견이 없었다. 따라서 (15나)와 같이 일부 연구에서 '-네'가 화자가 직접 목격한 사실을 나타내는 것으로 직접적인 목격 없이는 사용이 어색하다는 것을 근거로 '-네'를 증거성 표지로 보고 있다. 하지만 다음과 같이 직접적인 목격 없어도 '-네'가 쓰인 예문도 존재한다.

(16) 가. (마당에 쌓인 눈을 보고) 밤새 눈이 왔네.[13]

---

12) 이에 대해 5장에서 자세히 다룰 것이다.
13) 송재목(2011, 2014)은 '밤새 눈이 왔네.'와 같은 직접적인 증거를 가지지 않는 상황에서도 '-네'가 사용되므로 현재직접증거성 표지를 부정하는 논의에 대해 이 역시 직접적인 증거성을 가지고 있는 것이며 이를 작용역의 차이로 설명하고 있다. 즉 밤새 눈이 왔다는 과거 사실에 대해 이를 사실로 믿을 만한 직접적인 증거를 발화시점에서 화자가 직접 획득했다는 의미를 나타낸다고 설명한다. 하지만 조민정(2017:36)에서 지적한 바와 같이 송재목(2011: 2014)

나. (철수가 새 핸드폰을 가진 것을 보고) 너 핸드폰 새로 샀네.

(정경숙2012:1002)

위의 예시들을 보면 (16가)에서는 눈이 오는 상황, (16나)에서는 철수가 핸드폰을 사는 상황에 대해 화자가 직접적 지각을 한 것이 아니라 결과를 통해 추론해 내는 것이다. (16)과 같은 예문을 통해 '-네'는 직접적인 목격뿐만 아니라 추론의 경우에도 사용될 수 있다는 것을 알 수 있다. 그러므로 (15다)처럼 많은 연구에서는 '-네'가 직접 증거와 간접 증거를 모두 표현하는 형태소라면 특정한 증거의 속성을 명세화하지 않아 핵심 의미를 증거성으로 볼 수 없다고 지적하면서 '-네'는 새로운 예상치 못한 화자의 지식에 아직 동화되지 않은 의외성의 의미를 지니는 것으로 파악하였다. 하지만 송재목(2015나) 등 논의에서 의외성만으로 설명하기 어려운 부분도 역시 존재한다고 보았다.

(17) 가. 일기예보대로 오늘은 춥네.
    나. 소문대로 맛있는 집이네.

(송재목 2015나: 139-140)

송재목(2015나)에서 위와 같은 예문을 제시하면서 '-네'가 포함된 명제에서 의외성이 반드시 나타나는 것은 아님을 지적하였다. 예문(17가)에서 '오늘이 춥다'는 상황은 이미 일기예보를 통해 화자에게는 알려져 있는 정보인데도 '-네'가 사용되고 있다. 즉 예문(17가)에서 '오늘

의 논의를 따르게 된다면 한국어 발화 분석 시 모든 명제에서 직접 무언가를 획득했을 것이라는 전제를 끊임없이 생성해낼 수 있으며 모든 문장을 직접 획득한 형태로 설명할 수 있게 된다.

춥다'는 상황은 화자에게 완전히 새로운 정보, 화자가 예측하지 못한 정보도 아니며 화자에게 놀라운 정보도 아니다. 예문(17나)도 역시 예문(17가)와 같은 맥락으로 '이 음식점이 맛있는 집'이라는 것은 이미 소문을 통해 예상했던 사실이다. 따라서 송재목(2015나)에서 위의 예문은 화자가 전혀 예상하지 못했던 새로운 정보를 나타내는 의외성과는 거리가 멀다고 할 수 있다고 하였다.

하지만 본고에서는 예문(17)에 대해 송재목(2015나)과 입장을 달리한다. 즉 예문(17)처럼 화자가 '일기예보', '소문'으로 어떤 정보를 들었다고 해도 해당 정보가 진짜 사실이라고 확신하는 것은 아니며 화자가 예상하던 것이 확인될 경우도 신정보라고 할 수 있다고 판단한다. 그러므로 본고에서는 (17)과 같은 예문이 '-네'가 의외성을 가지지 않는다고 할 근거가 될 수 없다고 본다.

또한 조민정(2017:65)에서 '-네'의 핵심 의미를 '의외성'으로 본 것은 내재화되지 않은 지식에 놀라움을 동반할 때 나타나는데 감탄의 의미와 유사한 맥락으로 '-네'를 설명하고 있다고 하였다. 조민정(2017:65)에 따르면 과거 많은 연구들이 '-네'에서 감탄이라는 요소를 배제하고 살펴보고자 노력하였지만 최근 들어 또 다시 '-네'가 의외성이라는 이름으로 다루어지고 있는 모습을 보면 아직까지도 '-네'에 대한 고정 관념에서 쉽사리 벗어나지 못하는 듯하다고 지적하였다. 하지만 2장에서 밝혔듯이 '의외성'이란 '화자의 기대나 예상과는 무관하게 화자의 지식 체계에 완전히 자리 잡지 않은 새로운 정보임'을 가리킨다. 따라서 '의외성'은 '감탄'과 다른 개념으로 사용되며 '의외성' 의미를 나타내는 '-네'가 반드시 화자의 감탄을 표현하는 것은 아니다.

상술한 논의를 종합해 보면 '-네'가 '지각'뿐만 아니라 '추론'에 의한 정보도 표현하므로 지각 증거 의미가 취소되기도 하지만 의외성의 의미를 항상 가지고 있다고 할 수 있다. 다음의 예문은 '-네'가 이미 알게 된 정보에 사용되지 못한다는 것을 보여준다.

(18) (엄마가 집에 없다는 것을 이전부터 알고 있음)
　　가. 엄마가 집에 없다.
　　나. *엄마가 집에 없네.

(18나)는 '엄마가 집에 없음'을 이미 알고 있는 문맥에서 '-네'가 사용될 수 없음을 보여준다. 따라서 본고에서는 (15다)와 같은 대부분의 논의와 같이 '-네'의 핵심 의미에 있어서 증거성보다는 의외성을 훨씬 강하게 드러낸다고 보고자 한다.

하지만 (15다)와 같은 논의에서 '의외성'을 '-네'의 핵심 의미로 파악해도 증거성을 완전히 부인하는 것이 아니라는 것에 주목해야 한다. 즉 '-네'가 증거성에서 발견되는 특징도 나타나기도 한다.[14] 따라서 (15라)와 같이 증거성과 의외성을 인식 양태의 하위 범주로 분류하여 '-네'에 [새로 앎], [지각] 등과 같이 화자의 인지 상태를 나타내는 기능이 있는 것으로 파악한 연구도 많이 있다.

여기서 특히 주목해야 할 것은 '-네'의 의미를 인식 양태의 측면에서 화자의 인지적인 태도와 관련하여 기술한 것은 '의외성'이나 '증거성'은 독립적인 문법 범주로 볼 수 없다고 판단할 뿐이지, '-네'의 의미를 증거성이나 의외성으로 파악하지 않다는 것이 아니라는 것이다. 결국 지금까지 '-네'의 양태 의미에 대한 논의는 하나의 문제로 귀결되는데 '증거성'이나 '의외성'을 독립적인 범주로 보느냐, 아니면 '인식 양태'를 '의외성'과 '증거성'을 모두 포함한 개념으로 간주하느냐의 문제라

---

14) 이에 대해 뒤에서 '-네'의 [(현재) 지각] 의미를 살펴볼 때 자세히 다룰 것이다.

볼 수 있다.

앞에 이미 밝힌 바 있듯이 본고에서는 박재연(2006)의 논의를 수용하여 '의외성'과 '증거성'을 인식 양태의 하위 범주로 보고자 한다. 박재연(2006)에서는 '-네'의 인식 양태 의미를 다음과 같이 기술하였다.

(19) '-네'의 양태 의미(인식 양태)
　가. 정보의 획득 방법: (현재) 지각
　나. 정보의 내면화 정도: 새로 앎

박재연(2006:224)에 따르면 '-네'는 현재의 시점에서 지각을 통하여 새로 알게 된 정보를 표현하는 데 사용된다. 본고에서는 이와 같은 박재연(2006)에서 밝혀져 있는 '-네'의 [새로 앎] 및 [(현재) 지각] 의미를 받아들여 본고에서 사용한 말뭉치 용례를 사용하여 이들을 검증해 보고자 한다.

먼저 '-네'가 [새로 앎]과 결합하는 양상을 용례를 통해 살펴보겠다. [새로 앎]은 '-네'의 의외성, 감탄 성질과도 연관되어 제시되었고 이에 따라 '-네'는 '즉자/즉각적 반응'을 나타내는 문법 표지로도 설명되어 왔다(박진호2011가, 심현정2017, 조민정2017 등).

(20) 어린 총각이 반질반질하게 생겨서 생활력은 있나 보네.
〈스물다섯 스물하나 1회〉

(21) 나는 얘를 택배로 만나는 줄 알았는데 인편에 이렇게 만났네.
〈서른아홉 1회〉

'-네'는 예문(20), (21)과 같이 화자가 이전까지 몰랐던 신정보를 알게 된 경우 가장 많이 사용된다. (20)의 문맥은 화자가 청자인 총각이 생활력은 있다는 것을 새로 알게 된 상황이며 (21)은 화자가 청자와 인편에 만났다는 것을 새로 알게 된 상황이다. 만약에 화자가 청자가 생활력은 있다는 것과 청자와 인편에 만났다는 것을 이미 알고 있었으면 예문(20)과 (21)은 비문이 된다.

하지만 다음과 같은 예문은 다른 양상을 보인다.

(22)[15] 전부터 알고 있었지만 또 봐도 정말 예쁘네요.

(문창학2014: 86)

문창학(2014)에서는 위와 같은 예문을 제시하면서 '-네'가 나타내는 바가 발화시에 발화 현장에서 지각된 내용이기는 하지만 화자에게 완전한 신정보는 아닌 경우도 존재하므로 '-네'의 기능에 있어 [새로 앎]은 제외한 채 [현재 지각]으로만 규정하고 있다.

하지만 심현정(2017), 조민정(2017) 등 연구에서 밝혔듯이 예문(22)에 쓰인 '-네'도 역시 [새로 앎]의 의미 영역에 속한다고 할 수 있다. 왜냐면 (22)와 같은 예문의 경우에는 '청자가 정말 예쁘다'는 것을 화자가 전부터 알고 있었지만 또 다시 만나서 직접 보니까 청자의 예쁨이 새삼 느껴진다는 의미를 표현한다는 것이다. 본고에서도 이를 받아들이며 예문(22)와 같은 화자에게 완전한 신정보가 아니더라도 내면화되어 있던 사실을 다시 자각하게 된 경우도 [새로 앎]의 의미 영역으로 귀결한다는 데에 동의한다.

---

15) 본고에서 사용한 말뭉치에서 이와 같은 예문이 발견되지 않아 문창학(2014)에서 제시한 예문을 가져온 것이다.

또한 다음과 같은 본고에서 사용한 말뭉치에 나타난 예문을 보자.

(23) 연수: 이거 너 맞지?
　　　최웅: 아닌데?
　　　연수: 표정 보니까 너 맞네, 고오 작가 너잖아.
〈그해 우리는 2회〉

(24) 예상대로 기량 차이가 좀 나네요.
〈스물다섯 스물하나 6회〉

　　예문(23)과 (24)는 예문(22)와 달리 화자가 내면화되어 있던 사실을 다시 자각하게 된 경우로 볼 수 없다. (23)은 화자 연수가 어떤 작품을 최웅에게 보이면서 최웅이 이 작품의 작가가 맞는지를 물어보는 상황이다. 하지만 '이거 너 맞지'를 통해 연수가 최웅이 고오 작가임을 이미 어느 정도 짐작하고 있으며 최웅에게 확인하기 위할 뿐임을 알 수 있다. 따라서 최웅이 고오 작가인 것을 화자 연수에게 새로 알게 된 정보로 볼 수 없어 보인다. 뒤에 바로 이어진 '-잖아'를 통해서도 확인할 수 있다. 예문(24)도 같은 맥락으로 '예상대로'를 통해 '둘이 기량 차이가 좀 있다'는 화자가 이전까지 어느 정도 예상했던 정보임을 알 수 있다. 하지만 본고에서는 예문(23)과 (24)에 쓰인 '-네'도 [새로 앎] 의미 영역에 속한다고 판단한다. 즉 화자가 어떤 정보를 예상해도 해당 정보가 진짜 사실이라고 확신하는 것은 아니며 화자가 예상하던 것이 확인될 경우도 신정보라고 할 수 있다.
　　이상의 논의를 종합하면 예문(22)와 같은 화자가 내면화되어 있던 사실을 다시 자각하게 된 경우나 예문(23), (24)와 같은 화자가 예상하던 것을 확인한 경우도 모두 신정보라고 할 수 있으며 [새로 앎] 의미 영역에 속한다고 볼 수 있다. 뿐만 아니라 본고에서 사용한 말뭉치에서 1353개 '-네'의 용례 중 이러한 '-네'의 쓰임은 고작 7개로 아주 적은 비율로 나타났다. 따라서 본고에서는 '-네'의 [새로 앎] 의미를 충분히 인정할 수 있다고 본다.

다음으로 '-네'의 [(현재) 지각] 의미를 살펴보겠다. 이를 알아보기 위하여 본고에서 사용한 말뭉치에서 나타난 '-네'의 용례들을 화자가 해당 명제 정보를 어떻게 획득하였는지, 즉 그 증거의 유형을 분류하여 볼 필요가 있다.

<표 8> 본고의 증거성 하위 유형

증거 유형	하위 증거 유형		말뭉치에 나타난 예문
직접 증거	지각	시각	(집을 둘러보고) 집이 깨끗하네. (밖으로 나가서 보니) 비 많이 오네.
		청각	(천둥 소리에 놀라면서) 천둥 소리가 다 들리네. (노래를 들으면서) 노래 엄청 잘 부르네.
		촉각	조명 때문인가? 엄청 덥네. (펜싱 칼을 들면서) 열라 무겁네.
		미각	(도시락 먹으면서) 도시락 맛있네. (떡볶이 먹으면서) 이거 엄청 맵네.
		후각	(친구 집에 도착한 후 이상한 냄새를 맡으면서) 야, 너희 집 진짜 냄새 나네. (만두 냄새 맡으면서) 만두 향은 좋네.
	내성		다시 생각해 봐도 어이가 없네. 진짜 미쳐 버리겠네. 생각하니까 많이 아쉽네.

간접 증거	추론	지각 추론	(만화방에서 아르바이트를 하고 있는 이 친구를 보면서) <u>이 동네 아르바이트를 혼자 다 하네.</u> (현관에 놓인 주경이의 신발을 보고) <u>주경이 돌아왔네.</u>
		일반 사실 추론	(희도의 어머니는 9시 뉴스 메인 앵커인 것을 알게 된 후) <u>아이고, 부잣집 따님이네.</u> (미국 가기 전에 스캔 싹 해야 된다는 친구의 말을 듣고) <u>너 역시 차분하고 똑똑하네.</u>
	전문		(결혼 소식을 들은 후 다른 사람에게 전하며) <u>영희가 내년에 결혼하네.</u>[16]

'-네'가 [(현재) 지각]의 의미 영역을 표현한다는 것은 위와 같이 '시각', '청각', '촉각', '미각', '후각'에 의한 예문들을 통하여 확인할 수 있다. 우선 '감각'으로 나타난 예문은 모두 화자가 전달하고자 하는 상황에 대해 발화 시점에서 직접적인 관찰을 하고 있는 경우에만 사용이 가능한 표현들이다. 만약 화자가 관련된 상황에 대해 직접적인 관찰을 할 수 없는 상황이라면 위와 같은 '지각'에 의한 예문들은 모두 적절하지 못한 표현이 된다. 예를 들면 상대방의 집이 깨끗하다는 것을 화자가 직접 눈으로 지각하고 '집이 깨끗하네'라고 발화하고 있으며 이처럼 시각을 통해 획득한 정보를 표현하는 방식은 다양하며 일상생활에서 가장 '-네'가 기본적으로 자주 쓰이는 의미 기능이 바로 '시각'이다. 본고에서 사용한 말뭉치에 나타난 '-네' 용례 중 대부분이 '시각'으로 나타났다는 것도 역시 이를 뒷받침해 준다.

그리고 감각기관을 통해 획득한 정보뿐만 아니라 화자의 정서적 느낌이나 깨달음 등과 같은 정신적인 자각 행위에 의해 얻게 되는 정보도

---

16) 본고에서 사용한 말뭉치에서 이와 같은 '전문'에 해당하는 용례가 나타나지 않아서 여기서는 박재연(2019:348)에서 제시한 용례를 가져온다.

표현할 수 있다(Aikhenvald 2004, 송재목 2014: 823 재인용). 이것은 바로 '내성'을 통해 얻어진 정보의 경우이다. 예를 들면 화자 혼자 내적으로 생각해 보니 어이가 없다고 생각하면서 '어이가 없네'라고 발화한다.

다음으로 '추론'을 통해 얻은 정보이다. 추론을 하는 경우 추론의 근거가 되는 증거가 필요하며 이러한 증거는 화자가 직접 지각한 내용일 수도 있고 일반적인 사실을 통해 얻는 내용일 수도 있다. 그러므로 앞서 언급했듯이 '추론 증거'는 다시 '지각 추론'과 '일반적 사실 추론'으로 분류할 수 있다. '지각 추론'이란 시각, 청각, 촉각 등의 감각으로 얻은 정보를 바탕으로 한 추론 증거를 가리킨다. 따라서 '지각 추론'은 다시 '시각 추론', '청각 추론', '촉각 추론', '미각 추론', '후각 추론'으로 세분화될 수 있는데 본고에서 사용한 말뭉치에 나타난 대부분의 용례는 '시각 추론'에 의한 것이고 '청각 추론'에 의한 용례도 몇 개밖에 없으며[17] '촉각 추론', '미각 추론', '후가 추론'의 용례는 발견되지 않았으므로 본고에서는 이에 대해 자세히 다루지 않으며 '지각 추론'이라는 상위 개념을 사용하기로 한다. 예컨대 엄마가 현관에 놓인 딸의 신발을 보고 '딸이 돌아왔네'라고 발화한 경우에는 엄마가 '딸이 돌아왔다'는 것을 직접 본 것이 아니라 딸이 돌아온 것이라는 추론을 가능하게 하는 '현관에 놓인 딸의 신발'을 증거로 지각한다는 것이다. '일반 사실 추론'이란 일반 상식 등을 바탕으로 한 추론 증거를 가리킨다. 예를 들어 90년대에 학교 친구의 어머니가 9시 뉴스 메인 앵커였던 것을 알게 된 후 화자가 일반적인 상식을 통해 '그 친구가 부잣집 딸인 것'을 추론해 내어 '부잣집 따님이네'라고 발화한다.

---

17) 예를 들면 딸이 엄마에게 전화를 하면서 아빠의 목소리를 듣고 '아빠가 돌아왔네'라고 발화한 것은 바로 '청각 추론'에 의한 용례다. 이와 같은 '청각 추론'에 의한 용례가 본고에서 사용한 말뭉치에서는 6개밖에 없었다.

마지막으로 '전문'에 의한 정보이다. 예를 들어 영희의 결혼 소식을 들은 후 다른 사람에게 전달할 때 '영희가 결혼한다'가 일반적이지만 '영희가 결혼하네'라고 얘기해도 된다.

이상의 논의를 종합해 보면 '-네'는 '지각'을 비롯해서 내성, 추론, 전문에 의한 정보를 표현하기도 한다. 하지만 후술하겠지만 본고에서 사용한 말뭉치의 출현 용례를 살핀 결과에 따르면 '지각'으로 나타난 경우가 훨씬 더 많았기 때문에 '-네'가 '추론'의 속성보다 '지각'의 속성과 더 밀접하게 연관된다고 볼 수 있다.[18]

3.2.2 '-구나'의 양태 의미

선행연구에서 '-구나'의 의미는 '-네'와 더불어 그 양태 의미와 특징이 활발히 연구된 바 있다. 본고에서도 '-네'와 대비하면서 '-구나'의 양태 의미를 밝히고자 한다. 우선 선행연구에서 기술된 '-구나'의 의미는 다음과 같이 크게 세 가지로 나눌 수 있다.

(25) '-구나'의 의미에 대하여
    가. 감탄형 어미: 최현배1961, 노대규1983
    나. 인식 양태: 장경희1985, Lee1991, 권익수 2013, 박재연 1999/2006
    다. 의외성: Strauss 2005, 박진호 2011가, 이윤복 2019

(25)에서 알 수 있듯이 앞서 (15)처럼 4가지 의미로 기술되어 온

---

18) 이에 대해서 3.2.2절 '-구나'의 양태 의미 부분에서 '-구나'와 대비하면서 구체적으로 다루겠다.

'-네'의 양태 의미와 대비해 보면 '-구나'의 의미에 있어서는 증거성의 의미가 빠져 있다. 지금까지 '-구나'와 '-네'를 논의하는 데 있어 정보의 획득 경로, 즉 증거성에 대한 언급은 거의 빠지지 않고 등장하는데 '-네'가 화자가 지각한 사실을 나타내는 것으로 직접적인 목격 없이는 사용이 어색하다는 이유로 '-네'를 증거성 표지로 보고 있는 반면에 '구나'는 '지각'뿐만 아니라 '추론'의 경우에도 사용되어 특정한 증거성 유형을 명세화하지 않아 핵심 의미를 증거성으로 볼 수 없다는 것으로 논의되어 왔다.

박재연(2006:229)에서 '-구나'의 양태 의미를 다음과 같이 기술하였다.

(26) '-구나'의 양태 의미(인식 양태)
　　가. 정보의 획득 방법: 지각·추론
　　나. 정보의 내면화 정도: 새로 앎

서론에서도 언급했듯이 '-네'와 '-구나'가 유사하게 [새로 앎]과 같은 개념으로 정의되어 왔고 즉 화자가 새로운 정보를 처음 습득할 때 사용되는 종결어미라고 볼 수 있다.

(27) (고양이가 집에 있다는 것을 이전부터 알고 있음)
　　가. 집에 고양이가 있다.
　　나. *집에 고양이가 있구나.

(정경숙2014: 631)

정경숙(2014)에 따르면 위와 같이 화자가 집에 고양이가 있다는 사실을 이미 알고 있는 경우에는 '-구나'가 적절치 못한 것은 바로 해당 정보가 화자에게 신정보가 아니기 때문이다. 이 점에서 '-네'와 '-구나'가 유사하게 '화자에게 새로운 정보'라는 의미를 표현하고 있다.

하지만 실제로는 '화자에게 신정보'라는 조건을 어기는데도 '-구나'가 쓰인 경우가 있다. 다음과 같은 예문을 보자.

(28) 나희도: 나 진짜 국가 대표구나.

〈스물다섯 스물하나 5회〉

(28)에서 화자가 자신이 국가 대표로 된 것을 이미 알고 있었음에도 불구하고 '-구나'로 발화하였다. 문맥을 보면 화자 나희도는 새로 받은 국가 대표 유니폼을 보면서 발화한 것으로 자신이 국가 대표임을 화자에게 완전히 신정보가 아니더라도 유니폼을 보니 자신이 국가 대표가 되었다는 실감이 느껴진다는 의미를 표현한다. 여기서 부사 '진짜'의 사용도 이러한 주장을 뒷받침해 준다. 앞서 밝혔듯이 본고에서는 화자에게 완전한 신정보가 아니더라도 내면화되어 있던 사실을 다시 지각하게 된 경우도 [새로 앎]의 의미 영역으로 설명할 수 있다고 보았다. 그리고 본고에서 사용한 말뭉치에서 이와 같은 '-구나'로 표현된 정보가 화자에게 전혀 새로운 정보가 아닌 용례가 위 예문 하나뿐이고 사용 빈도가 매우 적다고 할 수 있다. 따라서 본고에서는 '-네'와 같이 '-구나'도 [새로 앎] 의미가 항상 나타난다고 본다.

또한 박재연(2014:340)에서 '-네'와 '-구나'는 [새로 앎]을 표현하는 형식은 1인칭 주어와 잘 호응하지 않는데 이는 화자 자신의 의도적 행위와 관련된 사실을 새롭게 알게 되는 일이 일반적이지 않기 때문이라고 하였다. 하지만 바로 위 예문 (28)에서도 볼 수 있듯이 본고에서 사용한 말뭉치에서 '-네'와 '-구나'는 1인칭 주어와 공기한 용례들이 발견되었다.

(29) 내가 여자 친구구나.

〈그해 우리는 13회〉

(30) 나 삐삐 번호를 모르네. 엄청 안 친하네. 우리.

〈스물다섯 스물하나 5회〉

(31) 그럼 기자들 말대로 내가 심판을 매수한 거네.

〈스물다섯 스물하나 5회〉

(32) 나 그런 거 할 줄 아네? 나 변했네.

〈그해 우리는 3회〉

위와 같은 예문처럼 자신의 일이라도 새롭게 알게 된 일이기 때문에 '-네', '-구나'와 같은 [새로 앎] 형식을 사용할 수 있다. 예문 (29)는 화자 연수가 지웅의 여자 친구가 아닌데 자는 척한 연수가 지웅이 남들에게 자신이 그의 여자 친구라고 얘기한 것을 들은 후에 발화한 것이다. 즉 화자 연수가 자신이 지웅의 여자 친구인 것을 새롭게 알게 된 것이다. '내가 여자 친구구나'라는 발화 뒤에 '몰랐네'와 같은 발화가 이어지기가 적절하다는 것도 이를 뒷받침해 준다. 예문(30-32)도 마찬가지로 화자 자신의 일인데도 새롭게 알게 된 경우에 '-네'가 쓰일 수 있다.

이어 '-구나'의 [지각·추론] 의미를 고찰하겠다. '-구나'가 [새로 앎]의 의미를 보인다는 점이 대체로 받아들여졌던 것에 비하면 '-구나'가 표현하는 정보의 출처에 대해서는 이견이 있었다. 우선 '-네'와 달리 '지각'에 의한 정보뿐만 아니라 '추론'에 의한 정보도 표현할 수 있다는 논의가 이루어져 왔다.

(33) (철수를 꼭 닮은 것을 보고)
　　가. 네가 철수 동생이구나.
　　나. ?? 네가 철수 동생이네.

(박재연2006: 230)

박재연(2006)에서 지적한 바와 같이 (33)과 같은 문맥에서 '-구나'가 사용된 문장은 자연스럽게 성립하지만 '-네'가 쓰인 문장은 자연스럽지 못하다. 이와 같은 예를 통해 여러 연구에서는 '-네'와 달리 '-구나'는 '추론'에 의한 정보도 표현할 수 있다고 하였다. 이와 같은 '-구나'가 '-네'와 변별되는 것은 '추론'의 속성임은 대부분의 논의에서 다루어져 있다(장경희1985, 박재연1998, 박나리2004, 임채훈2008, 정경숙2012, 이미지2014 등).

하지만 앞서 밝혔듯이 종결어미 '-네'가 '추론' 상황에도 쓰일 수 있으므로 '추론'의 속성으로만 '-네'와 '-구나'를 구분할 수 있는가 하는 문제를 짚어 볼 필요가 있어 보인다. 이어 '-네'와 '-구나'가 양태 의미에 있어 보이는 차이점을 살펴볼 것이다.

3.2.3 '-네'와 '-구나'의 양태 의미 대비

지금까지 '-네'와 '-구나'의 구분 문제에 대한 논의는 하나의 문제로 귀결되는데 바로 '-네'가 '지각', '-구나'가 '추론'에 의한 정보를 표현한 것으로만 보느냐, 아니면 '-네'와 '-구나' 두 가지 종결어미는 모두 '지각'뿐만 아니라 '추론'의 경우에도 쓰이냐의 문제라 볼 수 있다. 본고에서는 이러한 논쟁에 입각하여 말뭉치의 출현 용례를 살펴보면서 고찰하고자 한다.[19]

본고에서 사용한 말뭉치에서 '-네' 용례는 총 1353개였으며 이 가운데 '지각'에 의한 용례는 1353개 중 총 958개[20]로 삼분의 이 이상을 차지하여 높은 비율로 나타났으며 '추론'에 의한 용례는 395개로 빈도수가 그렇게 낮게 나타나지 않아 정경숙(2016) 등 이전 연구에서 '-네'가 '추론'에 의한 정보를 표현할 수 없다는 지적과 다른 점이라고 볼 수 있겠다.

하지만 여기서 주목할 만한 것은 말뭉치 중 395개 '추론'으로 나타난 '-네'의 용례를 분석한 결과에 따르면 '-네'가 독립적으로 '추론'의 의미를 나타낸 용례가 1353개 중 91개로 빈도수가 낮게 나타났다는 것이다. 다시 말해 대부분의 경우에는 '-네'가 추론의 기능을 가지기 위해서는 과거 시제 '-었-', 선어말어미 '-겠-', 그리고 '-을 것 같다', '-은가 보다', '-을까 싶다', '-은 모양이다' 등 추측 표현과 결합해야만 가능하다.[21] 다음과 같은 예를 통해 살펴보자.

---

19) 조민정(2017)에서는 <21세기 세종 구어 말뭉치>에서 나타난 '-네' 1061개 용례를 바탕으로 종결어미 '-네'의 '추론', '지각' 등 용법에 따른 빈도 조사를 했다. 조사 결과에 따르면 '-네' 용례 1061개 중 삼분의 일 이상이 '시각'으로 나타났으며(구체적인 수치는 밝히지 않음), '시각 외 지각'의 용례가 33개, '내성'의 용례는 143개, '지각을 통한 추론'과 '논리적인 추론'의 용례는 각각 96개, 198개로 나타났다.
20) 앞서 언급한 바와 같이 본고에서는 '직접 증거'를 '지각' 및 '내성'으로 나누었고 말뭉치 용례 중 '지각'으로 나타난 용례는 831개, '내성'으로 나타난 용례는 127개였다. 그리고 831개 '지각' 용례 중 800개가 '시각'으로 나타났으며 '시각 외 지각', 즉 '청각, 미각, 후각, 촉각'으로 나타난 용례는 31개만 있었다. 말뭉치를 통해 살펴본 결과 '내성'에 관련된 용례들도 다양하고 풍부하게 나타났으며 오히려 '시각 외 지각'의 빈도수가 낮게 나타난 점은 예상과 다른 점이라 볼 수 있겠다.
21) 조민정(2017:82-86)에서는 '추론'에 해당하는 '-네'의 용례 중 '-네'가 독립적으로 쓰인 것들만 다루었다.

(34) 승원: 주인집 딸이랍시고 유세 떤다고 느끼실까 봐 저도 많이
　　　　 망설이다가　말씀드리는 거니까 꼭 좀 헤아려 주세요...
　　　이진: 똑똑한 후배님이네.

〈스물다섯 스물하나 1회〉

(35) 미조 언니: 너 얼굴이 왜 그래? 뭔 일 있네.
　　　미조: 피곤해서 그래.

〈서른아홉 7회〉

　예문(34)는 승원이 말을 아주 조리 있게 했다는 것을 바탕으로 이진이 승원이 아주 똑똑한 사람이라고 추측하고 있으며 예문(35)는 미조 언니는 미조의 안색이 좋지 않다는 것을 통해 동생 미조에게 지금 무슨 일이 생겼다는 것을 추측하고 있다. 이처럼 종결어미 '-네'가 '추론'에 의한 정보를 표현하는 경우도 있는 것이 사실이나 '-구나'에 비하면 훨씬 더 제약되어 있으며 '-구나'에 비해 추론 과정이 거의 생략된 즉각적인 반응을 나타낸다는 의미상의 차이가 있다고 볼 수 있다.

(36) 경찰: 근데 동생분 이름으로 된 이 회사가 잡힌 수익이 없어.
　　　　 뭐. 세워만 놓고 뭘 못 했네.
　　　이진: 예. 알고 있습니다.

〈스물다섯 스물하나 2회〉

(37) 소원: 오빠는 더 좋아할 거예요. 제가 여기 있는 거를...
　　　원장님: 소원이 여기 있으면 오빠 더 자주 오겠네.

〈서른아홉 6회〉

(38) 주경: 하여간 우리 집에서 내 생각해주는 건 우리 아빠밖에 없다
니까.
수진: 아빠랑 친한가 보네.
〈여신강림 5회〉

(39) 승원: 선배님? 이게 얼마 만이에요? 맨날 TV로만 보다가
이진: 오랜만이다. 애들은 이미 왔다 간 거 같네?
〈스물다섯 스물하나 15회〉

(40) 선우: 아, 골프 쳐요?
미조: 아유, 치죠. 저 의사 안 했으면 지금쯤 저기 미국에서 타이거 우즈랑 경기 뛰고 있지 않을까 싶네요.
〈서른아홉 7회〉

(41) 아줌마: 아이, 못 보던 젊은 총각이네. 놀러 왔어?
지웅: 아, 예, 며칠 쉬다 가려고요.
아줌마: 둘이 여행 온 모양이네.
〈그해 우리는 8회〉

예문(34)와 (35)처럼 '-네'가 독립적으로 '추론'의 의미를 나타낸다는 것과 달리 예문(36-41)은 '-네'에 시제와 상의 의미를 나타내는 '-었-', '추측'의 의미를 가지고 있는 선어말어미 '-겠-', 그리고 우언적 구성인 '-은가 보다', '-을 것 같다', '-을까 싶다', '-은 모양이다'가 추가되어 추론의 의미를 표현한 것으로 해석하였다.

특히 예문(36)과 같이 '-네'가 과거 시제 '-었-'과 통합하여 추론한

의미를 표현하는 용례가 121개가 발견되어 높은 빈도로 나타났다. 예문(36)에서는 경찰이 이진의 아버지가 이진 동생의 명의로 회사를 세웠는데 수익이 없다는 것을 통해 이진 아버지가 회사를 세워놓는 것을 빼고 아무것도 하지 못했다는 것을 추측하고 있다. 이에 대해 박재연(2014)에서 '-었네'에서 나타나는 '추론'은 '흔적 지각'의 함축으로 해석하였다. 박재연(2014:234)에 의하면 '-네', '-더라', '-구나' 등이 과거 시제 '-었-'과 통합하여 과거 사태의 흔적을 지각하고 과거 사태를 추론한 의미를 포함하는 '흔적 지각' 상황에 쓰인다고 하였다. 문창학(2014)에서는 '-네'에 '-었-'이 추가되어 추론의 의미를 표현한 '-었네'를 '결과 추론' 또는 '흔적 추론'으로 보았다. '흔적 지각'으로 보든 '흔적 추론'으로 보든 '-었네'는 추론의 의미를 표현할 수 있다는 것을 부인할 수 없다. 결론은 '-었네'가 나타낸 '추론' 의미가 '-네'가 독자적으로 가진 의미가 아니라 '-었-'와 '-네'가 합성적인 의미로 해석된다는 것이다.[22]

'-었네'에 이어 본고에서 사용한 말뭉치에서 '추론'의 의미로 나타난 '-겠네'가 총 89개로 많이 나온다. 예문(37)처럼 원장님이 '소원이 보육원에 오게 되면 소원 오빠가 더 자주 올 것'을 추측한다는 의미로 해석된다. 이와 같이 '-겠네'의 '추론' 의미가 '-네'가 독자적으로 가진 의미가 아니라 추측 의미를 가진 선어말어미 '-겠-'에 기인한 것으로 해석된다. 예문(38-41)도 마찬가지로 '추론'의 의미가 '-네'가 독립적으로 가

---

[22] '-었네'가 모두 '추론'의 의미로 나타난 것이 아니며 '지각'의 의미로도 나타난다.

    (4) (선생님이 자신의 신발을 신고 있는 것을 보며) 그걸 신으셨네요. <스물다섯 스물하나 1회>

예문(4)의 '-었네'는 '추론'이 아니라 '지각'의 의미를 표현한다. 이때 '-네'의 '현재 지각'의 의미가 활성화된다. '-었네'에 대해 5장에서 자세히 다룰 것이다.

진 의미가 아니라 추측 표현 '-은가 보다', '-을 것 같다', '-을까 싶다', '-은 모양이다'에 기인한 것이다.[23]

이처럼 말뭉치를 통해 살펴본 결과에 따르면 본고에서는 종결어미 '-네'가 '추론'의 의미로 나타나기도 하지만 사용 빈도도 낮고 대부분의 경우에는 다른 추론 표현과 결합해야만 '추론'의 의미 표현이 가능하기 때문에 '-네'가 '추론' 속성보다 '지각'의 속성과 더 밀접하게 연관된다고 판단한다. 지금까지 '-네'의 용례를 살펴보았다. 이어 '-구나'의 상황을 보자.

본고에서 사용한 말뭉치에서 '-구나'의 용례는 총 334개[24]가 나타났으며 '추론'의 의미로 나타난 용례가 305개로 발견되어 전체의 91.3%를 차지하여 빈도수가 아주 높았다. 반면에 '지각'의 의미로 나타난 용례가 겨우 29개로 많지 않았다.

(42) (우물터 보면서) 우물터 여기 있구나.

〈여신강림 6회〉

(43) 여기 계셨구나!

〈스물다섯 스물하나 13회〉

예문(42)는 화자가 우물터를 직접 눈으로 지각하고 '우물터 여기 있구나'라고 발화하고 있으며 예문(43)은 화자가 서점에 있는 아저씨를 찾아내어 아저씨를 직접 보면서 '여기 계셨구나'라고 발화하였다. 이와 같은 예문은 본고에서 사용한 말뭉치에서 매우 적게 발견되었다.

---

23) 말뭉치에서 '-은가 보네', '-을 것 같네', '-을까 싶네', '-은 모양이네'의 용례가 각각 62개, 24개, 6개, 2개로 나타나 있다.
24) 334개 용례 중 '-구나'가 249개, '-군(요)'가 10개, '-구만'이 27개, '-구먼'이 48개로 나타나 있다.

요컨대 '-구나'가 '지각'에 의한 정보를 표현하는 것도 없지 않으나 '-네'에 비하면 훨씬 더 제약되어 있다. 따라서 '-구나'가 '지각'의 속성보다는 '추론'의 속성과 더 밀접하게 연관된다는 것이 본고의 입장이다.

상술한 논의를 종합해 보면 종결어미 '-구나'가 '-네'와 함께 [새로 앎]의 의미를 가진다는 점이 공통점인데 '-네'가 '추론'의 속성보다 '지각'의 속성과 더 밀접하게 연관되는 반면에 '-구나'는 '지각'의 속성보다는 '추론'의 속성과 더 밀접하게 연관된다. 다시 말해 '사용 빈도'의 기준에서 볼 때 '-네'는 '추론'보다는 '지각'에, '-구나'는 '지각'보다는 '추론'에 더 가깝다. 이러한 차이로 인해 '직접 지각'의 의미로부터 확장된 화자의 '강한 확신', 즉 정보의 사실성을 드러내는 의미는 '-네'만 갖는 것으로 보인다. 화자가 전달하고자 하는 명제에 대해 직접적인 정보를 가지고 있다면 그 명제의 사실성에 대해 강한 확신을 가지게 되는 것은 자연스러운 일이기 때문이다.

서론에서 언급한 바와 같이 Lee(1991), 조민정(1996) 등 연구에서 '-구나'보다 '-네'는 더 단정적이고 사실성이 있다고 지적한 바 있다.

(44) 가. 간이 나쁘시군요. [It looks like] you have a problem with your liver.]
    나. 간이 나쁘시네요. [It turned out that] you have a problem with your liver]

(Lee 1991:403)

Lee(1991)에 따르면 (44)의 문장은 모두 의사가 내린 진단인데 (44나)는 의사가 가진 전문 지식에 의해 내린 진단 결과이며 (44가)보다 더 확실하게 진단하는 느낌을 받을 수 있다고 보았다. 영어와 대응하는 문장에서도 이러한 쓰임을 확인할 수 있다고 하였다. 따라서 Lee(1991)

에서는 '-네'는 '-구나'보다 더욱 단정적이고 사실성이 있다고 판단하였다.[25]

권익수(2013), 송재목(2015나), 심현정(2017) 등에서도 '-네'에 화자가 주어진 명제에 대하여 보이는 강한 확신과 단언의 의미가 표현된다고 지적한 바 있다.

(45) 가. 확실히 네 생각이 틀리네.
　　 나. *아마도 네 생각이 틀리네.

(권익수2013: 57)

권익수(2013)에서 위와 같은 예문을 제시하면서 '-네'의 강한 확신과 단언의 의미를 설명하였다. 그에 따르면 이러한 강한 확신과 단언의 의미는 '확실히'와 '아마도'와 같은 부사어와의 조응 관계를 통하여 알 수 있다. '확실히'라는 강한 확신의 인식 양태를 표현하는 부사어는 '-네'와 공기하는 것에 문제가 없는 반면, '아마도'라는 불확실의 인식 양태를 표현하는 부사어는 공기할 수 없다. '-네'에 화자가 주어진 사건에 대하여 갖는 확신의 의미가 없었다면 이와 같은 공기 제약은 일어나지 않았을 것이다.

하지만 예문(45)에 쓰인 '-네'는 '-구나'로 교체하여도 같은 결론이

---

25) 하지만 예문(44)에 대한 판단은 저자 본인의 직관일 뿐일 수도 있다. 필자가 5명의 한국인들에게 문의해 본 결과에 따르면 2명은 Lee(1991)의 예문(44)에 대한 판단과 같이 '-구나'보다는 '-네'가 더욱 단정적이고 사실성이 있다는 것을 느꼈다고 했고 2명은 애매하다고 했고 1명은 예문(44)에서 '-네'가 더욱 단정적이고 사실성이 있다는 느낌이 전혀 없다고 답했다. 따라서 과연 대부분의 한국 사람들이 Lee(1991)의 직관에 동의할지는 다소 의심스러워서 본고에서는 예문(44)가 '-구나'보다는 '-네'가 더욱 단정적이고 사실성이 있다는 근거로 되는지에 대해 재고할 필요가 있다고 본다.

나온다. 즉 '-네' 뿐만 아니라 '-구나'도 '확실히' 등 강한 확신을 갖는 부사와 공기할 수 있는 반면에 '아마도'와 같은 부사어는 공기할 수 없는 것이다.

그러므로 위와 같은 논의에서 제시한 '-네'에 화자의 강한 확신 의미가 표현된다는 근거들이 다소 문제가 있어 보인다. 그럼에도 불구하고 본고에서는 '-구나'보다는 '-네'에 화자의 명제에 대한 강한 확신 의미가 표현된다는 것을 인정한다. 근거는 두 가지 있다. 첫 번째 근거는 본고에서 사용한 말뭉치에서 다음과 같은 '-네'가 '확실히', '틀림없이' 등 부사어와의 공기 용례가 발견되는 반면 '-구나'는 '확실히' 등 확신을 표현하는 부사어와 공기한 용례가 하나도 없었다는 것이다.

(46) 가. 이렇게 맥락 없는 거 보니까 이거 확실히 꿈 맞<u>네</u>.
　　　나. 확실히 이런 모습들은 좀 달라 보이긴 하<u>네</u>요.
　　　다. 확실히 변했<u>네</u>.
　　　라. 틀림없이 날 좋아하<u>네</u>.

'-네'가 '-구나'보다 더욱 확신적이라는 것을 입증할 수 있는 또 다른 증거는 바로 본고에서 사용한 말뭉치에서 '-네'와 달리 '-구나' 뒤에 '아니야'와 같은 반박하는 발화가 이어지는 용례가 많다는 것이다. 다시 말해 '-구나'가 '추론'에 의한 정보를 표현하는 것이 일반적인데 추론한 정보가 틀릴 가능성이 꽤 있다는 것이다. 다음과 같은 예를 보자.

(47) 이진: '풀하우스'에서 누구 제일 좋아해?
　　　희도: 라이더. 남자 주인공.
　　　이진: 역시 사람들은 부자를 좋아하는<u>구나</u>.

희도: 잘생겨서 좋아하는 거거든.

〈스물다섯 스물하나 1회〉

(48) 수아: 나랑 헤어지고 싶었던 적이 있다.
　　태훈: 절대. 노. 네버
　　수아: (태훈 과장한 표정 보면서) 아니라고? 아닌데 맞는 것 같은데. 그런 생각을 했었구나.
　　태훈: 아니야.

〈여신강림 8회〉

(49) 미조 언니: (미조가 예쁜 옷을 입고 있는 모습을 보면서) 신났구나.
　　미조: 아니야.

〈서른아홉 7회〉

예문(47)과 같이 희도가 만화 중 남자 주인공을 가장 좋아한다는 얘기를 들은 후 이진이 '사람들은 부자를 좋아하는구나'라고 발화하였다. 하지만 뒤에 이어진 '잘생겨서 좋아하는 거거든'을 통해서 희도가 이진의 말이 틀려서 반박하고 있다는 것을 알 수 있다. 즉 이진이 추론한 '사람들은 부자를 좋아한다'라는 정보가 틀렸다는 것이다. 예문 (48)과 (49)도 '-구나' 뒤에 이어진 '아니야'라는 발화를 통해서 화자가 '-구나'로 발화된 추론에 의한 정보가 틀릴 수 있다는 것을 알 수 있다. 이와 대조적으로 본고에서 사용한 말뭉치에서 '-네' 발화 뒤에 그 발화를 부인하거나 반박하는 발화를 발견하지 못했다.[26]

---

[26] 본고에서 사용한 말뭉치에서 '-네'가 판정의문문으로 사용된 용례가 총 69개인데 '아니다'로 대답한 용례는 하나도 발견하지 못했고 '-구나'가 판정의문

이상의 논의를 바탕으로 하면 대부분의 경우에는 '-네'가 표시하는 정보의 원천은 '지각'인 반면에 '-구나'가 표시하는 정보의 원천은 '추론'이라 '-구나'에 비하면 '-네'에 '화자의 강한 확신'의 의미가 표현된다고 볼 수 있다.

종결어미 '-네'와 '-구나'의 또 다른 차이점으로 '-구나'의 경우 추론/사유의 과정이 두드러지게 부각되는 반면에 '-네'는 추정 과정이 아예 없거나 극히 미미한 수준으로 축소되며 문장에 표현된 사태를 마치 직접 감각 경험을 통해 알게 된 양 표현하는 듯이 느껴진다. 다시 말해 '-네'가 쓰인 문장은 훨씬 더 즉각적/즉자적인 반응처럼 느껴지는 반면에 '-구나'가 쓰인 문장은 사유를 한 뒤에 결론을 내린 것처럼 느껴진다 (박진호 2011가, 정경숙2012, 박재연2014, 문창학2014 등).

박재연(2014)에서는 흔히 '-구나'가 '새로운 사실에 대한 깨달음'과 관련한 의미 가운데 '-구나'가 가진 '깨달음'의 의미를 구체화하여 '-구나'가 '사유 과정을 동반한 인식'을 표현한다고 보았다. 즉 '-구나'가 표현하는 인식에는 '사유 과정'이 포함되어 있다는 것이 박재연(2014)의 주장이다.

(50) (영희의 빈자리를 보고)
    가. 영희가 제주도에서 한다는 학회에 갔구나.
    나. ??영희가 제주도에서 한다는 학회에 갔네.

(박재연 2014: 225)

위와 같이 같은 상황에서 '-구나'가 사용된 (50가)와 달리 '-네'가

으로 사용된 용례가 총 29개인데 '-네'와 같은 긍정적인 대답이 11개, '아니다'와 같은 부정적인 대답이 18개로 나타나며 부정적인 대답이 더 많았다.

쓰인 (50나)는 부자연스럽다고 박재연(2014)에서 지적한 바 있다. 박재연(2014)에 의하면 '-네'는 '화자가 지각한 내용 그 자체'를 표현하고 '-구나'는 '지각과 동시에 사유 과정이 동반된 것'이라는 점에서 차이를 보인다고 주장했다.[27]

다음과 같은 예문에는 '-구나'와 '-네'의 이러한 의미 차이가 더욱 드러난다.

(51) 가. 반찬 뚜껑이 열려 있네.
　　 나. 반찬 뚜껑이 열려 있구나.

(박재연2019:337)

식탁 위에 반찬 뚜껑이 열려진 채로 방치된 것을 발견한 상황에서 (51가)와 (51나)가 모두 사용될 수 있다. 즉 '지각'에 의해 새롭게 발견한 사실에 '-네'와 '-구나'가 모두 쓰일 수 있다. 하지만 박재연(2019:337-338)에서는 (51가)는 단순히 '반찬 뚜껑이 열려 있는' 사태를 지각한 것에 대해서 말한 것과 달리 (51나)는 지각에 동반한 사유가 있음을 표현한다고 지적하였다. 즉 가령 아까부터 음식 냄새가 나서 이상하다고 생각했는데 그 이유가 바로 이것이었다든가 반찬 뚜껑이 열려 있는 것을 보니 누군가가 식사를 하였을 가능성이 높겠다든가

---

27) 문창학(2014)은 박재연(2014)과 같은 맥락으로 '-네'와 '-구나'는 뉘앙스 면에서 '미납득(未納得)'과 '납득(納得)'의 차이가 있으며 이는 '입력정보 처리 과정'의 관점에서는 '-네'는 '미지정보 조우단계', '-구나'는 '미지정보와 관련정보 링크 단계'를 나타낸다는 차이가 있다고 하였다. 즉 '-네'는 미지의 정보나 사태를 어떻게 이해해야 할지 모르는 상태로서 이를 이해하기 위해서 관련 정보를 탐색하는 과정을 거치지 못했음을 나타내고 이에 반해 '-구나'는 미지의 정보나 사태를 이해하기 위해서 관련 정보를 탐색하는 과정을 거쳤음을 나타낸다고 할 수 있다.

하는 지각한 사태와 관련 있는 사유가 있음을 더 표현한다. 다시 말해 '-네'는 의미의 초점이 '지각한 사실'에 있는 반면에 '-구나'는 '사유 과정'에 초점이 있다.

본고에서도 '-구나'가 '추론'에 의한 앎을 표시하는 것으로 항상 '사유 과정'을 거쳐야 하기 때문에 '깨달음'의 의미로 기술할 수 있다고 본다. 3.2.2절에서 밝힌 '-구나'가 '지각'의 속성보다는 '추론'의 속성과 더 밀접하게 연관된다는 것은 역시 '-구나'의 이러한 '사유 과정'을 표현한다는 것을 뒷받침해 준다.[28]

또한 문창학(2014)에 따르면 감탄사 중 상승조로 발음되는 '아앗', '어어', '어머' 등의 감탄사는 '미납득(未納得)'의 뉘앙스를 표현하며 하강조의 '오-', '아-' 등의 감탄사는 '납득(納得)'의 뉘앙스를 표현한다고 했다.

(52) [문득 손목시계를 보고] 어어↗ 열시가 넘었{네/??구나} 벌써 이렇게 됐나.

(53) [밤에 어둠 속 저편에서 걸어오는 사람을 보고 누구지? 하고 생각하고 있는데 가까이 다가온 상대를 확인하고서]
아-↘ 선생님이시{??네/군}요.

(문창학 2014: 97)

문창학(2014)에서 위와 같이 '미납득'의 감탄사들은 '-구나'보다 '-

---

28) 박재연(2019:344)에서 '추론'은 '사유'의 일종이므로 '-구나'가 '추론'의 의미와 관련이 있다는 사실 역시 '-구나'의 의미가 '사유 과정'을 포함한다는 중요한 근거라고 지적한 바 있다.

네'가 더 자연스럽지만 '아'와 같은 '납득'의 감탄사는 '-네' 보다 '-구나'가 더 자연스럽다고 주장하였다. 이는 '-네'는 미지의 정보나 사태를 이해하기 위해서 관련 정보를 탐색하는 과정을 거치지 못했음에 반해 '-구나'는 미지의 정보나 사태를 이해하기 위해서 관련 정보를 탐색하는 과정을 거쳤음을 나타낸다고 할 수 있다는 것이다. 다음과 같이 본고에서 사용한 말뭉치에 나타난 용례도 문창학(2014)의 주장을 뒷받침해 줄 수 있다.

(54) 가. 어머, 소고기네.
     나. 어머, 너무 귀엽네.
     다. 어어, 못 믿네.

(55) 가. 아, 2차 테스트가 짤짤이구나.
     나. 아. 그래서 운동 열심히 했구나.
     다. 오. 친하구나.

위와 같이 본고에서 사용한 말뭉치에서 '어머', '어어' 등의 감탄사들은 '-네'와 공기하며 '아', '오' 등의 감탄사는 '-구나'와 공기한다.[29]
이상의 논의를 종합해 보면 '-구나'에 비하면 '-네'에 '화자의 강한 확신'의 의미가 표현되며 '-네'에 비하면 '-구나'가 '사유 과정'을 거쳐 '깨달음'의 의미를 가진다고 볼 수 있다.

---

[29] 본고에서 사용한 말뭉치에서 '어머', '어어'와 공기한 '-네'의 용례가 각각 10개, 3개로 나타나며 '아', '오'와 공기한 '-구나'의 용례가 각각 12개, 2개로 나타나 있다. 이는 '어머', '어어'와 공기한 '-구나'의 용례가 각각 1개, 0개로 나타나며 '아', '오'와 공기한 '-네'의 용례가 각각 3개, 0개로 나타나 있는 것과 대조적이다.

04

중국어 어기사 '啊(a)', '呢(ne)', '吧(ba)', '呗(bei)'의 양태 의미에 대한 고찰

본 장에서는 중국어 어기사의 양태 의미를 살펴볼 것이다.[1] 중국어 어기사는 '嗎(ma), 吧(ba), 啊(a), 呢(ne), 啦(la), 嘛(ma), 唄(bei), 了(le), 的(de)' 등이 있다. 이들은 문장의 끝에 와서 화자의 단정, 추정, 의문, 명령, 권유, 감탄 등의 어조를 나타낸다.

한 개의 어기사는 여러 가지 어감을 표현하기 때문에 어기사에 대한 체계적이고 종합적인 연구가 매우 복잡해질 수밖에 없다. 모든 어기사 가운데서 가장 광범위하게 쓰이는 어기사 '啊(a)'를 예로 들면 趙元任 (1979)에서 '질문 시작, 재확인, 정보 전달, 명령, 감탄, 불만/질책, 깨달

---

1) 4·5장에서는 중국에서 많이 쓰이는 말뭉치 'CCL말뭉치'를 활용하겠다. 'CCL말뭉치'란 '북경대학 중국언어학연구센터(北京大學中國語言學硏究中心)'가 만든 '북경대학 현대 중국어 말뭉치(北京大學現代漢語語料庫)'를 가리킨다. 'CCL말뭉치'는 문학 작품, 잡지, 신문, 일상 대화 등으로 구성되어 있으며 총 글자 수는 783,463,175개이며, 그 중 현대 중국어 말뭉치 총 글자 수는 581,794,456개, 고대 중국어 말뭉치 글자 수는 201,668,719개이다. 추가적인 설명이 없으면 본고에서 사용된 중국어 예문은 모두 이 말뭉치에서 가져온 것이다.

게 함, 경고, 휴지, 열거' 등 어기사 '啊(a)'의 열 가지 의미를 밝힌 바 있다. 하지만 이처럼 '啊(a)'의 열 가지 의미에서 어기사 '啊(a)' 자체의 의미가 아니라 '啊(a)'가 들어있는 문장의 문맥적인 의미인 경우가 많을 듯하다. 다음과 같은 예를 보자.

(1) 这个人的话是靠不住的啊！(이 사람의 말은 믿을 수 없구나.)

趙元任(1979:805)에서 위와 같은 예를 제시하면서 어기사 '啊(a)'가 '경고'의 의미를 나타낸다고 하였다. 하지만 예문(1)에서 나타나고 있는 '경고'의 의미는 그 문장의 문자적인 의미, 즉 '이 사람의 말을 믿을 수 없음'으로부터 파생된 것이다. 다시 말해 어기사 '啊(a)'가 '경고'의 의미가 담겨 있는 문장에 쓰일 수 있지만 '啊(a)' 자체가 '경고'를 의미하는 것은 아니다. 따라서 여태까지 중국 어학계에서 어기사의 의미를 살펴본 연구가 많지만 많은 선행연구에서는 趙元任(1979)처럼 '감탄, 명령, 경고, 불만/질책' 등 여러 가지 문장의 문맥적인 의미를 어기사 자체로 돌렸다는 문제점이 발견될 수 있다.

중국어 어기사가 복잡하게 사용되어 있으며 한 어기사가 다양한 의미를 가지므로 한 어기사의 모든 의미를 밝히는 것은 쉽지 않아 해당 어기사의 양태 의미를 설정할 필요가 있어 보인다. 한 어기사가 가진 다양한 의미는 그 양태 의미와 밀접한 관계를 지니기 때문이다.

이어 본 장에서 '吧(ba), 呗(bei), 啊(a), 呢(ne)' 4가지 어기사의 양태 의미에 대해 고찰하겠다. 본고에서 '吧(ba), 呗(bei), 啊(a), 呢(ne)' 4가지 어기사가 선정된 이유는 바로 이 4가지 어기사가 본고 연구 대상인 종결어미 '-지', '-네', '-구나'와 양태 의미에 있어 유사한 모습을 보여주고 있어 가장 많이 대응되기 때문이다. 5장에서 자세히 다루겠지만 여기서 우선 간단하게 밝히자면 종결어미 '-지'와 어기사 '吧(ba)'는 [이미 앎], '-지'와 어기사 '呗(bei)'가 [기지가정], '-네'와 어기사 '呢(ne)'가 [화자의 명제 내용에 대한 강한 확신], '-구나'와 어기사 '啊(a)'가 [새로 앎]의 양태 의미를 공통적으로 가지기 때문에 서로 대응된다. 또한 3장과 마찬가지로 본고에서는 '啊(a)', '呢(ne)', '吧(ba)', '呗(bei)' 4가지 어기사의 양태 의미를 살펴볼 때도 박재연(2006)의 양태 의미의 체계를 바탕으로 하고자 한다.

4.1 '啊(a)'의 양태 의미

'啊(a)'는 사용 빈도가 가장 높고 사용 범위도 가장 넓은 어기사 중의 하나다. '啊(a)'의 의미에 대해 연구자마다 의견이 엇갈리고 있지만 대부분의 선행연구에서 '啊(a)'는 '어기를 완화시키는 기능'이 있음을 받아들인다(張誼生 2000, 劉月華 2001, 齊滬揚 2002, 孫汝建 2005 등). 하지만 본고에서는 '어기를 완화시키는 기능'은 모든 어기사가 모두 가진 기능이라 '啊(a)'의 기본 의미로 볼 수 없다고 판단된다.

金智姸(2011)는 어기사 '啊(a)'의 핵심 의미를 '비예상성(反預期, unexpectedness)'으로 규정하였다. 金智姸(2011)에서는 '啊(a)'를 통해 해당 명제가 화자가 예상했던 사실이 아니라는 것을 표현한다고 하였다. 金智姸(2011)에 따르면 '啊(a)'의 '비예상성(反預期)' 의미가 '啊(a)'의 어원으로부터 추측될 수 있다고 하였다. 즉 '啊(a)'의 어원을 보면 '啊(a)'는 원래 사람이 내는 자연스러운 소리인데 이와 같은 발음을 할 때 구강이 넓어지고 혀가 낮아지고 기류가 뿜어져 나오는 것이라 실제 생리학적 표현에서 '啊(a)'와 같은 발음이 충격, 두려움, 고통 등 감정을 표현할 때 주로 나타난다. 이들 감정의 공통점은 바로 예상치 못한 일에 대한 놀라움이라고 할 수 있다는 것이다.

본고에서는 金智姸(2011)의 입장을 받아들이고 '啊(a)'의 양태 의미를 '비예상성(反預期)', 즉 한국어에서 양태 의미를 다룰 때 많이 쓰이는 '의외성'으로 보고자 한다. 즉 어기사 '啊(a)'는 새로 알게 된 정보를 표현하는 데 사용된다. 다음과 같은 예문을 통해 살펴보자.

(2) (엄마가 집에 없는 것을 이전부터 알고 있음)
　가. 妈妈不在家。(엄마가 집에 없다.)
　나. *妈妈不在家啊。(엄마가 집에 없구나.)

(2나)와 같이 화자가 집에 엄마가 없다는 사실을 이미 알고 있는 경우에는 어기사 '啊(a)'가 적절치 못한 것은 바로 해당 정보가 화자에게 신정보가 아니기 때문이다. 만약에 화자가 학교에서 들어오니 엄마가 없다는 것을 새로 알게 될 때 '啊(a)'가 사용된 '妈妈不在家啊'라는 발화가 상당히 자연스럽다는 것도 이를 뒷받침해 준다.

이와 같은 '啊(a)'의 '의외성' 의미는 '啊(a)'가 감탄문2)에서 가장

---

2) 현대 중국어 문장 유형은 '평서문, 의문문, 감탄문, 명령문' 4가지 유형으로 분류되어 있다. 李成軍(2005)에 따르면 중국어에서 감탄문은 '多(duo), 多麼(duomo), 好(hao), 真(zhen), 很(hen), 太(tai)' 등 일부 부사 및 '啊(a)', '呵(he)', '哟(yo)', '嘿(hei)', '呸(pei)', '唉(ai)' 등 일부 감탄사, 그리고 '啊(a)', '哇(wa)', '哪(na)', '啦(la)' 등 일부 감탄 어기사와 같은 감탄 표지에 의해 구현된다고 지적한 바 있다. 다시 말해 중국어에서 감탄 표지가 있는지 여부를 통해 감탄문과 평서문이 명확하게 구별된다.

(1) 가. 這裏景色真美！(여기 풍경이 참 좋다!)
　나. 這裏景色真美啊！(여기 풍경이 참 좋네!)
　다. 啊！這裏景色真美啊！(앗! 여기 풍경이 참 좋네!)

많이 쓰인다는 것을 통해서 입증될 수 있다. 화자가 새로 알게 되는 명제에 대한 놀라움을 표현할 때 '감탄'의 의미와 쉽게 연결되기 때문이다. 盛譯元(2009)에서 1000만 글자 규모의 구어 말뭉치를 구축했으며 말뭉치를 분석한 결과에 따르면 어기사 '啊(a)'가 총 5392회로 나타났으며 이 가운데 감탄문에 쓰인 용례가 3080개로 전체의 57.12%로 절반 이상을 차지했다.[3]

상술한 논의를 바탕으로 본고에서는 '啊(a)'의 양태 의미를 '의외성'으로 보고자 한다. 따라서 본고에서는 어기사 '啊(a)'의 양태 의미를 인식 양태 범주에 포함시켜 논의할 수 있다고 생각한다.[4] 박재연(2006)의 인식 양태 체계에 의하면 어기사 '啊(a)'의 의미 기능은 다음과 같이 기술된다.

예문(1가)는 부사 '真(zhen)'에 의해 구현된 감탄문이고 (1나)처럼 문장 끝에 어기사 '啊(a)'를 첨가해서 감탄 어기를 더 살릴 수 있다. 李成軍(2005:21)에 따르면 (1다)는 감탄사 '앗', 부사 '真(zhen)', 감탄 어기사 '啊(a)'를 모두 포함해서 가장 전형적인 감탄문이라고 하였다. 그리고 감탄사 '啊(a)'는 독립적으로 쓰이고 본고에서 다룬 어기사 '啊(a)'와 다른 것임을 여기서 밝힌다.

3) 이외에 '啊(a)'가 의문문, 평서문, 명령문에서 나타난 용례가 각각 1091개, 808개, 413개로 각각 20.23%, 14.99%, 7.66%를 차지했다.

4) 현대 중국 어학계 어기사의 양태 의미에 대한 연구가 많이 없어서 아직 밝히지 못한 부분이 상당히 많다. 중국어 어기사의 의미에 대해서 呂叔湘(1982), 胡明揚(1988), 劉月華(2001), 齊滬揚(2002), 朱德熙(2003), 李鹹菊(2010) 등 논저들이 대표적인데 이들 논의에서 양태 의미에 대해서는 거의 다루지 않았다. 앞서 언급했듯이 어기사의 양태 의미를 구체적으로 자세히 분석한 연구는 상당히 드물다(徐晶凝2008, 金智妍2011 등). 徐晶凝(2008)에서는 인식 양태가 '정보의 확실성 정도에 대한 판단'에 관련된 범주로 보았으며 어기사는 화자의 명제의 진실성에 대한 판단을 나타낼 수 있어 전체 양태 체계에서 '인식 양태'에 속한다고 지적하였다. 이와 같이 지금 중국 어학계에서 어기사의 인식 양태에 대한 파악이 '정보의 확실성에 대한 판단'이라는 초보 단계에 머물고 있으며 '의외성'과 같은 인식 양태의 하위 유형은 아직 주목을 받지 못하고 있어 보인다.

(3) '啊(a)'의 양태 의미(인식 양태)
→정보의 내면화 정도: 새로 앎

또한 徐晶凝(2008)에서 어기사 '啊(a)'의 양태 의미를 '화자가 정보를 청자에게 알리고 청자에게 이에 대해 반응을 보이도록 요구함'으로 규정한 바 있다.[5]

(4) 가: 你们喝的什么酒? (너희들 마시고 있는 술이 뭐야?)
   나: … [아무도 대답하지 않는다.]
   가: 你们喝的什么酒啊?快说啊。(마시고 있는 술이 뭐냐고? 빨리 말해!)

(徐晶凝2008 :148)

徐晶凝(2008:148-149)에서 위와 같은 예문을 제시하면서 어기사 '啊(a)'를 사용한 예문(4)에서는 화자가 청자에게 질문하고 청자가 화자의 질문을 들은 뒤 반드시 대답해 줄 것을 바라는 화자의 의도가 들어있다고 설명하였다. 위의 예문의 경우 첫 번째 의문문에는 어떤 어기사도 들어있지 않고 단지 무슨 술을 마시고 있는지에 대한 질문만을 했을 뿐이다. 그러나 아무도 대답하지 않는 상황에서 두 번째

---

[5] 徐晶凝(2008)에서 '啊(a)'의 양태 의미를 '啊(a)'를 사용함으로써 '화자가 명제 내용에 대해 완전히 확신을 가지며 청자에게 해당 명제를 알리고 청자에게 이에 대해 반응을 보이도록 강하게 요구함(强傳信式告知求應)'이라고 하였다. 하지만 본고에서는 '啊(a)'가 화자의 명제 내용에 대한 강한 확신을 나타내는 것에 대해 재검토할 여지가 있다고 본다. '啊(a)'가 '可能(아마도)'와 같은 불확실의 의미를 표현하는 부사어와 공기할 수 있기 때문이다. 이에 대해서는 후술하겠다. 金智妍(2011)에서도 어기사 '啊(a)'는 화자의 명제의 확실성에 대한 확신 태도와 관련이 없다고 지적하면서 徐晶凝(2008)의 주장을 비판한 바 있다.

의문문처럼 화자가 다시 질문을 하게 되고 이번에는 어기사 '啊(a)'를 사용함으로써 질문에 대답해 줄 것을 청자에게 요구한다. '啊(a)'를 통해 청자에게 화자의 발화 목적이 명확하게 전달된 셈이라는 것이다.

하지만 실제로 의문문 자체만으로도 청자에게 명확하게 대답해 줄 것을 요구하는 화자의 의도가 있어서 본고에서는 徐晶凝(2008)과 같이 의문문을 예로 들어 어기사 '啊(a)'에는 청자가 반드시 대답해 줄 것을 바라는 화자의 의도가 들어있다고 주장한 것을 재검토할 여지가 있다고 생각한다. 그럼에도 불구하고 본고에서는 어기사 '啊(a)'에는 '청자에게 해당 명제에 대해 반응을 보이도록 강하게 요구함'이라는 화자의 의도가 들어있다는 것을 받아들인다. 의문문 외에 '啊(a)'가 감탄문과 평서문에서 쓰여도 이와 같은 의미를 보이기 때문이다. 특히 '啊(a)'가 감탄문에서 가장 많이 쓰인다는 사실이 이를 뒷받침해 준다. 왜냐하면 화자가 감탄을 표현할 때 이러한 감정을 토로하면서 청자의 공감을 불러일으켜 청자의 반응을 얻기를 원하는 것이 아주 자연스럽기 때문이다.[6] 다음과 같은 예문을 통해 살펴보자.

(5) 가: 做个诚实的人真难啊! (성실한 사람이 되는 게 참 어렵네!)
　　나: ... (대답 없음.)
　　가: 不是吗? (아닌가?)
　　나: 是是是. (맞아.)
　　가: 是你咋没反应, 你这人真是的!
　　　　(맞다면 맞다고 말을 해야지, 왜 반응이 없어? 이 사람이 참!)

---

6) 그러나 감탄문에 쓰인 '啊(a)'에 화자가 청자에게 반응을 요구한다는 의도가 항상 들어 있는 것은 아니다. 혼잣말에 쓰인 '啊(a)'는 바로 이와 같은 의미를 가지지 않는다.

위와 같은 예문을 통해 감탄문 안에 '啊(a)'가 쓰이면 화자가 청자에게 자신의 감탄에 대해 반응을 요구한다는 것을 알 수 있다. 맥락을 보면 화자 '가'가 '성실한 사람이 되는 게 참 어렵다'는 감탄을 했는데 청자 '나'가 처음에는 이에 대해 아무 반응도 없었다. 청자 '나'가 반응이 없는 모습을 보니까 화자 '가'는 '아니냐'라고 추가로 질문했다. '나'의 '맞다'라고 대답을 듣고 나서 '가'는 '맞다면 네가 왜 반응이 없냐'라고 말한 것을 통해 처음부터 화자 '가'는 청자에게 반응을 요구했다는 것을 알 수 있다.

다음으로 평서문에 쓰인 어기사 '啊(a)'에는 위와 같은 특성이 보이는지를 고찰하겠다.

(6) 가: 听说你谈恋爱了？(연애한다면서?)
　　 나: 没有啊。(아니야.)
　　 가: … (대답 없음.)
　　 나: 我说没有。(아니라고.)
　　 가: 没有就没有呗。(아니면 아니지 뭐.)

위와 같은 예문을 통해 평서문에 쓰인 '啊(a)'에도 청자에게 자신의 발화에 대해 반응을 요구하는 화자의 의도가 들어있는 것을 알 수 있다. 맥락을 보면 처음에는 화자 '나'가 '啊(a)'를 써서 '연애한다면서'라는 화자 '가'의 말에 대해 반박을 했는데 청자 '가'가 이에 대해 아무 반응도 보이지 않는 모습을 보고 화자 '나'는 자신이 지금 연애를 하지 않는다는 사실을 다시 한 번 강조를 했다. 이는 처음부터 화자 '나'는 청자에게 반응을 요구했다는 것을 알 수 있다. 만약에 화자가 처음에는 '啊(a)'가 없이 '没有'라고 반박을 하면 상대방의 질문에 대해 대답만

했을 뿐이고 청자에게 반응을 요구하지 않았을 것이다.

상술한 논의와 같이 어기사 '啊(a)'가 쓰이면 청자에게 반응을 요구하는 화자의 의도가 있다는 것이 입증된다. 따라서 본고에서는 徐晶凝(2008)의 입장을 받아들이고 어기사 '啊(a)'에는 '청자에게 해당 명제에 대해 반응을 보이도록 강하게 요구함'이라는 화자의 의도가 들어있다고 본다. 그리고 본고에서는 '啊(a)'의 이러한 '청자에게 해당 명제에 대해 반응을 보이도록 강하게 요구함'이라는 의미가 '啊(a)'의 '의외성' 의미에서 파생된 것으로 생각한다. 왜냐하면 화자가 예상치 못한 일에 대한 놀라움이나 감탄을 표현할 때 이러한 감정을 토로하면서 청자의 공감을 불러일으켜 청자의 반응을 얻기를 원하는 것이 상당히 자연스럽기 때문이다.

이상에서 살펴본 바를 정리하면 본고에서는 어기사 '啊(a)'의 양태 의미를 '의외성'으로 파악하며 '啊(a)'에는 청자에게 반응을 보이도록 요구한다는 화자의 의도가 있는 것으로 보고자 한다.

4.2 '呢(ne)'의 양태 의미

어기사 '呢(ne)'는 의문문에 많이 쓰이기 때문에 의문 기능을 갖춘 어기사로 다루어져 왔지만[7] '呢(ne)'는 평서문에도 쓰일 수 있다. 金智

---

[7] 현대 중국어에서 '嗎(ma)', '呢(ne)'를 의문 어기사로 분류했다. 이 가운데 '嗎(ma)'는 가장 전형적인 의문 어기사이며 '呢(ne)'는 의문문에 많이 쓰이지만 평서문, 감탄문에도 쓰이기 때문에 전형적인 의문 어기사로 볼 수 없다고 대부분의 논의에서 지적하였다. 이외에 '啊(a)', '吧(ba)'도 의문문에 쓰일 수 있지만 진정한 의문문으로 볼 수 없어서 현대 중국어학계에서 '啊(a)', '吧(ba)'는 의문 어기사가 아니라고 보고 있다.

妍(2011)의 말뭉치 조사 결과에 따르면 758개 '呢(ne)'의 용례 중 평서문에 쓰인 용례가 387개로 전체의 51.1%로 절반 이상을 차지했으며 의문문의 45.9%보다 더 높았다. 따라서 '呢(ne)'는 단순히 의문 어기사로 다룰 수 없어 보인다. 그리고 '呢(ne)'가 의문문과 평서문에서 상이한 의미를 가져 따로 논의할 필요가 있다.

우선 의문문에 쓰인 '呢(ne)'의 양태 의미를 고찰하겠다. 중국 어학계에서는 '呢(ne)'를 의문문을 만들어내는 기능을 갖춘 의문 어기사로 여겨 왔다가 胡明揚(1988)에서 처음으로 '呢(ne)'가 의문 어기사가 아니라고 지적하였다. 이후로 '呢(ne)'가 의문 어기사가 아니라는 것이 여러 논의에서 입증된다(江藍生1986 , 張伯江1997 등). 본고에서는 설명의문문(特指問句), 선택의문문(選擇問句)[8], 정반의문문(正反問句)[9]에 사용되는 어기사 '呢(ne)'의 양태 의미를 검토하기로 한다. 즉 어기사 '呢(ne)'를 생략해도 의문문이 여전히 성립되는 경우만 살펴볼 것이다.[10]

---

[8] '선택의문문(選擇問句)'은 두 가지 또는 두 가지 이상의 상황을 제시하여 청자가 그 중에서 선택할 수 있도록 하는 의문문이다. 'A呢? 還是B呢 (A냐 B냐)?'와 같은 형식을 자주 사용한다.

[9] '정반의문문(正反問句)'은 긍정과 부정을 병렬로 질문하고, 청자가 선택해주길 바라는 의문문이다. 예를 들어 '你到底同不同意？(너는 도대체 동의하느냐, 동의하지 않느냐?)'와 같이 청자가 긍정과 부정 중 골라 답을 해 주기를 바라는 것이다.

[10] '呢(ne)'가 생략되면 의문문이 성립되지 않는 용법도 있다. 다음과 같은 예문을 보자.

　(2) 我想去看电影 , 你呢？(나 영화 보러 가려고 하는데 너는?)

(2)와 같이 어기사 '呢(ne)'가 생략되면 의문문이 성립되지 않는다. 하지만 이와 같은 예문에 쓰인 '呢(ne)'는 전형적인 의문 어기사 '嗎(ma)'와 같이 의문 어기를 부각시킬 뿐이고 양태 의미가 없어 보여 본고에서 이를 제외하기로 한다. 뿐만 아니라 이와 같은 용법은 흔하지 않기도 한다. 金智妍(2011)에서 348개 '呢(ne)'의 용례 중 (2)와 같은 '呢(ne)'로 의문 어기를 살리는 것이 13

(7) 가. 这个人是谁呢?

(이 사람 누구더라?)

나. 是我去看你呢, 还是你来看我呢?

(제가 그쪽을 보러 갈까요, 아니면 그쪽이 저를 보러 올까요?)

다. 这样做到底合不合适呢?

(이렇게 하는 것이 적당할까요, 아닐까요?)

(王良杰2006:34)

예문(7가,나,다)는 각각 '呢(ne)'가 설명의문문(特指問句), 선택의문문(選擇問句), 정반의문문(正反問句)에 쓰인 예문이다. 위와 같은 예문을 보면 어기사 '呢(ne)'를 생략해도 의문문이 여전히 성립되며 문장의 의미 전달에는 지장이 없다. 따라서 '呢(ne)'가 의문문에서 사용되어도 의문문을 만들어내는 기능을 담당하지는 않는다는 것을 알 수 있ㄴㅋ다. 王良傑(2006)에 따르면 의문문의 끝에 '呢(ne)'가 첨가되면 의문의 어조가 상당히 부드러워지며 단순한 질문보다는 화자 스스로 해답을 찾아내려고 하는 의도가 들어있다고 하였다. 예문 (7가)를 예로 들면 만약에 '呢(ne)'를 생략해서 '這個人是誰?(이 사람 누구야)'라는 발화를 한다면 화자가 '이 사람이 누구인지'를 전혀 모르는 상황에서 이루어지는 담화로 청자에게 이 사람이 누구인지를 알려 달라고 요구하고 있다. 하지만 '呢(ne)'를 덧붙여서 '这个人是谁呢?'와 같이 말한다면 '가만있어 보자, 이 사람이 누구더라?'와 같이 문장의 의미가 달라지며 화자가 스스로에게 질문을 던지는 '자문'의 용법으로 혼잣말에 가까운 뉘앙스를 가지게 되는 것이다. 즉 '呢(ne)'가 쓰인 의문문은 의문문이지만 청

개뿐이고 비율이 아주 낮다고 하였다.

자에게 대답해 달라는 부담이 없다.

이와 같은 어기사 '呢(ne)'가 의문문에 쓰일 때 보이는 '자문'의 용법에 가까운 의미에 대해 많은 논의에서 논증을 한 바 있다(徐晶凝2008, 李軍華2010, 金智妍2011 등). 李軍華(2010)에서는 '呢(ne)'가 들어있는 의문문을 '자기 탐구 질문(自究性詢問)'이라고 명명하였다. 즉 화자가 질문된 정보에 대해 전혀 알지 못했던 것이 아니고 질문에 대해 스스로 답을 찾으려고 하며 반드시 청자에게 답변을 요구하지는 않는다는 것이다. '呢(ne)'의 이러한 의미가 '자문(自問)'에는 가장 잘 나타나며[11] 화자는 자신에게 스스로 물음을 통해 답이 반드시 나올 필요가 없으며 단지 자신의 마음속에서 생각하고 궁리하고 있음을 표시한다. 즉 '呢(ne)'는 의문문의 끝에 와서 화자의 독백을 표시한다(李軍華2010:95).

이어 평서문에 쓰인 '呢(ne)'의 양태 의미를 살펴보겠다. 어기사 '呢(ne)'가 의문문에 쓰일 때 '자문'의 의미를 보인다는 점이 대체로 받아들여졌던 것에 비하면 평서문에서 나타나는 의미에 대해서는 아직까지 합의점을 찾지 못했다. 선행연구를 살핀 결과, 평서문에 쓰인 '呢(ne)'의 양태 의미를 '주의를 환기시킴' 및 '화자의 명제 내용에 대한 확신' 두 가지로 정리할 수 있다.

우선 평서문에 쓰인 '呢(ne)'의 '주의를 환기시킴'의 의미를 다음과 같은 예문을 통해 살펴보겠다.

(8) 가. 外面正在下雨。
　　나. 外面正在下雨呢。

위와 같이 (8가)와 (8나)는 모두 '밖에 비가 내리고 있다'라는 명제이

---

11) 徐晶凝(2008:208)에서도 '呢(ne)'가 자문에 많이 쓰인다고 지적하였다.

며 (8가)는 화자의 주관적인 태도를 내포하지 않으며 '지금 비가 내리고 있다'는 사실을 객관적인 서술만 한 것으로 해석할 수 있는 반면에 (8나)와 같이 어기사 '呢(ne)'의 첨가로써 화자가 청자의 주의를 환기시키며 청자의 관심을 끄려는 의도가 보인다. 이와 같은 '呢(ne)'의 '주의를 환기시킴'이라는 의미를 胡明揚(1988), 齊滬揚(2002), 徐晶凝(2008) 등 연구에서 다룬 바 있다.

(9) 我跟你说话呢, 你听见没有？(내가 너한테 말하는 거야, 안 들었어?)

(10) 这票可好几百块呢! (이 티켓 몇 백 위안인 거야!)

(11) 人家正眼都没瞧我一下呢! (남들은 모두 나를 똑바로 쳐다보지도 않았네!)

(金智妍2011:157)

하지만 金智妍(2011)에서는 '주의를 환기시킴'이라는 의미가 문맥적인 의미이며 어기사 '呢(ne)' 자체가 가진 의미로 볼 수 없다고 지적한 바 있다. 金智妍(2011:157)에 따르면 위와 같은 예문에서 어기사 '呢(ne)'를 삭제해도 화자가 청자의 주의를 환기시키려는 의도는 사라지지 않는다고 하였다. 예문(9)는 청자가 지금 주의가 산만해서 화자가 '내 말은 너에게 말한 것'이라고 청자의 주의를 요구하고 예문(10)은 화자가 '티켓이 비싸다'는 것에 감탄하고 있는데 보통 감탄을 하면 화자가 자연스럽게 청자의 주의를 끌기를 바란다. 예문(11)은 화자가 상대방의 중시를 받을 줄 알았다가 무시당했을 때 화자의 놀라움을 나타내는 예문인데 이때도 청자의 주의를 요구하는 것이 일반적이다. 따라서 위와 같은 예문은 모두 화자의 감정을 강하게 나타내는 예문으로서 '청자의 주의를 환기시킴'은 문맥적인 의미이며 어기사 '呢(ne)'에 의해 구현된 의미로 볼 수 없다는 것이다.

金智姸(2011)에서 평서문에 쓰인 '呢(ne)'의 양태 의미를 '명제 내용이 참인 것을 강조함(肯定句子命題爲眞)'으로 규정하였다. 다시 말해 '呢(ne)'는 화자의 단정을 표시한다. 金智姸(2011)에 따르면 화자가 어기사 '呢(ne)'를 사용함으로써 자신의 발화 내용이 참인 것을 강조하며 '呢(ne)'가 위와 같은 여러 가지 발화 맥락에서 쓰일 수 있다. 즉 화자가 자신이 말하는 명제 내용의 참을 강조하면 예문(9)와 같이 청자의 주의를 환기시킬 수도 있고 예문(10)처럼 강력한 감탄을 할 수도 있으며 예문(11)과 같이 자신의 예상 및 기대와 다를 때 화자의 놀라움을 강하게 나타낼 수도 있다.

呂叔湘(1982), 李軍華(2010) 등 논의에서도 '呢(ne)'가 '화자의 명제 내용에 대한 확신'과 같은 의미를 보인다고 언급한 바 있다. 呂叔湘(1982)에서는 '呢(ne)'가 '화자의 확신'을 나타낸다고 하였으며 李軍華(2010)에서도 '呢(ne)'의 핵심 의미를 '확실한 단언'[12]으로 밝힌 바 있다.

본고에서는 呂叔湘(1982), 李軍華(2010), 金智姸(2011) 등의 논의를 받아들이고 평서문에 쓰인 '呢(ne)'의 양태 의미를 '명제 내용이 참인 것을 강조함'으로 보고자 한다. 즉 화자가 명제의 확실성에 대해서 완전한 확신을 가질 때 어기사 '呢(ne)'가 쓰인다. '呢(ne)'의 이러한 양태 의미를 입증할 수 있는 증거는 다음과 같이 제시할 수 있다.

---

12) '확실한 단언'이란 화자가 어떤 명제에 대해 확인적인 진술과 설명을 하는 것을 뜻한다.

(12) 가. 外面可能要下雨。(밖에 비가 올 것 같아.)

　　　나. ?? 外面可能要下雨啊。

　　　다. *外面可能要下雨呢。

(13) 가. 看来外面要下雨。(밖에 비가 올 모양이다.)

　　　나. 看来外面要下雨啊。

　　　다. *看来外面要下雨呢。

　　우선 위와 같이 (12 다)와 (13 다)가 비문이 되는 이유는 바로 어기사 '呢(ne)'가 '可能(아마도)'와 '看来(보아하니)' 등 불확실의 의미를 표현하는 양태 부사어와는 공기할 수 없다는 것이다. '呢(ne)'에 화자가 주어진 사건에 대하여 갖는 확신의 의미가 없었다면 이와 같은 공기 제약은 일어나지 않았을 것이다. (12 나)와 같이 여기서 어기사 '啊(a)'도 부사 '可能(아마도)'와 공기하기가 다소 어색하다. 하지만 만약에 화자가 '밖에 비가 올 것 같다'는 것을 남으로부터 전해 들었을 때 화자의 예상치 못한 감정을 표현할 경우처럼 특정한 맥락이 주어진다면 (12 나)와 같은 발화가 충분히 가능하다. 이와 달리 어떤 맥락에서도 '呢(ne)'는 '可能(아마도)'와 같은 불확실의 의미를 표현하는 양태 부사어와는 공기하기가 상당히 어색하다. 반대로 '呢(ne)'는 '真是(진짜)', '真的(참)' 등 확실한 의미를 나타내는 부사어와 공기하기가 아주 자연스럽다.

　　상술한 논의를 입증하기 위해 'CCL말뭉치'를 살펴보았다. 'CCL말뭉치'를 살핀 결과에 따르면 어기사 '呢(ne)'가 쓰인 용례 137,953개 중 '可能(아마도)'와 공기한 용례가 2개만 있으며[13] '看来(보아하니)'

---

13) '呢(ne)'가 '可能(아마도)'와 공기하기 어색하지만 '怎么可能(그럴 리가 없다)'

와 공기한 용례가 5개로[14] 상당히 낮은 빈도로 나타났다. 이와 달리 65,439개 '啊(a)'가 쓰인 용례 중 '可能(아마도)'와 공기한 용례가 26개, '看来(보아하니)'와 공기한 용례가 38개로 보다 높은 빈도로 나타났다. 이는 어기사 '呢(ne)'가 '可能(아마도)'와 '看来(보아하니)' 등 불확실의 의미를 표현하는 부사어와는 공기하기가 어색하다는 것을 보여준다.

또한 '呢(ne)'가 화자의 단정을 표현하는 것을 입증할 수 있는 또 다른 증거는 바로 다른 어기사와 달리 '呢(ne)' 뒤에 '아니다'와 같은 반박하는 발화가 이어지기가 어색하다는 것이다. 다음과 같은 예를 보자.

(14) 가: 他走了吧/他走了啊/*他走了呢. (그는 집에 갔어.)
　　 나: 不, 没走。(아니, 안 갔어.)

위와 같이 어기사 '吧(ba)', '啊(a)', '呢(ne)'가 쓰여 모두 '그는 집에 갔다'는 정보를 전달하는데 다른 양상을 보인다. 우선 어기사 '吧(ba)'가 쓰인 문장은 화자가 '그는 집에 갔다'는 것에 대해 완전한 확신이 없어서 청자에게 확인을 구하고 있다. 따라서 해당 정보가 틀릴 수 있으므로 뒤에 '아니다'와 같이 청자가 이에 대해 반박하는 발화가 아주 자연스럽다. 어기사 '啊(a)'가 쓰인 경우에는 화자가 '그는 집에 갔다'는 정보에 대해 놀라움만 표현하고 해당 정보에 대한 화자의 단정을 표현하는 데에 무표적이다. 따라서 뒤에 '아니다'와 같이 청자가 이에 대해 반박하는 발화가 이어질 수 있다. 이들과 달리 화자가 '그는 집에

　　와 같은 확실한 의미를 나타내는 문장과 공기한 용례가 91개로 높은 빈도수로 나타났다. 이것도 '呢(ne)'가 화자의 단정을 표현한다는 것을 입증해 준다.
14) 5개 용례 3개가 '在/照…看来(-가 보기에는)'와 같은 관용 표현으로 나타났다.

갔다'는 것을 확실히 알았을 때 어기사 '呢(ne)'가 쓰여 발화된다. 따라서 뒤에 '아니다'와 같은 반박하는 발화가 이어지기가 상당히 어색하다.

이상의 논의를 바탕으로 평서문에 쓰인 '呢(ne)'가 '명제 내용이 참인 것을 강조함'의 의미를 나타낸다는 것이 입증된다. 이와 같은 '정보 확실성에 대한 화자의 판단'은 인식 양태의 범주에 속해서 어기사 '呢(ne)'의 양태 의미를 인식 양태 범주에 포함시켜 논의할 수 있다. 박재연(2006)의 인식 양태 체계에 의하면 어기사 '呢(ne)'의 의미 기능은 다음과 같이 기술된다.

(15) '呢(ne)'의 양태 의미(인식 양태)
  →정보의 확실성에 대한 판단: 확실성 판단

또한 金智姸(2011:159)에서는 어기사 '呢(ne)'가 평서문에 쓰일 때 즉 화자가 자신이 예상하거나 기대했던 것과 다를 때 자신의 놀라움을 나타내는 맥락에서 '呢(ne)'가 많이 쓰인다고 지적하였다. 이는 어기사 '啊(a)'와 유사한 면이 있어 주목하게 된다.

앞서 언급했듯이 어기사 '啊(a)'도 화자의 놀라움을 나타낸다. 하지만 '呢(ne)'보다는 어기사 '啊(a)'가 나타내는 놀라움의 정도가 훨씬 더 높다고 할 수 있다. 이는 어기사 '啊(a)' 자체가 '의외성'의 의미를 가지고 있기 때문이다. 이는 '啊(a)'가 독립적으로 감탄문에 쓰일 수 있는 반면에 '呢(ne)'가 그렇게 할 수 없다는 것을 통해서 알 수 있다. 어기사 '呢(ne)'도 감탄문에 쓰일 수 있지만 독자적으로 쓰이지 못하고 "真、可、才、還" 등 어기 부사와 결합해야 감탄의 어기를 살릴 수 있다(孫玉蘭 2005:110).[15] 다음과 같은 예를 통해 살펴보자.

---

15) 어기사 '呢(ne)'가 독자적으로 감탄문에 쓰이지 못하는 것에 대해 張小峰

(16) 가. 今天天气不错啊! (오늘 날씨가 좋네!)

나. 今天天气不错呢。(오늘 날씨가 좋네.)

나'. 今天天气真不错呢! (오늘 날씨가 참 좋네!)

예문(16 가)는 어기사 '啊(a)'가 쓰인 감탄문이며 같은 맥락인데 (16 나)처럼 어기사 '啊(a)'를 어기사 '呢(ne)'로 바꾸게 되면 해당 문장이 평서문으로 된다. 이는 어기사 '呢(ne)' 자체가 감탄 어기를 나타내지 못한다는 것을 보여준다. (16 나')처럼 어기사 '呢(ne)'가 '真(참)'과 같은 어기 부사와 결합해야 감탄문이 된다.

또한 새로운 사실을 알게 되는 경우 깨달음과 관련한 의미를 표현하기도 한다. 어기사 '啊(a)' 자체가 '깨달음'의 의미를 표현하지 못하지만 '깨달음'의 맥락에서 쓰일 수 있는 것과 달리 어기사 '呢(ne)'는 그렇게 할 수 없다.

(17) 가. 原来他是个模特啊。(그 사람이 모델이구나.)

나. ??原来他是个模特呢。

후술하겠지만 중국어 부사 '原來(알고보니)'는 '깨달음'의 의미를 가지며 (17 가)와 같은 화자의 '깨달음'의 의미를 나타내는 맥락에서 항상 어기사 '啊(a)'가 쓰인다. 부사 '原來(알고보니)'는 독자적으로 '깨달음'의 의미를 표현할 수 있지만 어기사 '啊(a)'를 사용함으로써 '깨달음'의 어기를 더 잘 살릴 수 있다. 이는 어기사 '啊(a)'가 '의외성'의 의미를 가진다는 것을 보여준다. 반면 어기사 '呢(ne)'는 이와 같은 '깨달음'의 맥락에서 쓰이기가 어색하다.

(2003), 李軍華(2010), 尤佳(2013) 등 연구에서도 다루었다.

어기사 '啊(a)'와 '呢(ne)'의 또 다른 차이점으로 둘이 청자에게 반응 요구 여부에 있어서도 다른 양상을 보인다는 것이다. 즉 어기사 '啊(a)'가 사용되면 화자가 청자의 반응을 요구하는 데에 반해 어기사 '呢(ne)'는 화자가 사실만 강조하고 청자의 반응을 요구하지 않는다. 따라서 '呢(ne)'를 사용하여 화자의 놀라움을 표현할 때 화자는 자신의 예상이 틀렸다는 사실에 놀라지만 그 놀라움의 정도가 그다지 높지 않고 청자의 공감을 요구하지도 않는다. 다시 말해 어기사 '呢(ne)'가 쓰이면 화자가 명제 내용만 강조하고 청자에게 이에 대한 반응을 보이도록 요구하지는 않는다.

(18) 가. 今天天气不错啊! 不是吗？(오늘 날씨가 좋구나! 안 그래?)
　　　나. 今天天气不错呢。我们出去玩吧。(오늘 날씨가 좋네. 우리 놀러 나가자.)

(18 가)와 같이 어기사 '啊(a)'가 사용되어 날씨가 좋다고 한 발화 뒤에 '不是吗(안 그래?)'와 같은 발화가 이어지기가 아주 적절하다. 이는 어기사 '啊(a)'가 사용될 때 청자의 공감을 요구하는 화자의 의도가 들어있다는 것을 보여준다. 반면에 (18 나)와 같이 어기사 '呢(ne)'가 쓰이면 화자가 청자에게 '오늘 날씨가 좋다'는 정보를 전달했을 뿐이지, 청자의 공감을 요구하지는 않는다. 이는 화자가 청자의 반응을 기다리지도 않고 바로 '우리 놀러 나가자'와 같이 다른 화제로 넘어간 것을 통해 알 수 있다.

이상의 논의를 종합해 보면 어기사 '呢(ne)'는 독자적으로 감탄문에 쓰이지 못하며 평서문과 의문문에서 상의한 의미를 가진다. 요약하면 본고에서는 의문문에 쓰인 '呢(ne)'의 양태 의미를 '자문', 평서문에 쓰인 '呢(ne)'의 양태 의미를 '명제 내용이 참인 것을 강조함'으로 보고자 한다.

4.3 '吧(ba)'의 양태 의미

어기사 '吧(ba)'는 평서문, 의문문, 그리고 명령문에 사용되며 감탄문에서는 사용이 불가능하다. '吧(ba)'는 많이 사용되고 있는 어기사로서 매우 활발하게 논의되어 왔지만 이들 연구에서 '吧(ba)'의 의미에 대한 파악에 있어 일치점을 찾을 수 있다. 즉 '吧(ba)'는 평서문과 의문문에 쓰여 '추정'의 의미를 나타내며 명령문에 첨가되면 명령의 어조를 부드럽게 해 주고 '吧(ba)'는 명령문에 쓰여 요청, 재촉, 건의, 권고 등 어조를 나타낸다는 것이다.

(19)[16] 가. 他很好看吧？ (그는 정말 잘 생겼지?)
　　　　나. 他不会做这样的事吧。(그는 이런 일을 할 리가 없겠지.)
　　　　다. 我喝半杯吧。(나는 반 잔을 마시겠어. 됐지?)
　　　　라. 你喝半杯吧。(너는 반 잔만 마셔.)
　　　　마. 我们走吧！ (우리는 나가지!)

(19 가)는 '吧(ba)'가 의문문에 쓰인 것이다. '吧(ba)'가 '네' 또는 '아니다'로 답변할 수 있는 판정의문문(是非問句)에 쓰인 것이다.[17]

---

16) 박정구 외(2007:141)에서 가져온 예문들이다.
17) 대부분의 연구에서 '吧(ba)'는 의문문 중에서 판정의문문(是非問句)에만 쓰인다고 하였지만 朱德熙(1982/2003)에서 반례를 제시하면서 '吧(ba)'가 비판정의문

邵敬敏(2001:121-124)은 의문문에 '吧(ba)'가 쓰인 경우, 대부분 구조상 의문문 형식인 'W+吧?'로 이루어진다고 설명했다. 'W'는 바로 화자가 자신의 추측에 의해 어떤 명제에 대해 진술하는 것이고 '吧(ba)'를 넣어 상대방에게 묻는 어감을 나타내며 화자의 불확실한 어감이 들어가 청자로부터 확인을 구하는 화자의 의도가 나타난다는 것이다. 徐晶凝(2008)에서는 '吧(ba)'의 양태 의미를 '화자가 명제 내용에 대해 추정하는데 이 추정에는 화자의 불확실한 어감이 들어가 청자에게 확인을 구함'으로 규정하였고 金智妍(2011)에서도 비슷한 맥락으로 '吧(ba)'의 의미에 대해서 '화자는 명제 내용에 대해 그다지 확신이 없어서 청자의 확인이 필요함'이라고 하였다. 대부분의 선행연구에서 이와 같이 '吧(ba)'가 의문문에 쓰일 때 '추정'의 의미를 나타낸다고 판단하지만 본고에서는 이들 선행연구와 달리 '추정'보다는 '재확인'으로 보는 것이 타당하다고 생각한다.

본고에서는 이와 같은 '吧(ba)'의 '재확인' 의미가 종결어미 '-지'의

문(非是非問句), 즉 설명의문문(特指問句), 선택의문문(選擇問句), 정반의문문(正反問句)에도 쓰인다고 하였다.

(3) a.一共多少钱吧?　[그래서]모두 얼마라는 건가요?
　　b.你什么时候来吧?　언제 온다는 거야?
　　c.你吃饭还是吃面吧?　밥을 먹을 거야 국수를 먹을 거야?
　　d.你去不去吧?　너 갈 거야 안 갈 거야?

(朱德熙,≪语法讲义≫:211, 정명숙2009 : 114에서 재인용)

하지만 필자의 직관으로 판단할 때 (3)과 같은 4가지 예문은 다소 어색한 느낌이 든다. 위와 같은 예문에 '你就说'라는 표현이 첨가되면 어색하다는 느낌이 덜 든다. 예를 들면 '你就说一共多少钱吧?(말해 봐요. 모두 얼마라는 건가요?)'로 고쳐 말한다면 덜 어색하다. 즉, 판정의문문이 아닌 다른 의문문에서 쓰인 '吧(ba)'는 그 의문문에 결합한 것이 아니라 "你就说~"에 결합한 것, 다시 말해 상위절인 명령문에 쓰인 것으로 볼 수 있다. 따라서 본고는 대부분의 선행연구에 따라 '吧(ba)'가 판정의문문(是非问句)에만 쓰인다고 보고자 한다.

[이미 앎]이라는 양태 의미와 일맥상통한다고 판단한다. 朱德熙(1982/2003:211)는 판정의문문에 쓰인 '吧(ba)'는 화자가 해당 사건에 대해 이미 어떻게 된 사연인지를 알고 있으면서 청자에게 사실인지를 확인하는 것이라고 하였다. (19 가)와 같은 경우에는 화자가 '그는 잘생겼다'고 판단하는데 약간 불확실한 어감을 가지면서 '吧(ba)'를 사용함으로써 청자로부터 확인을 구하지만 화자가 청자로부터 긍정적인 대답을 얻고 싶어 하고 긍정적인 대답을 얻을 자신도 있다. 다음과 같은 예문들을 통해서 '吧(ba)'가 의문문에 쓰일 때 [이미 앎]과 관련된 속성이 드러난다는 것을 알 수 있다.

(20) 가. 他很好看吧？(그는 정말 잘생겼지?)
　　 나. 他很好看吗？(그는 정말 잘생겼어?)
　　 다. 他很好看啊？(그는 정말 잘생겼어?)

예문(20가,나,다)는 각각 '吧(ba)', '嗎(ma)', '啊(a)' 3가지 어기사에 의해 구현된 의문문이다. 하지만 (20나)와 (20다)는 화자가 청자에게 '그는 잘생겼냐'고 단순하게 질문하는 것과 달리 어기사 '吧(ba)'가 쓰인 (20가)는 의문문인데 화자가 짐작하는 사실을 확인하기 위한 의문문이라고 할 수 있다. 즉 화자가 청자에게 '그 사람이 잘생겼냐'고 물어보는 것이 아니라 '그는 잘생겼다는 것'이 화자가 이미 알고 있는 정보이며 청자에게 확인하기 위한 발화이다. 만약에 '그는 잘생겼다는 것'이 화자에게 구정보가 아니었다면 (20가)가 비문이 된다. 이는 판정의문문에서 '吧(ba)'가 [이미 앎]의 양태 의미를 가진다는 것을 보여준다.

따라서 의문문에 쓰인 어기사 '吧(ba)'를 [이미 앎]과 같은 인식 양태의 하위 범주에 넣어 논의할 수 있다. 박재연(2006)의 인식 양태 체계에 의하면 어기사 '吧(ba)'의 의미 기능은 다음과 같이 기술된다.

(21) '吧(ba)'의 양태 의미(인식 양태)
→정보의 내면화 정도: 이미 앎

즉 '吧(ba)'는 화자가 해당 정보를 이미 알고 있는 맥락에서 사용된다. '吧(ba)'의 이러한 [이미 앎]의 양태 의미는 다음과 같이 화자가 새로 알게 된 정보를 표현할 때는 '吧(ba)'가 쓰이지 못한다는 것을 통해서도 알 수 있다.

(22) (그 사람을 처음 만나고 잘생겼다는 것을 새로 알게 되었을 때)
가. 他很好看啊！
나. *他很好看吧。

위와 같이 화자가 그가 잘생겼다는 사실을 새로 알게 된 경우에 어기사 '吧(ba)'가 적절치 못한 것은 바로 해당 정보가 화자에게 구정보가 아니기 때문이다. 이는 어기사 '啊(a)'가 이러한 문맥에서 자연스럽게 성립하는 것과 대조적이다. 이 점에서 어기사 '吧(ba)'가 화자에게 [이미 앎]이라는 속성을 나타내고 있음을 보여준다.

(19나)는 하강조로 발화된 문장이라 '吧(ba)'가 평서문에 쓰인 예문으로 제시되어 있다. 하지만 본고에서는 (19나)는 (19가)와 마찬가지로 화자가 청자로부터 확인을 구하는 의미가 나타난다고 판단한다. 徐晶凝(2008:189)은 '吧(ba)'가 평서문에 쓰인 경우는 대부분은 진술과 의문 사이의 추측성 진술이며 화자가 스스로 명제에 대해 추론하는 내용을 진술하는 동시에 화자가 최종 판단을 청자에게 건네줌으로써 판단

할 수 있는 권리를 청자에게 주는 것이라고 하였다. 즉, 화자가 청자에게 자신의 말을 받아들이기를 요구하지 않고 자신의 추론을 청자에게 확인하도록 하는 것이다. 그러므로 '吧(ba)'가 '추정'의 의미로 나타날 때 이를 평서문으로 봐야 할지 의문문으로 봐야 할지 판단하기가 쉽지 않으며 화자가 자신의 추론에 비중을 실어 발화한다면 평서문이고 청자에게 확인을 얻고 싶어 한다면 의문문이라고 하였다. 본고에서는 '吧(ba)'가 '추정'의 의미로 나타날 때 상승조로 발화되든 하강조로 발화되든 모두 청자에게 확인을 구하는 어감이 들어가 있어 평서문보다는 의문문으로 보는 것이 더 타당하다고 생각하며 이와 같은 의미를 '재확인'으로 보고자 한다.

요약하면 '재확인'의 의미로 나타날 때 '吧(ba)'는 의문문에서만 쓰인다. 평서문에 쓰인 '吧(ba)'는 '제안'의 의미로 나타난다. 주어가 1인칭일 경우, 화자가 청자에게 자신이 할 행위를 알려줄 때는 '吧(ba)'가 쓰인다. (19다)는 바로 이러한 예문으로 화자가 청자에게 자신이 반 잔을 마시겠다고 알려주고 있으며 이때는 '吧(ba)'의 의미가 '의지'처럼 보인다. 하지만 만약에 '吧(ba)'를 생략하여 '我喝半杯(나는 반 잔을 마시겠어)'라고 발화해도 여전히 화자의 '의지'를 나타낸다. 따라서 이럴 때는 '吧(ba)'의 의미가 단순한 '의지'가 아니라 화자의 의지에 대해 청자에게 동의를 구하는 의도가 들어간다고 볼 수 있다. '我喝半杯吧(나는 반 잔을 마시겠어. 됐지?)'는 바로 자신이 반 잔을 마시겠다는 화자의 의지에 대해 청자가 동의해 주기를 요구하는 맥락이다. 따라서 본고에서는 (19다)에 쓰인 '吧(ba)'의 의미는 '의지'보다는 '화자 자신의 행위에 대하여 청자에게 제안함'에 가깝다고 판단된다.

주어가 2인칭이나 3인칭일 경우, '吧(ba)'가 쓰인 문장은 명령문에 가깝다. (19라) 문장을 보면 '-어라'와 유사하게 '명령'의 화행을 표현한다. 하지만 '吧(ba)'를 생략해도 명령문이 여전히 성립되며 '吧(ba)'가 첨가되면 명령의 어조를 부드럽게 해 주는 역할을 한다. (19라)와 같이 만약에 '吧(ba)'를 생략하여 '你喝半杯'라고 발화한다면 강한 명령으로 들리고 '吧(ba)'가 첨가되어 '你喝半杯吧'로 발화하면 화자가 청자에게 명령보다는 제안하는 어감이 된다. 따라서 여기에서는 '吧(ba)'의 의미는 '명령'보다는 '제안'에 가깝다고 할 수 있다. (19마)도 마찬가지로 1인칭 복수 '우리'가 주어이며 명령문인데[18] '吧(ba)'의 첨가로 명령보다는 화자가 청자에게 '나가자'고 제안한 것으로 보는 것이 더 적절하다. 徐晶凝(2008:191-192)은 명령문에서 '吧(ba)'의 사용은 화자가 청자에게 명령을 내렸지만 이 명령의 실행 여부의 최종 결정권을 청자에게 건네주면서 화자가 청자에게 권위성을 부여하는 것으로 보았다. 즉 청자의 체면을 고려하면서 비록 명령은 화자가 내리는 것이지만 행동을 집행하는지 여부의 최종 결정은 청자가 한다는 것이다.[19] 金智妍(2011:143)에서도 '吧(ba)'는 명령문에서 어감을 완화시키는 역할을 하며 강한 명령문을 완곡한 어조를 가지는 제안문으로 바꿀 수 있다고 지적한 바 있다. 본고에서도 명령문에 쓰인 '吧(ba)'의 의미를 '제안'으로 보고자 한다. 따라서 평서문이나 명령문에 쓰인 어기사 '吧(ba)'를 [제안]과 같은 행위 양태의 범주에 넣어 논의할 수 있다.

위에서 살펴본 바와 같이 '吧(ba)'는 판정의문문, 평서문, 그리고 명령문에 모두 쓰이면서 각자 다른 의미로 나타나지만 모든 용법을 설명할 수 있는 양태 의미를 발견할 수 있다. 즉 '吧(ba)'가 쓰여 명제에

---

18) 중국어는 청유문을 따로 설정하지 않으며 (19마)와 같은 청유문을 명령문으로 포함시켰다. 여기서는 중국어에 따라 (19마)를 명령문으로 칭한다.
19) 高名凱(1946/1985)에서 이를 강압적이지 않은 '공손한 명령'이라고 명명하였다. 정명숙(2009:107)에서는 '공손한 명령'이 '지시'의 어기를 나타내는 것으로 재정의하였다.

화자의 불확실한 어감이 들어가 청자로부터 확인을 구하는 것이다. 따라서 金智姸(2011)에서는 '吧(ba)'의 양태 의미를 '화자의 불확신(說話人的疑)'으로 규정하였다. 구체적으로 보면 의문문에 쓰일 때는 '재확인'의 의미로 나타나며 화자가 자신의 추정에 대해 완전히 확신하지 못해 청자에게 확인을 구한다는 것이고 평서문에 쓰일 때 주어가 1인칭이며 화자가 자신이 할 것이 적절할지를 확신하지 못해 화자의 의지에 대해 청자의 동의를 구하는 것이다. 마지막으로 명령문에 쓰일 때 화자가 명령을 내리지만 청자가 해당 명령을 받을 수 있을지에 대해 확신하지 않아 명령의 어감을 완화시키기 위해 '吧(ba)'가 쓰여 명령의 실행 여부의 최종 결정권을 청자에게 건네주면서 명령문이 제안문으로 바뀐다. 본고에서는 金智姸(2011)의 입장을 받아들이고 '吧(ba)'의 전체적인 양태 의미를 '화자의 불확신'으로 보고자 한다. 특히 판정의문문에 쓰인 '吧(ba)'에는 [이미 앎]과 관련된 속성이 드러난다.

4.4 '呗(bei)'의 양태 의미

'呗(bei)'는 중국 북방 지역에서 잘 쓰이는 어기사로서[20] 상술한 3가지 어기사 '啊(a)', '呢(ne)', '吧(ba)'에 비해 많은 주목을 받지 못했으며 이에 대한 연구도 상대적으로 미약했다. '呗(bei)'[21]에 대한 대부분의

---

20) 이외에 어기사 '呗(bei)'의 사용에 있어서 남성보다 여성이 더 많이 사용한다. 李鹹菊(2010)의 조사 결과에 따르면 어기사 '呗(bei)'의 사용 빈도에 있어서 여성이 남성보다 두 배 이상 많다고 하였다.

21) '呗(bei)'의 어원에 대해 학계에서는 '합음설(合音說)'과 '변운설(變韻說)'로 크게 두 가지 견해가 있으며 전자는 '呗(bei)'가 어기사 '吧(ba)'와 '哎/欸(ai)'가 합쳐서 형성된 발음이라는 것이고(胡明揚1988, 朱德熙1982), 후자는 '呗(bei)'가 어기사 '吧(ba)'의 운모(韻母) 변체라는 것이다(孫錫信1999, 齊滬揚2002). 본고에서는

연구는 여전히 간단한 의미 설명 단계에 머물러 있는 듯하다. 다른 어기사와 달리 어기사 '唄(bei)'의 사용은 아주 제한적이다. '현대한어팔백사(現代漢語八百詞)'에 따르면 '唄(bei)'는 평서문에서만 쓰인다고 하였다. 하지만 徐晶凝(2008), 胡明亮(2014) 등 선행연구에서 '唄(bei)'가 평서문 이외에 명령문에서도 쓰인다고 지적한 바 있다.

'CCL말뭉치'를 살핀 결과에 따르면 1292개 '唄(bei)'의 용례 중 명령문은 87개로 나타나 전체의 6.7%로 보다 낮은 빈도수를 보였다. 그럼에도 불구하고 '唄(bei)'는 명령문에서도 쓰인다는 것이 입증된다. 따라서 본고에서는 어기사 '唄(bei)'가 평서문과 명령문에 쓰인다고 본다.

우선 평서문에 쓰인 '唄(bei)'의 양태 의미를 보겠다. 呂叔湘(1984)에서는 '唄(bei)'의 의미를 '당연한 것을 더 말할 필요가 없음'으로 파악하였다. 그 이후로 '唄(bei)'가 [당연함]의 의미를 보인다는 점이 대체로 받아들여졌던 것이다(徐晶凝2008, 李鹹菊2010, 郭紅2012 등). 이와 같은 '唄(bei)'의 [당연함]은 3장에서 밝힌 종결어미 '-지'의 [기지가정] 의미와 관련되어 어기사 '唄(bei)'를 인식 양태의 범주에 넣어 논의할 수 있다. 박재연(2006)의 인식 양태 체계에 의하면 어기사 '唄(bei)'의 의미 기능은 다음과 같이 기술된다.

(23) '唄(bei)'의 양태 의미(인식 양태)
→청자의 지식에 대한 가정: 기지가정

즉 어기사 '唄(bei)'는 화자가 해당 명제에 대하여 청자도 역시 알고

'唄(bei)'에 대한 이 두 가지 가설 중 어느 쪽이 맞는지에 대한 판단을 보류하는데, 단 어기사 '唄(bei)'는 '吧(ba)'와 완전히 다른 의미를 가진 것으로 파악할 수 있다.

있다고 가정하는 상황에서 사용된다. 다음과 같은 예문을 통해 어기사 '呗(bei)'는 [기지가정]의 양태 의미를 가지고 있다는 사실을 확인해 보자.

(24) 가: 不懂怎么办? (모르면 어떡해?)
　　나: 不懂就学呗, 还用说吗? (모르면 배우면 되지, 말해야 알아?)

(25) 가: 明天干什么? (내일 뭐해?)
　　나: 明天周一, 上课呗, 还用问吗?
　　　(내일 월요일인데 수업하지, 뭐 물어볼 게 있나?)

'呗(bei)'가 평서문에 쓰일 때 대화에서만 쓰이며 대화의 첫 문장에서 나올 수 없으며 대화의 답문에 많이 쓰인다. 예문(24), (25)와 같이 어기사 '呗(bei)'는 명제 내용이 당연하다는 의미를 표현한다. 예문(24)는 화자가 '모르면 배우면 된다'는 것이 당연하다고 생각하여 발화한 것이며 이와 같은 당연한 의미를 강화하기 위해 '呗(bei)' 뒤에 종종 '还用说吗(말해야 알아?)'와 같은 표현이 이어진다. 예문 (25)의 경우에는 '내일 뭐하냐'는 화자(가)의 질문에 대해 (나)는 '上课呗(수업하지)'라고 대답하는데 이는 그냥 '上課(수업해)'라고 대답하여 질문에 대해 단순히 대답하는 것과 달리 '내일 월요일인데 너는 내가 수업한다는 것을 마땅히 알고 있어야 하는 것이 아니냐, 정말 그것을 몰라서 묻는 것이냐'와 같은 청자를 질책하는 의미가 느껴진다. 이러한 발화 뒤에 '还用问吗 (뭐 물어볼 게 있나?) '와 같은 발화가 이어지는 것이 적절하다. 따라서 '呗(bei)'가 쓰인 문맥에서 종종 화자의 못마땅해 하는 어감이 들어가 있다.

또한 張筱平(1993), 李鹹菊(2010) 등 논의에서는 어기사 '唄(bei)'에 의해 화자가 주어진 상황에 개의치 않는다는 어감을 나타낸다고 하였다. 이들 선행연구에 따르면 '唄(bei)'가 쓰여 화자가 주어진 상황에 개의치 않는다는 것을 나타낼 때 'X就X唄'[22)]라는 문형으로 많이 나타난다.

(26) 가: 她真漂亮啊！(그녀가 너무 예쁘네！)
　　　나: 她漂亮就漂亮唄, 关我什么事? (예쁘면 예쁜 거지, 뭐. 나와 무슨 상관이야?)

(27) 가: 她背了名牌包。(그녀는 명품 가방을 멨다.)
　　　나: 名牌就名牌唄, 所以呢? (명품인 거지, 뭐. 그래서 뭐?)

예문(24)와 (25)처럼 어기사 '唄(bei)'가 쓰이는 문장의 서술어는 행위를 나타내는 동사로만 한정되지 않으며 행위를 나타내지 않는 동사나 형용사문, 계사문으로도 쓸 수 있다. 예문(26)과 (27)은 바로 어기사 '唄(bei)'가 각각 형용사문과 계사문에 쓰인 것이다. 예문(26)과 같이 화자(가)의 '她真漂亮(그녀가 예쁘다)'는 발화에 대해 청자(나)는 '漂亮就漂亮唄(예쁘면 예쁜 거지, 뭐)'라는 대답으로 화자(가)를 상대하고 싶지 않다는 청자(나)의 태도를 나타내며 예문(27)도 마찬가지로 청자(나)는 화자(가)가 말하는 '她背了名牌包(그녀는 명품 가방을 멨다)'는 것은 자신과 전혀 상관이 없다고 생각하고 있어 '名牌就名牌唄(명품인 거지, 뭐)'와 같은 문장으로 화자가 주어진 상황에 개의치 않는다는

---

22) 'CCL말뭉치'를 살핀 결과에 따르면 1292개 '唄(bei)'의 용례 중 'X就X唄'라는 표현으로 나타난 용례가 395개로 전체의 30.5%를 차지하였다.

어감을 나타낸다. 이와 같은 'X就X呗'라는 발화 뒤에 종종 '关我什么事(나와 무슨 상관이야?)', '所以呢(그래서 뭐?)'와 같은 발화가 이어진다. 예문(26)과 (27)처럼 각각 뒤에 덧붙는 '나와 무슨 상관이야?', '그래서 뭐?'와 같은 문장을 생략해도 화자가 주어진 상황에 개의치 않는 어감이 전혀 퇴색되지는 않는다.

상술한 바와 같이 '呗(bei)'에 의해 화자의 못마땅한 어감이나 주어진 상황에 개의치 않는다는 어감이 구현된다. 본고에서는 이와 같은 어감들이 '呗(bei)'의 [당연함] 의미에서 파생된 것으로 볼 수 있다고 판단한다. 화자가 '呗(bei)'가 쓰여 당연한 것을 말할 때 청자도 마땅히 해당 명제 내용을 알고 있어야 한다고 생각하면서 발화한다면 '이것도 몰라?'와 같은 화자의 못마땅한 어감이 들어가기가 쉬우며 남으로부터 당연한 것을 들었을 때 화자가 'X就X呗'라는 문형으로 상대의 말을 반복해서 발화해서 이와 같은 '당연한 사실'은 자신과 상관이 없다는 태도를 보이는 것이 자연스럽기 때문이다.

또한 '呗(bei)'에 의해 화자의 못마땅한 어감이나 주어진 상황에 개의치 않는다는 어감을 구현하기 때문에 '呗(bei)'가 쓰인 발화는 종종 청자에게 불쾌함을 줄 수 있다. 따라서 '呗(bei)'는 친한 사이에 많이 쓰이며 보통 아랫사람이 윗사람에게 말할 때 쓰이지 않으며 엄숙한 자리에서도 사용되지 않는다.

다음으로 명령문에 쓰인 '呗(bei)'의 의미를 살펴보자.

(28) 가: 我的手机在哪儿？(여보, 내 핸드폰 어디 있어?)
　　　나: 你自己找。(직접 찾아봐.)
　　　나': 你自己找吧。(직접 찾아봐.)
　　　나'': 你自己找呗。就知道问我。(직접 찾아봐, 맨날 나한테 물어보지 말고.)

(29) 가: 他让我唱歌. (그가 나에게 노래를 불러달라고 했어.)
　　나: 那你就唱。(그럼 해.)
　　나': 那你就唱吧。(그럼 해.)
　　나'': 那你就唱呗。(그럼 해.)
　　가: 你别站着说话不嫌腰疼。(자기 일이 아니라고 함부로 얘기하는 거 봐.)

앞서 밝힌 바와 있듯이 어기사 '吧(ba)'는 명령문에서 어감을 완화시키는 역할을 하며 강한 명령문을 완곡한 어조를 가지는 제안문으로 바꿀 수 있다. 명령문에 쓰인 '呗(bei)'도 어기사 '吧(ba)'와 비슷하게 명령의 어기를 완화시키는 기능을 가진다(徐晶凝 2008, 胡明亮 2014 등). 하지만 명령문에 쓰인 '呗(bei)'에는 '吧(ba)'가 가지지 않은 독특한 기능이 있다. 즉 평서문에 쓰인 '呗(bei)'에 의해 구현된 화자의 못마땅한 어감이나 주어진 상황에 개의치 않는다는 어감이 명령문에서도 나타난다는 것이다. 예문(28)은 아내가 '내 핸드폰은 어디에 있냐'고 물어보는 남편에게 (28 나)처럼 아무 어기사도 없이 '你自己找'라고 말한다면 남편에게 직접 찾아보라는 명령을 내리는 것이다. (28 나')와 (28 나'')와 같이 어기사 '吧(ba)'와 '呗(bei)'가 쓰인 발화는 (28 나)보다 명령의 어기가 약화된다. 하지만 (28 나')와 달리 (28 나'')처럼 '呗(bei)'가 쓰인 경우, 화자 아내의 못마땅한 어감을 나타낸다. 이는 뒤에 이어진 '맨날 나한테 물어보지 말고'라는 발화를 통해서도 알 수 있다. 이와 같은 '맨날 나한테 물어보지 말고'라는 화자의 못마땅한 어감을 나타낸 발화가 어기사

'呗(bei)'가 쓰인 문장 뒤에 이어지기가 적절한 것과 달리 '吧(ba)'가 쓰인 발화 뒤에 이어지기는 적절치 않다. 예문(29)도 (29 나')와 (29 나'')처럼 어기사 '吧(ba)'와 '呗(bei)'가 쓰인 발화는 (29 나)보다 명령의 어기가 완화된다. 하지만 '吧(ba)'가 쓰여 단순하게 명령의 어기를 완화시키는 것과 달리 '呗(bei)'가 쓰인 발화에는 화자가 주어진 상황에 개의치 않는다는 어감이 나타난다. 따라서 (29 나'')와 같은 발화를 들은 뒤 청자가 '자기 일이 아니라고 함부로 얘기하는 거 봐'라고 화자의 개의치 않는 태도에 대한 불만을 나타낸다는 것이 상당히 자연스럽다. 반면 '吧(ba)'가 쓰인 발화를 들은 후 청자가 '자기 일이 아니라고 함부로 얘기하는 거 봐'와 같은 발화를 할 가능성이 매우 낮다.

요약하면 '吧(ba)'와 같이 명령문에 쓰인 '呗(bei)'도 명령의 어기를 완화시키는 기능을 가지지만 '吧(ba)'와 달리 명령문에 쓰인 '呗(bei)'는 화자의 못마땅한 어감이나 주어진 상황에 개의치 않는다는 어감을 나타내며 청자에게 불쾌감을 줄 수 있다. 따라서 '吧(ba)'에 비하여 어기사 '呗(bei)'의 명령 어기가 보다 더 강하다.

상술한 논의를 바탕으로 본고에서는 '呗(bei)'의 양태 의미를 [당연함]으로 파악하고자 한다. 즉 '呗(bei)'는 화자가 당연하다고 생각하는 것을 얘기할 때 사용된다. 이와 같은 [당연함]에는 [기지가정]과 관련된 속성이 드러난다. 또한 '呗(bei)'가 쓰일 때 종종 화자의 못마땅한 어감이나 화자가 주어진 상황에 개의치 않는다는 어감이 수반된다.

05

'-지', '-네', '-구나'와 중국어 어기사의 대응 양상

3장에서 종결어미 '-지', '-네', '-구나'의 양태 의미를 살펴보았고 4장에서 어기사 '啊(a)', '呢(ne)', '吧(ba)', '呗(bei)'의 양태 의미를 고찰하였다. 이를 바탕으로 본 장에서는 양태 의미에 있어 '-지', '-네', '-구나' 3가지 종결어미와 중국어 어기사의 대응 양상을 살펴보도록 하겠다.

5.1 '-지'와 중국어 어기사의 대응 양상

본고에서 사용한 말뭉치에서는 '-지'의 용례가 총 3232개가 나타났으며 이 가운데 '-지'가 어기사 '吧(ba)', '呗(bei)', 어기사 '啊(a)'가 들어간 관용 표현 '當然(당연히)... 啊(a)'와 가장 많이 대응된다. '吧(ba)', '呗(bei)', '啊(a)' 이 3가지 어기사와 '-지'의 대응 용례가 총

2947개로 나타나 전체의 91.1%를 차지했다. 이외에 어기사 '呢(ne)'와 대응된 용례가 179회로 나타나 그 뒤를 이었다. 이어 본 절에서는 '-지'와 가장 밀접한 대응 관계를 보이는 어기사를 집중적으로 검토하고자 한다.

5.1.1 '-지'와 '吧(ba)'의 대응 양상

본고에서 사용한 말뭉치에서 3232개 '-지'의 용례 중 어기사 '吧(ba)'와 대응된 것은 1450개로 가장 높은 빈도수를 보였다. '-지'와 '吧(ba)'는 주로 판정의문문과 명령문에서 대응된다.

우선 판정의문문에서 '-지'와 '吧(ba)'의 대응 양상을 살펴보자.[1] 앞서 밝혔듯이 판정의문문에 쓰인 '-지'는 [이미 앎]의 인식 양태 의미를 보인다.

(1) 나희도: '풀하우스' 11권 나왔지? (《浪漫满屋》第11卷到货了吧?)
　　백이진: 다 나갔는데? (都租出去了。)

〈스물다섯 스물하나 1회〉

(2) 주희: 오늘 찬영이랑 같이 가면 되지? (我今天和灿荣一起去就行吧？)
　　미조: 어젯밤에도 물어 놓고 또 묻니? (你昨晚不是已经问过了吗？)

〈서른아홉 1회〉

---

1) 설명의문문에서 '-지'는 어기사 '呢(ne)'와 대응된다. 이에 대해 후술하겠다.

(3) 주경: 이모, 고기 둘에 김치 하나요. (阿姨 我要两个肉的 , 一个泡菜的)

이모: 고기 둘에... 김치 하나, 맞지? (两个肉馅, 一个泡菜馅, 对吧?)

〈여신강림 1회〉

(4) 은호: 나 엔제이 연습생 때부터 팬이었던 거 알지? (你也知道NJ当练习生时我就是她的粉丝吧？)

최웅: 알지. 그럼.(当然知道啊。)

〈그해 우리는 1회〉

판정의문문에서 '-지'는 [이미 앎]의 양태 의미를 가진다. 즉 화자가 자신에게 내면화된 정보를 청자에게 재확인하는 의미를 보여준다. 이와 같은 '재확인'의 의미로 나타날 때 '-지'가 어기사 '吧(ba)'와 대응된다. 위의 예문들에서는 화자가 이미 알고 있는 것을 청자에게 확인을 구하려고 질문을 던졌다는 공통점이 발견된다. 예문(1)에서는 '풀하우스 11권이 나왔다'가 화자 희도에게 이미 알고 있는 정보이며 예문(2)에서도 '오늘 찬영이랑 같이 가면 된다'는 것은 화자가 어젯밤에 이미 확인한 사실이며 재확인하는 것이다. 예문(3)에서는 식당 이모가 '고기 둘, 김치 하나'라는 주문을 받았는데 손님에게 재확인하고 있고 예문(4)도 마찬가지로 '자신이 엔제이 연습생 때부터 팬이었던 것'을 청자 최웅이 알고 있다는 것은 화자 은호에게 내면화된 정보이다. 4장에서 밝혔듯이 판정의문문에 쓰인 '吧(ba)'는 화자가 해당 사건에 대해 이미 어떻게 된 사연인지를 알고 있는데 약간 불확실한 어감을 가지면서 '吧(ba)'를 사용함으로써 청자로부터 확인을 구하지만 화자가 청자로부터 긍정적인 대답을 얻고 싶어 하고 긍정적인 대답을 얻을 자신도 있다는 것으로 나타난다. 이와 같이 판정의문문에 쓰인 '-지'와 '吧(ba)'는 '재확인'의 의미로 통일되어 서로 대응된다. 본고에서 사용한 말뭉치에서 판정의문문에 쓰인 '-지'가 '吧(ba)'와 대응된 용례가 총 1392개로 가장 많이 나타난다.

다음으로 명령문이나 청유문에 쓰인 '-지'와 '吧(ba)'의 대응 양상을 살펴보자. 강려연(2017), 역소란(2019) 등 선행연구에서 명령문에 쓰인 '-지'는 어기사 '吧(ba)'와 대응된다고 하였다. 하지만 본고에서는 이들 선행연구와 달리 명령문이나 청유문에 쓰인 '-지'는 모두 어기사 '吧(ba)'와 대응된다고 보지 않는다. 4장에서 살펴본 바와 같이 상대방에게 강압적인 명령을 하면 청자에게 불쾌감을 줄 수 있어서 '吧(ba)'를 사용함으로써 강한 명령의 어기가 완화되며 상대방이 불쾌함을 느끼지 못하게 한다. 하지만 명령문이나 청유문에 쓰인 '-지'는 청자에게 불쾌감을 줄 가능성이 있다. 이와 같은 문맥에서 '-지'와 '吧(ba)'가 서로 대응될 수 없어 보인다. 다음과 같은 예문을 통해 보자.

(5) 백이진: 웬만하면 선수들 부상 위험이 있는 건 피하시죠. (尽量避免让选手们受伤吧。)

감독님: 선수들이 괜히 선수겠어? 그런 걸로 다칠 거면 뭐, 국제대회는 어떻게 나가고…(选手又不是白当的，如果做那点动作就受伤, 怎么参加国际比赛...)

〈스물다섯 스물하나 11회〉

(6) 선우: 아버님 한 곡 하시죠. (伯父 请高歌一曲吧。)

미조 아버지: 그럴까? 그럼. (好的。)

〈서른아홉 6회〉

(7) 이수호: 선생님. 그만하시죠. (老师, 到此为止吧。)
선생님: 아이고, 우리 수호 군께서 너그럽게 용서해준다고 하니까 이쯤에서 정리하십시다. (哎呦, 我们秀浩同学宽宏大量塬谅他, 咱就点到为止吧。)

〈여신강림 3회〉

(8) 주경 엄마(손님한테): 일주일 뒤에도 짱구면 그때 다시 오시죠. (一周后还是蜡笔小新的话到时候再来吧。)

〈여신강림 4회〉

(9) 장팀장: 먼저 가셔도 좋습니다. (你可以先走了)
연수: 다음 진행 사항 나오면 연락 주시죠. 그럼. (那有下一步行动时再知会我吧, 先失陪了。)

〈그해 우리는 2회〉

위와 같은 예문들은 '-지'가 쓰인 명령문이다. 명령문은 말 그대로 명령하는 문장이기 때문에 수직적인 계급관계일 때 윗사람이 아랫사람에게 사용하는 문장으로 주로 나타난다. 반면에 아랫사람이 윗사람에게 명령을 하면 불손하게 들리기 때문에 명령보다는 부탁하거나 요청하는 자세로 명령 형식이 바뀌게 된다. 예문(5-9)의 화·청자 관계는 각각 '기자와 감독님, 예비 사위와 장인, 학생과 선생님, 미용실 사장과 손님, 직원과 협력사 팀장'이며 즉 청자가 화자보다 윗사람이며 화자가 청자에게 존대해야 할 경우이다. 그러므로 위와 같은 예문들은 명령문인데도 불구하고 명령의 어기가 상당히 약하며 명령보다는 '제안'의 뜻으로 파악할 수 있다. 이러한 경우에는 '-지'가 어기사 '吧(ba)'와 대응된다. 4장에서 언급했듯이 어기사 '吧(ba)'를 첨가한 문장이 어기를 부드럽게 하는 효과를 주며 비록 명령문이지만 어기가 부드러운 제안문으로 보인다.

위와 같이 '-지'가 명령문이나 청유문에 쓰이면서 화자가 청자에게 공손한 태도를 드러내야 할 경우, '-지'가 '-죠'로 나타나 명령 어기를 완화시키는 어기사 '吧(ba)'와 대응된 용례는 본고에서 사용한 말뭉치에서 총 58개가 있다. 하지만 다음과 같은 예문은 다른 양상으로 보인다.

(10) 이진: 야, 저, 후배님. 지금 나 혼자 들고 있는 거 같거든? 힘 좀 주지? (喂, 后辈, 现在好像只剩我在抬, 你出点力呗。)
지웅: 최선을 다하고 있거든요? (我已经尽全力了好吗?)
〈스물다섯 스물하나 4회〉

(11) 최웅: 너 얼굴 보려고 좀 밟았거든. (我为了见你稍微加快了速度。)
연수: 다음에 그러지 말지. 사고 나면 어떡하려 그래, 진짜? (你别开太快呗, 出事怎么办, 真是的。)
〈그해 우리는 9회〉

(12) 찬영: 꼭두새벽부터 콜을 보내셨으면 말씀을 하시죠. 인간아. (你一大早把我们约出来, 说话呗, 小姐。)
미조: 중요한 이야기야 테이블 싹 다 빠지면... (我要说的事情很重要, 等客人都走了再说。)
〈서른아홉 8회〉

(13) 오빠: 맛있다. 하나만 더 끓여줘. (真好吃啊, 给我煮一包。)

동생: 오빠가 끓여 드시죠. (哥哥你自己煮了吃呗。)

〈여신강림 7회〉

예문(10-13)도 '-지'가 쓰인 명령문인데 어기사 '吧(ba)'와 대응하기가 적절치 않다. 어기사 '吧(ba)'가 명령의 어기를 완화시키는데 위와 같은 예문들이 보이는 명령 어기가 보다 강력하기 때문이다. 예문(10)과 같은 경우에는 둘이 같이 책상을 들고 있는데 지웅이 힘을 안 주는 것 같아서 화자 이진이 지웅에게 힘을 주라고 명령하고 있으며 화자의 불만이 느껴진다. 이와 같은 발화는 청자에게 불쾌감을 줄 수 있다. 이는 '최선을 다하고 있거든요'라는 청자 지웅의 대답을 통해서도 알 수 있다. 예문(11)도 화자 연수가 남자친구 최웅에게 다음에 빠르게 운전하지 말라고 명령하고 있으며 화자의 짜증이 느껴진다. 이처럼 명령을 내리면서 화자가 청자에게 불만스러운 태도를 나타낼 때 '-지'가 어기사 '吧(ba)'와 대응하지 않으며 명령문에 쓰여 화자가 못마땅한 어감을 나타내는 어기사 '呗(bei)'와 대응된다. 본고에서 사용한 말뭉치에서 '-지'가 명령문이나 청유문에 쓰여 '呗(bei)'와 대응된 용례가 총 44개였다.

또한 형태적으로 보면 예문(12)와 (13)은 예문(5-9)과 마찬가지로 '-죠'가 쓰인 명령문이며 화자가 청자에게 존대해야 할 것으로 보이는데 예문(5-9)과 달리 '吧(ba)'와 대응되지 않고 '呗(bei)'와 대응된 것에 주목하게 된다. 예문(12)와 (13)은 '-지'가 '-죠'의 형식으로 나타났지만 아랫사람이 윗사람에게 명령이 아니라 '제안'을 할 때 쓰인 경우와 달리 서로 반말을 쓰는 화·청자 사이에 이루어진 대화다. 예문(12)와 같은 경우에는 화·청자가 친구 사이인데 화자 찬영이 청자 미조가 꼭두새벽부터 자신에게 전화를 해서 불렀는데 지금 만나서 말을 하지 않는 것에 대해 불만을 표현하기 위해 일부러 존댓말을 쓰고 있다.[2] 예문(13)도 마찬가지로 화·청자가 평소에 반말을 쓰는 친오빠·동생 사이인데 동생이 오빠가 자신에게 라면을 끓여 달라는 것에 대해 불만을 토로하기 위해 '오빠가 끓여 먹지'가 아니라 '오빠가 끓여 드시죠'라고 일부러 존대를 하고 있다. 이와 같이 '-죠'가 쓰인 명령문인데도 화자가 청자에게 강하게 명령하고 있으므로 명령 어기를 완화시키는 어기사 '吧(ba)'와 대응될 수 없으며 화자의 못마땅한 어감을 나타내는 어기사 '唄(bei)'와 대응된다. 이와 같은 예문은 말뭉치에서 총 6개로 빈도수가 상당히 낮게 나타났지만 명령문에서 '-죠'의 형식으로 나타난 '-지'가 모두 명령 어기를 약화시키는 어기사 '吧(ba)'와 대응되지 않는다는 것이 입증되어 주목할 필요가 있어 보인다.

상술한 논의를 종합해 보면 본고에서는 기존 연구와 달리 명령문이나 청유문에 쓰인 '-지'는 모두 어기사 '吧(ba)'와 대응된다고 보지 않으며 대인 관계 및 맥락에 따라 '-지'가 '吧(ba)'와 대응될 수도 있고 '唄(bei)'와 대응될 수도 있음을 보이고자 한다. 요약하면 명령문이나 청유문에 쓰인 '-지'는 '-죠'의 형식으로 나타날 때, 즉 청자가 윗사람이며 화자가 청자에게 공손한 태도를 드러내야 할 경우에는 종결어미 '-지'는 강력한 명령 어기를 완화시킬 수 있는 어기사 '吧(ba)'와 대응되며 화자가 청자에게 불만스러운 태도를 보이면서 보다 강하게 명령을 내

---

2) 중국어에서도 이와 비슷한 용법이 있다. 중국어에서 '당신'을 뜻하는 단어 '你'의 높임말인 '您'가 나이가 자신보다 많거나 직위가 자신보다 높은 경우에 주로 사용된다. 하지만 상대방의 나이와 직위가 자신과 비슷할 때는 '您'를 사용한다면 부정적인 의미를 갖게 된다. 자신과 평등한 위치에 있거나 같은 연배 또는 관계가 좋은 친구 사이에서 '您'라고 말한다면 비웃는 의미로 들릴 수 있다.

릴 때 '-지'가 어기사 '呗(bei)'와 대응된다.

5.1.2 '-지'와 '呗(bei)'의 대응 양상

선행연구에서 다룬 '-지'와 대응되는 중국 어기사 중 어기사 '呗(bei)'가 없었다. 하지만 본고에서는 말뭉치를 살핀 결과, '-지'와 '呗(bei)'의 대응 용례가 840개로 2위로 많았다. 이는 이전 연구에서 '-지'가 어기사 '呗(bei)'와 대응될 수 없다는 지적과 다른 점이라고 볼 수 있겠다. '-지'와 '呗(bei)'는 주로 평서문과 명령문에서 대응된다.

5.1.1절에서 이미 명령문에 쓰인 '-지'와 '呗(bei)'의 대응 양상을 살펴보았다. 이어 평서문에서 '-지'와 '呗(bei)'의 대응 양상을 살펴보도록 하자. 평서문에서 '-지'와 '呗(bei)'의 대응에 있어서는 다음과 같이 '-지 뭐' 구성이 주목하게 된다.

(14) 할머니: 아이, 근데 갸는, 그 건강하기는 한 겨? (不过那孩子身体到底健不健康?)
  연수: 몰라. 건강하겠지, 뭐. (不知道, 肯定健康呗。)
  〈그해 우리는 1회〉

(15) 최웅: 나 학교 다니기 싫어했던 건 알고 있었잖아. (你也很清楚我讨厌上学啊。)
  연수: 아니, 그래도 그게 그렇게 쉽게 관둘 수 있는 건가? (不是, 但大学能说不念就不念吗？)
  최웅: 졸업장은 필요한 사람만 가지면 되지, 뭐. (大学文凭给需要的人就行呗。)
  〈그해 우리는 1회〉

평서문에 쓰인 '-지'가 '呗(bei)'와 대응된 용례 중 '-지 뭐' 구성이 61개로 많이 나타난다. 예문(14)와 같은 경우에는 화자 연수가 헤어진 남자친구인 최웅과 관련된 화제를 얘기하고 싶지 않아 최웅이 건강하냐는 할머니의 질문에 대해 무심하게 '건강하겠지 뭐'라고 답했다. 즉 '그 애가 건강한지 여부'가 화자 연수에게는 그리 중요하지도 않고 관여하고 싶지도 않으며 일반적인 시각에서 볼 때 당연히 그러한 결과를 보였다는 판단을 했을 뿐이다. 이와 같이 '-지 뭐'는 '대수롭지 않음'이라는 의미로 나타나 화자가 주어진 상황에 개의치 않는다는 태도를 보이는 어기사 '呗(bei)'의 대응된다. 예문(15)도 비슷하게 '-지 뭐' 구성이 쓰임으로써 대학에 가는 것이 화자 최웅에게는 그리 중요하지 않다는 화자의 아무렇지도 않아 하는 태도를 보여줬다.

'-지 뭐' 구성이 아니라도 '-지'가 평서문에 쓰일 때 어기사 '呗(bei)'와 많이 대응된다. 3장에서 밝힌 바와 같이 평서문에 쓰인 '-지'가 [기지가정]의 양태 의미를 보인다. [기지가정]의 의미를 나타내는 '-지'는 [당연함]이라는 양태 의미를 갖는 어기사 '呗(bei)'와 서로 대응된다. 다음과 같은 예를 통해 살펴보자.

(16) 지웅: 맛있어? (好吃吗？)

승원: 맛있긴 뭘 맛있어. 네가 아는 그 맛이지. (何必问呢, 就是你知道的那个味道呗。)

〈스물다섯 스물하나 1회〉

(17) 연수: 나 때문에 망친 게 그림밖에 또 있니?(我毁掉你的除了这幅画还有什么？)

최웅: 정말 몰라서 묻는 거야? 내 인생도 망쳤지. 엉망으로. (你真

的不知道才问的吗？你还毁了我的人生呗， 而且毁得惨不忍睹。)

〈그해 우리는 1회〉

(18) 미조: 너도 마흔 된 기념으로 파리 가서 공부해. (你就当作40岁的纪念去念书吧。)

찬영: 싫어. 나… 불어도 못하고 영어도 못해. (我才不要去,我不会说法文,也不会说英文。)

미조: 가면 다 배우지. (去了自然就学会了呗。)

〈서른아홉 1회〉

(19) 수호: 그거 쓰고 마시려고? (你要戴着头盔喝吗?)

주경: 빨대로 마시면 되지. (用吸管就行呗。)

〈여신강림 2회〉

3장에서 밝혀져 있듯이 평서문에 쓰인 '-지'는 [기지가정]의 의미를 나타내며 '-지'의 이러한 [기지가정] 의미에서 '청자도 화자가 말하는 명제를 당연히 알고 있어야 한다는 가정' 및 '청자가 명제를 몰라도 해당 명제가 당위성이 있어서 청자가 화자로부터 얻은 해당 정보를 충분히 동의하거나 수용할 수 있다는 가정'이라는 의미가 파생된다.

예문(16)과 (17)은 바로 '-지'가 '청자도 화자가 말한 명제를 당연히 알고 있어야 한다는 가정'이라는 의미로 나타난 예문이다. 우선 예문(16)에는 지웅이 승원과 같이 과자를 먹고 있다가 과자 마지막 한 조각을 남기고 승원에게 빼앗겼다. 지웅이 승원에게 과자가 맛있냐고 물어봤는데 승원이 청자 지웅도 당연히 과자의 맛을 알고 있다고 생각해서 '네가 아는 그 맛이지'라고 답했다. 이와 같은 대답에는 '너도 같은 과자를 먹었는데 이 과자가 맛있는지 마땅히 알고 있어야 하는 것이 아니냐, 정말 그것을 몰라서 묻는 것이냐'와 같은 청자를 질책하는 의미가 느껴진다. 예문(17)도 마찬가지로 화자 최웅이 '연수가 자신의 인생을 망쳤다'는 것을 청자 연수도 당연히 알고 있는 것이라고 생각해서 '-지'를 사용하여 발화하였다. 이와 같은 '청자도 해당 명제를 당연히 알고 있다'의 의미는 앞 문장인 '정말 몰라서 묻는 거야'를 통해서도 알 수 있다. 예문(16), (17)과 같이 '-지'가 평서문에 쓰여 '청자도 화자가 말한 명제를 당연히 알고 있어야 한다는 가정'이라는 의미로 나타날 때 '당연함'의 의미를 갖고 화자의 못마땅한 어감을 나타내는 어기사 '呗(bei)'와 대응되며 본고에서 사용한 말뭉치에서 이와 같은 대응 용례가 총 457개 나타났다.

예문(18)과 (19)는 '-지'가 '청자가 명제를 몰라도 해당 명제가 당위성이 있어서 청자가 화자로부터 얻은 해당 정보를 충분히 동의하거나 수용할 수 있다는 가정'이라는 의미로 나타난 예문이다. 예문(18)에는 화자 미조가 영어도 불어도 못해서 파리에 가기를 싫어하는 찬영에게 '가면 다 배워'라고 말하지 않고 '가면 다 배우지'라고 하였다. 여기서 '-지'를 사용함으로써 '가서 다 배워'라는 것이 청자 찬영에게 수용되는 것이 당연하다는 화자 미조의 태도가 느껴진다. 예문(19)도 마찬가지로 화자 주경이 '빨대로 마시면 된다'는 것을 청자 수호가 충분히 동의하거나 수용할 수 있다고 생각해서 '-지'를 써서 발화하였다. 이와 같이 '-지'가 평서문에 쓰여 '청자가 명제를 몰라도 해당 명제가 당위성이 있어서 청자가 화자로부터 얻은 해당 정보를 충분히 동의하거나 수용할 수 있다는 가정'이라는 의미로 나타날 때 '당연함'의 의미를 갖고 화자가 주어진 상황에 개의치 않는다는 어감을 나타내는 어기사 '呗(bei)'와 대응되며 본고에서 사용한 말뭉치에서 이와 같은 대응 용례가 총 302개 나타났다.

상술한 논의를 바탕으로 보면 '-지'가 평서문에 쓰여 [기지가정]의 양태 의미로 나타나 [당연함]의 양태 의미를 나타내는 어기사 '呗(bei)'와 대응되며 본고에서 사용한 말뭉치에서 이러한 용례가 총 759개로 높은 빈도수를 보였음에도 불구하고 평서문에 쓰여 [기지가정]의 의미를 나타낸 '-지'가 모두 어기사 '呗(bei)'와 대응된 것은 아니다. 이는 어기사 '呗(bei)'의 쓰임에 있어 보이는 제약과 관련되어 있다.

4장에서 언급했듯이 어기사 '呗(bei)'가 친한 사이에 많이 쓰이며 보통 아랫사람이 윗사람에게 말할 때는 쓰이지 않으며 엄숙한 자리에서도 사용하지 않는다. 또한 '呗(bei)'가 쓰여 화자가 주어진 상황에 개의치 않는다는 어감이나 화자의 못마땅한 어감을 나타내기 때문에 종종 청자에게 불쾌함을 줄 수 있다. 대인 관계와 맥락에 따라 '呗(bei)'가 쓰이지 못할 경우도 많이 있다. '-지'가 평서문에 쓰여 [기지가정]의 양태 의미를 보이면서 어기사 '呗(bei)'와 대응될 수 없을 경우, '-지'가 관용 표현 '當然(당연히)… 啊(a)'와 대응된다. 이에 대해 구체적으로 다음 절에서 다룰 것이다.

또한 위와 같이 [기지가정]이라는 인식 양태 의미를 보일 때 이외에 '-지'가 행위 양태를 나타낼 때도 어기사 '呗(bei)'와 대응될 수 있다. 3장에서 밝혔듯이 행위 양태 용법의 '-지'에는 두 종류가 있으며 하나는 '제안'의 의미를 갖는 것이고 다른 하나는 '기원'의 의미를 갖는 것이다. '-지'가 '제안'의 의미로 나타날 때 명령문에 쓰인 것이며 어기사 '吧(ba)', '呗(bei)'와 대응된다는 것을 5.1.1절에서 이미 밝혔다. '-지'가 '기원'의 의미로 나타날 때에는 평서문에 쓰인 것이며 '呗(bei)'와 대응된다. 다음과 같은 예문을 통해 살펴보자.

(20) 희도 엄마: 안 팔았지. (当然没卖啊。)

　　　희도: 아유. 지겨워. 안 팔았으면 진작 안 팔았다고 말을 하지. 이제 와서 사람 뻘쭘하게…(烦死了, 没卖就应该告诉我一声呗, 害我这么尴尬。)

〈스물다섯 스물하나 1회〉

(21) 엄마: 아우, 내 팔자야. (我的命好苦啊。)

　　　주경: 그러니까 나 좀 예쁘게 낳아주지! (所以说当初把我生得漂亮点呗。)

〈여신강림 1회〉

예문(20)은 아빠가 돌아가신 후 결혼반지를 팔았던 엄마를 원망해 온 희도가 엄마에게 반지를 안 팔았다는 얘기를 들었을 때 '안 팔았으면 안 팔았다고 말을 하지'라고 하며 엄마가 항상 말을 하지 않아 자신을 어색하게 만들어서 화자 희도는 엄마가 원망스럽다는 감정을 나타낸다. 예문(21)도 마찬가지로 화자 주경이 자신을 예쁘게 낳아주지 못한 엄마를 원망하고 있다. 이와 같이 '-지'는 상대방에게 과거의 일에 대해 책망하는 용법으로 나타날 때 화자가 청자에게 불만스러운 태도를 보이는 어기사 '呗(bei)'와 대응된다. 본고에서 사용한 말뭉치에서 이와 같은 대응 용례가 총 37개가 있다.

5.1.3 '-지'와 '當然(당연히)…啊(a)'의 대응 양상[3]

어기사 '呗(bei)' 이외에 중국어에서 '당연함'의 의미를 나타내기 위해 부사 '當然(당연히)'도 많이 쓰인다. 본고에서 사용한 말뭉치에서 '-지'가 평서문에 쓰여 관용 표현 '當然(당연히)…啊(a)'와 대응된 용례가 총 675개로 '吧(ba)', '呗(bei)'를 이어 3위를 차지했다. 이 가운데 '당연히…지'라는 구성은 '-지'가 '當然(당연히)…啊(a)'와 대응될 수 있다는 것이 잘 드러난다.

(23) 선생님: 우리 나희도 학생 혼자 올 줄 알았는데... (我还以为罗希度同学会自己来上学。)
희도 엄마: 하나밖에 없는 딸 전학 첫날인데 당연히 뵙고 인사드려야죠. (独生女转学第一天, 我当然要来打个招呼啊。)
〈스물다섯 스물하나 1회〉

---

3) 어기사 '啊(a)'는 선행 음절 말음에 따라 '呀(ya)', '哇(wa)', '哪(na)' 등의 변이형이 있다. 즉 '啊(a)'는 선행 음절 말음이 'a, o, e, i, ü'일 때 '呀(ya)'로 변하고 선행 음절 말음이 'u, ao, iao'일 때 '哇(wa)'로, 선행 음절 말음이 'n'일 때 '哪(na)'로 변한다(金兑垠2019:47-48). 金兑垠(2019)에서는 중국어 모어 화자의 준구어 코퍼스와 온라인 설문지를 통한 모어 화자 스스로의 어감을 조사하고 '啊(a)'의 음운 변화를 분석하였다. 그 결과에 따르면 '啊(a)' 음운 변화의 사용 양상은 모어 화자들 사이에서도 혼란스러운 양상을 보이며 이 가운데 기본값인 '啊(a)'가 가장 많이 사용된다고 하였다. 张桂权(2002)에서도 지적한 바와 같이 어기사 '啊(a)'는 선행 음절 말음에 따라 '呀(ya)', '哇(wa)', '哪(na)' 등의 변이형이 있지만 일상생활에서 사람들이 이들 변이형을 제대로 구별할 수 없으며 대부분의 사람들은 '啊(a)'로 발음하는 데에 익숙하다. 본고에서는 이와 같은 '啊(a)'의 음운 변화 문제는 음운론적 문제이기도 하고 본고에서 사용한 말뭉치에서 관련된 용례가 발견되지 않아서 이에 대해 다루지 않기로 한다.

(24) 찬영: 갔다가 오는 거 맞지? (你离开之后还会回来吧?)

　　　미조: 그럼, <u>당연히 오지</u>. (那当然, 我当然会回来啊。)

〈서른아홉 1회〉

　　예문(23), (24)와 같이 한국어 '당연히…지'라는 구성은 화자가 명제 내용이 당연한 것임을 나타내고 싶어하는 것이다. 예문(23)과 (24)는 화자가 각각 '하나밖에 없는 딸 전학 첫날에 선생님을 뵙고 인사드리는 것', '유학하러 파리에 갔는데 다시 한국에 오는 것'이 당연한 것이라고 생각해서 '당연히…지'로 발화한 것이다. 이와 같은 '당연히…지'의 구성은 중국어 관용 표현 '當然(당연히)…啊(a)'와 대응된다. 여기서 어기사 '啊(a)'는 화자가 말하는 명제 내용을 강조하는 역할을 발휘한다. 즉 화자가 자신이 말하는 명제 내용이 당연한 것이라고 생각하면 해당 명제를 강조하고 싶어질 수 있다. 한국어 '당연히…지'가 굳어진 표현이듯 중국어에서 '當然(당연히)…啊(a)'도 많이 사용되면서 관용 표현으로 굳어져 있다. 이와 같은 '당연히…지'라는 구성은 '當然(당연히)…啊(a)'와 대응된 용례가 본고에서 사용한 말뭉치에서 총 64개로 나타났으며 그다지 많지 않지만 '당연히…지'라는 구성으로 나타나지 않아도 평서문에 쓰인 '-지'가 [기지가정]의 의미로 나타나면서 화자가 자신의 발화를 강조하고 싶을 때 부사 '당연히'가 생략된 것으로 볼 수 있다. 다음과 같은 예를 통해 알아보도록 하자.

(25) 지웅: 잡아 오면 뭐해, 하기 싫은데….(把他们找回来干什么，他们不想拍。)

　　　채란: 잡아 오면 다시는 도망을 못 가게 해야<u>죠</u>. 선배님, 지금 그걸 말이라고 하세요?(如果把他们找回来，当然就不能再

让他们有机会逃跑啊,前辈, 您觉得您说的像话吗?)

〈그해 우리는 4회〉

(26) 희도: 쌤, 경고 안 주세요? 경기 흐름 방해하는데 경고 주셔야죠.
(裁判老师, 您不给予警告吗？她妨碍比赛进行, 当然要警告她才对啊。)
심판: 알았어. (知道了。)

〈스물다섯 스물하나 2회〉

(27) 미조: 너 견적 많이 나와. 성형 꿈도 꾸지 마. (你会爆预算的, 做梦都别想整形。)
찬영: 아, 자존심 상하네? 야, 나는 완벽하지. (啊, 我真伤自尊心, 我当然是完美啊。)

〈서른아홉 1회〉

(28) 사장님: 티 안 나게 내추럴하게 하는 게 유행인데 왜? (现在不明显很自然的才是流行, 怎么了？)
손님: 돈 썼으면 티가 팍 나야지. (花了钱, 当然就要明显啊。)

〈여신강림 1회〉

위와 같은 예문은 모두 '-지'가 평서문에 쓰여 [기지가정]의 양태 의미를 나타낸 것이다. 예문(25)와 (26)에 쓰인 '-지'가 '청자도 화자가 말한 명제를 당연히 알고 있어야 한다는 가정'의 의미를 보인다. 특히 예문 (25)처럼 '-지'가 쓰인 발화 뒤에 이어진 '지금 그걸 말이라고 하세요'라는 발화를 통해 이러한 의미를 잘 보인다. 즉 화자가 자신이

5. '-지', '-네', '-구나'와 중국어 어기사의 대응 양상 | 167

말하는 것을 청자도 당연히 알고 있어야 된다고 생각한다. 예문(26)도 화자가 '경기 흐름 방해하면 경고 줘야 한다'라는 것을 심판이 당연히 알고 있다고 생각해서 '-지'를 사용하여 발화하였다. 예문(27)과 (28)에는 '-지'가 '청자가 명제를 몰라도 해당 명제가 당위성이 있어서 청자가 화자로부터 얻은 해당 정보를 충분히 동의하거나 수용할 수 있다는 가정'이라는 의미를 보인다. 예문(27)의 맥락을 보면 화자 찬영이 자신에게 '성형하면 견적 많이 나온다'라고 말하는 미조에게 '나는 완벽하지'라고 답하였다. '-지'가 쓰인 이유는 화자 찬영이 '자신이 완벽하다'는 것을 청자 미조가 충분히 동의하거나 수용할 수 있다고 생각했기 때문이다. 예문(28)도 비슷하게 화자가 '돈 썼으면 티가 팍 나야 함'을 청자도 충분히 동의하거나 수용할 수 있다고 생각하여 '-지'로 발화하였다.

예문(25-28)은 예문(16-19)과 마찬가지로 모두 종결어미 '-지'가 평서문에 쓰여 [기지가정]의 의미를 나타낸 것임에도 불구하고 예문(16-19)과 달리 예문(25-28)에 쓰인 '-지'가 어기사 '唄(bei)'와 대응될 수 없으며 관용 표현 '當然(당연히)…啊(a)'와 대응된다는 것에 주목할 필요가 있어 보인다. 이는 어기사 '唄(bei)'의 사용 제한과 연관된다. 어기사 '唄(bei)'가 보통 아랫사람이 윗사람에게 말할 때는 쓰이지 않으며 엄숙한 자리에서도 사용되지 않아서 예문(25)처럼 후배가 선배에게 말을 할 때 쓰인 '-지'가 어기사 '唄(bei)'와 대응할 수 없으며 예문(26)처럼 경기장과 같은 엄숙한 자리에서도 '-지'가 '唄(bei)'와 대응할 수 없다. 또한 예문(25-28)과 같이 화자가 자신의 말을 강조하고 싶을 때 '-지'가 '唄(bei)'와 대응하지 않으며 화자가 말하는 명제를 강조하는 어감을 나타내는 어기사 '啊(a)'와 대응된다. '唄(bei)'가 쓰일 때 종종 화자가 주어진 상황에 개의치 않는다는 어감을 나타내기 때문이다.

5.1.4 呢(ne) 및 來著(laizhe)

마지막으로 설명의문문에 나타난 '-지'가 어기사 '呢(ne)' 및 이음절 어기사 '來著(laizhe)'와 대응된다. 3장에서 밝혀져 있듯이 설명의문문에 쓰인 '-지'는 '자문'과 '과거에는 알았지만 지금은 잠시 망각함'의 양태 의미를 보인다. 전자가 '呢(ne)', 후자가 '來著 (laizhe)'와 대응된다.

우선 설명의문문에 쓰이며 '자문'의 의미로 나타난 '-지'의 예문을 살펴보도록 하자.

(29) 주경: 왜 쳐다보지? 동영상 때문에? 아니면 혹시 좀 예뻐졌나? (为什么盯着我呢? 是因为那个视频吗? 还是…我真的变得漂亮了一点。)

〈여신강림 1회〉

(30) 나희도: 씨, 왜 자꾸 놀리는 거 같지? (我怎么老是觉得你在嘲笑我呢?)

백이진: 아니야, 놀리는 거 아니야. (我没有嘲笑你。)

〈스물다섯 스물하나 1회〉

(31) 주희: 뭐지? 왜 여기 있지? (怎么回事呢？你怎么在这里呢?)

현준: 이건 아니지 않아요? (这不对吧？)

〈서른아홉 2회〉

(32) 매니저: 뭘 그렇게 쳐다봐? (你在看什么?)

엔제이: 아니. 왜 읽고 씹는 거지? 나 이것 좀 벗겨 줘 봐. (不是,

他为什么已读不回呢? 帮我把这套衣服脱掉。)

〈그해 우리는 4회〉

　　'-지'가 자문의 성격을 가지는 설명의문문을 이끄는 특성이 예문 (29)과 같은 청자가 없는 독백에서 잘 드러난다. 화자 주경이 자신을 쳐다보는 친구들을 보면서 '왜 쳐다보지'라고 자신에게 스스로 묻고 있다. 3장에서 언급된 바와 같이 설명의문문은 특정한 사항에 관한 정보를 찾기 위한 의문문이며 '-지'가 쓰이게 되면 정보를 찾기 위하여 스스로 궁리하는 효과를 가져온다. 예문(29)은 바로 화자가 다른 사람이 자신을 쳐다보는 이유를 찾기 위해서 스스로 궁리하고 있는 것이다. 이는 뒤에 이어진 '동영상 때문에? 아니면 혹시 좀 예뻐졌나'라는 발화를 통해 알 수 있다. 독백뿐만 아니라 대화에서도 같은 양상을 보인다. 예문(30-32)와 같이 '-지'가 쓰인 문장이 모두 의문문으로서 상대방에게 물어보는 것으로 보이지만 실제로 자문의 용법으로 혼잣말에 가까운 뉘앙스를 가지게 되는 것이다. 예문(30)과 같이 화자가 '왜 자꾸 놀리는 거 같아?'라고 물어보면 청자에게 해당 이유를 대답해 달라는 요구를 강하게 드러내는 것인 반면에 '-지'가 쓰인 '왜 자꾸 놀리는 거 같지?'는 청자에게 대답해 달라는 부담이 없다. 이는 '놀리는 거 아니야'라는 청자의 대답을 통해서도 알 수 있다. 청자의 대답이 '왜 자꾸 놀리는 거 같냐'는 이유에 대한 직접적인 대답이 아니기 때문이다. 예문(31)의 맥락을 보면 화자 주희가 청자 현준이 운영하는 음식점에서 술을 마신 후 만취가 되어 현준에게 결제 카드로 음식물 쓰레기 배출 카드를 실수로 줬다. 다음 날에 자신 집 앞에 서 있는 현준을 보면서 주희가 자신 머리를 긁으면서 '뭐지? 왜 여기 있지?'라고 발화하였다. 청자에게 질문하는 것보다는 화자가 청자가 왜 여기에 있는지에 대해 머릿속에서 스스로 해답을 찾아내고 있다. 예문(32)도 마찬가지로 '왜 읽고 씹는 거지'라는 발화가 화자가 청자에게 물어보는 것이 아니라 자문이다. 이는 청자의 대답을 듣지도 않고 '나 이것 좀 벗겨줘 봐'와 같이 바로 화제를 돌렸다는 것을 통해 알 수 있다. 화제를 돌렸다는 것은 화자가 청자에게서 대답을 듣고 싶지 않은 것으로 볼 수 있기 때문이다.

위와 같은 설명의문문에 쓰이며 '자문'과 같은 의미로 나타난 '-지'가 어기사 呢(ne)와 대응된다. 4장에서 밝혀져 있듯이 어기사 '呢(ne)'가 쓰인 의문문은 의문의 어조가 상당히 부드러워지며 단순한 질문보다는 화자 스스로 해답을 찾아내려고 하는 의도가 담겨 있다. 이는 자문의 의미로 나타난 '-지'와 양태 의미에 있어 유사성을 지닌다. 본고에서 사용한 말뭉치에서 설명의문문에 쓰이며 자문의 의미로 나타나 어기사 '呢(ne)'와 대응된 용례가 총 179개가 있다.

설명의문문에 쓰인 모든 '-지'가 '자문'의 의미를 나타내지는 않는다. 다음과 같은 예를 보자.

(33) 지웅: 나 기억하지? (你还记得我吧?)
　　　유림: 어. (嗯。)
　　　지웅: 내 이름도 기억해? (那你记得我的名字吗？)
　　　유림: 뭐였지? (你叫什么来着?)
　　　　　　　　　　　　　　　　〈스물다섯 스물하나 1회〉

(34) 나희도: 어? 비밀번호 뭐였지? 문제 바뀌었네. (密码是什么来着？换题目了呢。)
　　　　　　　　　　　　　　　　〈스물다섯 스물하나 2회〉

(35) 미조: 동생이 몇 살이랬죠? (你说你妹今年几岁来着？)
　　　선우: 스물아홉. (她29岁。)

〈서른아홉 4회〉

위와 같은 예문에 나타난 '-지'는 '과거에는 알았지만 지금은 잠시 망각함'의 의미를 나타낸다. 예문(33)과 같은 경우에 '이름이 뭐였지'라는 발화에는 화자 유림이 청자 지웅의 이름을 아예 모르는 것이 아니라 전에 알고 있었는데 지금 잠시 망각했다는 의미가 함축된다. 예문(34)는 화자 희도가 전에 알고 있던 화장실 비밀번호를 입력했는데 오류가 생겨서 '비밀번호 뭐였지'라고 발화하였다. 예문(35)도 마찬가지로 청자 선우는 전에 화자 미조에게 자신 동생의 나이를 얘기한 적이 있는데 미조가 잠시 잊어버려서 '동생이 몇 살이랬죠'라고 하였다.

예문(33-35)에 나타난 '-지'는 모두 '-더라'로 교체해 쓰일 수 있다.4) 선행연구에서 '-더라'의 의미에 대해 학자마다 의견이 엇갈려 있지만 일반적으로 '회상'으로 받아들인다.5) '-더라'는 '회상'의 의미를 나타내는 중국어 이음절 어기사 '來著(laizhe)'와 대응된다는 연구가 많이 이루어져 왔다.6)

---

4) 여기 나타난 '-지'의 또 한 가지 공통점은 앞에 '-었-'이 결합되었다는 것이다. '-지'가 '과거에는 알았지만 지금은 잠시 망각함'의 의미를 나타낼 때 과거 시제로 나타나는 경향이 있다. 본고에서 사용한 말뭉치에서 설명의문문에 쓰이며 '과거에는 알았지만 지금은 잠시 망각함'의 의미로 나타난 23개 용례가 모두 과거 시제로 나타났다.

5) 최현배(1937), 김차균(1980), 고영근(2004) 등에서 '-더라'의 기본 의미를 '회상'으로 보았다. 최근 한국어교육에서 '-더라'에 대한 증거성 논의가 활발하게 펼쳐지면서 '-더라'의 중심적인 의미를 '지각'으로 보는 데에 의견이 모아졌다(박재연 2006, 임채훈 2008, 정인아 2010). 이는 '회상', '보고' 등 의미는 '-더라'의 변별적인 의미가 되지 못하여 교육 현장에서 학습자들의 이해에 긍정적인 역할을 하지 못하는 데에 기인하는 것으로 보인다(서민2019:13).

서만(2019:35)에 따르면 중국어 이음절 어기사 '來著(laizhe)'는 일반적으로 담화 상황에서 (가까운) 과거에 있었던 사태를 회상하며 전달할 때 사용한다. 이는 의문문에서 회상의 의미를 잘 드러낸다.[7]

(36) 가. 我们系有多少学生来着? (우리 학과에는 학생이 총 몇 명이더라?)
나. 我们系有多少学生? (우리 학과에는 학생이 총 몇 명이야?)

(36가)는 화자가 '來著(laizhe)'를 사용하여 자신이 지금 하는 질문에 대한 답을 알고 있었다는 것을 나타낸다. 단지 지금 잠시 잊었을 뿐이라는 것을 암시하고 있다. 반면에 (36나)처럼 '來著(laizhe)'를 사용하지 않는 문장은 화자가 해당 질문에 대한 답을 모르는 상황으로 되어 버린다. 어기사 '來著(laizhe)'의 이러한 '과거에는 알았지만 지금은 잠시 망각함'의 의미가 예문(33-35)에 나타난 '-지'의 의미와 같아 서로 대응된다. 본고에서 사용한 말뭉치에서 설명의문문에 쓰이며 '과거에는 알았지만 지금은 잠시 망각함'의 의미로 나타나 이음절 어기사 '來著'와 대응된 용례가 총 23개로 많지 않았다.

---

6) 진관초(2015), 이효원(2018), 서민(2019), 송승남(2021) 등등.
7) 평서문에 쓰인 '來著(laizhe)'도 화자가 과거 사태를 회상하여 말하는 경우에 쓰이지만 '대조'의 의미를 나타낸다.

(1) 他刚才还在这儿来着. (그는 방금 전까지 여기에 있었더라) (서만2019: 37)

서만(2019)에 따르면 '來著'가 일반적으로 '原來(원래)', '本來(본래)', '以前(이전에)', '起初(애초에)' 등 시간 부사, '一開頭(애초에)', '剛才(방금)' 등 시간 명사와 공기하여 '대조'의 의미를 나타낸다. 이러한 시간 부사나 시간 명사와 함께 쓰여 현재 상황과 대조되는 과거 상황을 나타내는 기능이 드러난다.

5.1.5 소결

지금까지 살펴본 '-지'와 중국어 어기사의 대응 양상을 정리하면 다음과 같다.

<표 9> '-지'와 어기사의 대응 양상

문장 유형		'-지'의 양태 의미		대응되는 어기사	출현 빈도/점유율(%)
평서문		인식양태	기지가정/불손	唄	759/23.4%
			기지가정/공손	'當然…啊'	675/20.8%
		행위양태	기원	唄	37/1.1%
의문문	판정 의문문	인식양태	이미 앎	吧	1392/43.0%
	설명 의문문	인식양태	자문	呢	179/5.5%
			전에 알고 있었는데 잠시 망각함	來著	23/0.7%
명령문/청유문		행위양태	제안/공손	吧	58/1.7%
			명령/불손	唄	44/1.3%
기타8)					65/2.0%

---

8) 본고에서 살펴본 내용 이외에 '-지'와 대응되는 어기사에 있어 기타의 경우도 존재한다. 예를 들어 '-지'가 '그렇지'와 '당연하지'로 나타날 때 어기사 '啦(la)'와 대응된다. 이는 '그렇지'와 '당연하지'가 '當然啦'라는 굳어진 표현과 대응된다는 것과 연관된다. 중국어에서 '了+啊'로 나타날 때 이는 '啦(la)'로 발음된다. 하지만 본고에서 사용한 말뭉치에서 '그렇지'와 '당연하지'가 '當然啦'로 번역된 것 이외에 다른 용례에는 '啦(la)'가 아니라 '了啊'로 번역되어 있으므로 '啦(la)'를 따로 다루지 않았다. 그리고 '呢(ne)'는 '呢+啊'로 나타나면 '哪

<표 9>에서 볼 수 있듯이 종결어미 '-지'가 평서문, 의문문, 명령문 및 청유문에 모두 쓰이며 다양한 양태 의미를 보이기 때문에 '-지'와 대응되는 중국어 어기사도 매우 다양하게 나타난다. 우선 평서문에서 '-지'가 인식 양태와 행위 양태 의미를 나타낸다. 인식 양태로 나타날 경우, '-지'가 [기지가정]의 의미로 나타나며 [당연함]이라는 양태 의미를 가지는 어기사 '呗(bei)'와 대응된다. 하지만 어기사 '呗(bei)'의 쓰임에 있어 제약되어 있으므로 평서문에 쓰여 [기지가정]의 의미를 나타낸 '-지'가 모두 어기사 '呗(bei)'와 대응되는 것은 아니다. 대인 관계와 맥락에 따라 '呗(bei)'가 쓰이지 못할 경우, '-지'가 '당연함'의 의미를 갖는 관용 표현 '當然(당연히)… 啊(a)'와 대응된다. 행위 양태로 나타날 경우, '-지'가 '기원'의 의미를 나타내며 보통 화자의 불만을 표현하여 화자의 못마땅한 어감을 나타내는 어기사 '呗(bei)'와 대응된다.

  다음으로 의문문에 쓰인 '-지'는 판정의문문과 설명의문문에서 상이한 양태 의미를 보인다. 판정의문문에 쓰인 '-지'는 [이미 앎]의 양태 의미로 나타난다. 즉 화자가 자신에게 내면화된 정보를 청자에게 재확인하는 의미를 보여준다. 이와 같은 의미로 나타날 때 '-지'가 '재확인'의 의미를 나타내는 어기사 '吧(ba)'와 대응된다. 설명의문문에 쓰인 '-지'는 '자문'과 '과거에는 알았지만 지금은 잠시 망각함'의 의미를 가지고 있다. 전자가 '呢(ne)'와 대응되며 후자가 '來著(laizhe)'와 대응된다.

  마지막으로 명령문이나 청유문에서 '-지'는 '제안'의 의미를 갖는

(na)'로 발음된다. 하지만 이는 음운론적 문제이기도 하고 본고에서 사용한 말뭉치에서 이와 같은 용례를 발견하지 못해 본고에서는 이에 대해 다루지 않기로 한다. 또한 '-지'가 사용되는데 어기사가 아예 생략된 경우도 있다. 이와 같은 용례들이 드물게 나타나기도 하고 본고와 관련되지 않기 때문에 자세히 다루지는 않기로 한다.

것이고 행위 양태 의미로 나타난다. 명령문이나 청유문에 쓰인 '-지'는 '-죠'의 형식으로 나타날 때, 즉 청자가 윗사람이며 화자가 청자에게 공손한 태도를 드러내야 할 경우에는 명령 어기를 완화시키는 어기사 '吧(ba)'와 대응되며 화자가 청자에게 불만스러운 태도를 보이면서 보다 강하게 명령을 내릴 때에는 어기사 '呗(bei)'와 대응된다.

또한 위와 같은 표를 통해 종결어미 '-지'가 어기사 '吧(ba)'와 가장 밀접한 대응 관계를 보인다는 것을 알 수 있다.[9]

5.2 '-네'와 중국어 어기사의 대응 양상

본격적인 논의 전에 종결어미 '-네'가 의문문에 쓰일 수 있는지를 밝히고 넘어가도록 하겠다. 여러 논의에서 '-네'는 문장 유형으로 평서문과 의문문을 취할 수 있으며 명령문과 청유문에서는 나타나지 않는다고 하였다(신선경2001, 박진호2011가, 정경숙2014, 문창학2014, 조민정2017 등). 하지만 '-네'가 의문문에 쓰일 때 약간 특이한 속성을

---

[9] 하지만 종결어미 '-지'와 어기사 '吧(ba)'는 용법에 있어 상당히 뚜렷한 차이를 보인다. 본고에서 사용한 말뭉치에 나타난 '-지'의 모든 용법을 살핀 결과, '-지'가 평서문과 판정의문문에 쓰이는 비율이 각각 45.3%, 43%로 높게 나타나며 명령문이나 청유문에 쓰이는 비율이 3%에 불과하다. 그러나 '-지'와 가장 밀접한 대응 관계를 보이는 중국어 어기사 '吧(ba)'는 평서문 및 의문문에 비해 명령문에서 더 많이 쓰인다. 徐晶凝(2008:189-190)에서는 '吧(ba)'의 용법 가운데 명령문이나 청유문에 쓰이는 비율이 약 50%로 가장 높다고 하였다. 본고에서 사용한 말뭉치에서도 이와 비슷한 양상을 보였다. 본고에서 사용한 말뭉치에서 어기사 '吧(ba)'가 총 4044회로 나타난다. 본고에서는 모든 예문을 살펴볼 수 없어서 그 중에서 순서대로 상위 1000개 용례를 뽑아 고찰하였다. 결과에 따르면 1000개 용례 중 '吧(ba)'의 명령문 용법이 506개로 50% 이상을 차지했다. 이외에 의문문, 감탄문, 평서문은 각각 362개, 54개, 78개로 나타났다.

가진다. 한길(1991), 윤석민(1996), 박재연(2006) 등 연구에서는 '-네' 의문문을 진정한 의문문으로 볼 수 없다고 지적한 바 있다.

(37) A: 영희는 내년에 미국에 간대.
  B: 그럼 철수 혼자 남게 되네?
  A: 아니, 철수도 같이 간다던데. (박재연 2006:226)

박재연(2006)에서는 위와 같은 예문에서 화자 B의 발화는 판정의문문과 같은 역할을 수행한 것으로 보이는데도 이러한 문장이 진정한 의문문이라고 할 수 없으며 이는 이러한 문장들이 어디까지나 '화자의 모름'이 아닌 '화자의 앎'을 표현하기 때문이라고 지적한 바 있다.[10]
본고에서는 위와 같은 문장은 진정한 의문문과는 좀 다른 양상을 보인다는 것을 받아들인다. 비록 해당 문장에서 '그럼 철수 혼자 남게 되네' 다음에 '?'와 같은 의문의 물음표가 첨가되어 있지만 이는 상대방에게 질문을 하는 경우가 아닌 단순히 화자의 억양이 상승조로 발화된 문장이라고 볼 여지가 충분히 있기 때문이다. 하지만 본고에서는 예문 (37)과 같은 '-네'가 사용된 예문을 화자가 확신을 가지고 있는 상황에서 청자에게 재확인을 하는 것으로 분석하여 이를 의문문으로 보고자 한다. 다음과 같은 예문에서 화자가 청자에게 질문하는 의향이 더 잘

---

10) 다음과 같은 예문은 이를 입증한다.
  (2) 가. *철수는 언제 가네?
    나. *철수는 가네, 안 가네?
  (3) 가. 철수는 언제 가니?
    나. 철수는 가니, 안 가니?
  (2가, 나)는 의문문과 같은 쓰임을 갖는 '-네'가 설명의문문이나 선택의문문을 이끌 수 없음을 보인다. 이는 예문(3)과 대조적이다(박재연2006:227).

드러난다.

(38) 희도: 이 동네 아르바이트를 혼자 다 하겠네?
    이진: (대답이 없음.)
    희도: 이 동네 아르바이트를 혼자 다 하냐고.
    〈스물다섯 스물하나 1회〉

(39) 주경: 지금은 학교 다니겠네?
    수진: 아니. 나 해외 봉사 다녀.
    〈여신강림 15회〉

예문(38)을 통해 '-네'가 의문문에 쓰인다는 것을 알 수 있다. 맥락을 보면 화자 희도가 만화방에 아르바이트를 하고 있는 백이진에게 '이 동네 아르바이트를 혼자 다 하겠네'라고 물어봤는데 청자가 반응이 없는 모습을 보니까 희도가 다시 한번 질문하였다. 재질문을 통해 처음부터 화자는 청자에게 질문했던 것이었으며 청자에게 대답을 요구했다는 것을 알 수 있다. 예문(39)도 비슷하게 청자 수진이 '아니'라고 하며 이는 화자 주경의 질문에 대한 대답의 성격을 가진다. 박재연(1998)에서는 '-네'가 의문문으로 사용될 때에는 선어말어미 '-겠-'을 통합시키는 경향이 있다고 밝힌 바 있다.[11] 본고에서 사용한 말뭉치를 통해서도 이 점을 확인하였다[12].

---

11) 박재연(1998:118)에 따르면 '-겠-'이 '추측'을 나타내는 선어말어미로 기능할 수 있다면 '-겠네'는 화자의 직접 경험에 따른 추론의 상황에서 사용될 수 있는 것이다. 만약 거기에 화자의 반응을 요구하는 상향 억양이 걸리게 되면 그 추론이 정확한지를 묻는 의문문이 된다.
12) 구체적인 내용은 5.2.5절에서 다루겠다.

'-네'가 판정의문문에 쓰일 수 있다는 것을 확인하되 이어 의문문에 쓰인 '-네'의 의미를 살펴보아야 한다. 박재연(2004)에서는 '-네'는 방금 새로 알게 된 정보, 즉 화자의 지식 체계에 미처 내면화되지 못한 정보를 표현할 때 사용되기 때문에 거기에 대하여 청자에게 확인을 구하는 용법을 가질 수 있다고 지적한 바 있다. 문창학(2014)에서도 의문문에 쓰인 '-네'의 의미를 '동의·확인 요구 용법'으로 규정하였다. 문창학(2014:94)에 따르면 종결어미 '-네' 의문문은 일반 의문문들과 달리 선택 가능 여부에 있어서 일반 진위의문문과 다른 특징을 가지고 있으며 일반 진위의문문의 경우 선택의문문이 가능하지만 '-네'의 경우 중립적이지 않고 화자의 판단이 이미 진(眞) 쪽으로 기울어져 있음을 암시하며 상대방에게 결정권을 주거나 궁금한 점을 질문하기보다는 자신의 의견을 확인받는 과정에 더욱 가깝다. 따라서 '-네' 의문문은 평서문과 일반 진위의문문의 성질을 부분적으로 함께 가지고 있고 화자의 입장에서는 확실하든 불확실하든 청자에게 물음으로써 무언가의 확인이나 동의를 얻는 기능을 한다는 것이다. 본고에서는 이와 같은 입장을 받아들이고 판정의문문에 쓰인 '-네'는 화자가 새로 알게 된 정보를 청자에게 재확인하는 기능을 가진 것으로 보고자 한다.

위와 같은 내용을 바탕으로 본고에서는 '-네'가 평서문과 판정의문문[13]에 나타날 수 있다고 보고 논의를 진행하겠다.

이어 '-네'와 대응되는 어기사를 살펴보겠다. 본고에서 사용한 말뭉치에서 '-네'의 용례가 총 1353개였고 이 가운데 '-네'가 어기사 '呢(ne)', '啊(a)'와 대응된 용례가 각각 748개, 498개로 전체의 93%를 차지하였다.

---

13) 본고에서는 문장의 마지막에 물음표가 포함되어 있으면서 '네' 혹은 '아니요' 등으로 답변되는 문장을 '판정의문문'으로 보았다.

5.2.1 '-네'와 '呢(ne)'의 대응 양상

'-네'와 '呢(ne)'는 평서문에서 대응된다. 종결어미 '-네'가 [새로 앎]의 양태 의미를 지니고 있으며 화자가 명제 내용을 새롭게 알게 된 맥락에서 쓰이는 어기사 '呢(ne)', '啊(a)'와 대응될 수 있다. 하지만 결론부터 밝히자면 평서문에 쓰인 '-네'는 어기사 '啊(a)'보다는 어기사 '呢(ne)'와 더 밀접한 대응 관계를 가지고 있다. 이는 종결어미 '-네'와 어기사 '呢(ne)'는 명제의 사실성에 대한 화자의 강한 확신을 나타냄에 있어 공통점이 있는 것과 연관된다. 다음과 같은 예를 통해 살펴보도록 하자.

(40) 가. (역대 점심 방송 녹음본을 보면서) 1991년 것까지 있네. (连1991年的都有呢。)

나. (핸드폰으로 엄마에게 전화를 하다가) 잘 들리네.(听得很清楚呢。)

다. 이게 빨래를 해도 잘 안 가시네. (就算洗过了还是有味道呢。)

라. (펜싱칼을 들면서) 생각보다 가볍진 않네. (比我想的还要重呢。)

마. (라면 먹으면서) 라면 맛있네. (拉面很好吃呢。)

〈스물다섯 스물하나〉

예문(40)은 각각 '시각, 청각, 후각, 촉각, 미각'을 통해 습득한 정보를 표현하면서 '-네'가 쓰인 것으로 [새로 앎]의 양태 의미를 나타낸다. 이와 같은 '지각'을 통해 얻는 정보에 대해 화자가 강한 확신이 있으며 이럴 때는 어기사 '呢(ne)'와 대응된다. 4장에서 언급한 바와 같이 어기사 '呢(ne)'는 '명제 내용이 참인 것을 강조함'이라는 양태 의미를 지닌다. 다시 말해 정보의 사실성을 드러내는 데에 있어 종결어미 '-네'와 어기사 '呢(ne)'는 공통점이 있어 서로 대응될 수 있다. 이와 같은 '지각'을 통해 얻는 정보를 나타내는 '-네'가 본고에서 사용한 말뭉치에서 748회로 많이 나타난다.

이외에 평서문에 쓰인 '-네'가 어기사 '啊(a)'보다는 어기사 '呢(ne)'와 더 밀접한 대응 관계를 보이고 있는 이유로 한 가지가 더 있다. 이는 '-네'가 '정보 전달'에 있어 보여주는 특성과 연관되어 있다.

Lee(1993)에서 논의한 바와 같이 일반평서문의 주요 역할은 청자에게 정보를 전달하는 것인데 '-네'는 그렇지 못하며 이는 '-네'가 일반평서문 종결어미와 다른 점이다(정경숙2012:1010 재인용).14) 이어 정경숙(2014)에서는 '정보 전달력'이라는 것은 직접 청자에게 미치는 정도성을 의미하는데 그러한 관점에서 본다면 '-네'는 아주 즉시적인 화자의 정신, 심리, 상황을 나타내므로 청자에게 직접적으로 미치는 영향성 즉, '전달력' 자체는 다소 떨어질 수 있다고 지적한 바 있다.

(41) 가. 내 가방이 없어졌다/없어졌어.

나. ?? 내 가방이 없어졌네.

(42) (집에 불이 난 것을 보고)

가. 불이다/불이야!

나. ??불이네.

---

14) 이에 대한 증거로 '-네'가 질문에 대한 대답으로서 적절치 못한 점을 들 수 있으며 또 다른 근거로는 다음 예시처럼 청자에게 기지의 정보이고 화자에게만 신정보일 때도 사용 가능하다는 것이다.

(4) (상대방이 파마한 것을 보고)
가. ??너 머리 파마했다/파마했어.
나. 너 머리 파마했네.

정경숙(2014:632)에서 위와 같은 예를 제시하면서 '-다'와 '-네'의 정보전달상에서의 차이를 설명하였다. 예문(41)과 같은 경우에는 '-다'에 비교했을 때 '-네'는 부적절해 보인다. 정경숙(2014)에 따르면 여기서 '-네'가 부적절해 보이는 이유로 주어진 명제가 화자에게 새로운 정보이지만 화자가 가방이 없어져서 청자에게 자신의 가방이 안 보이냐 물어보거나 가방을 찾아 달라는 이 상황에서는 화자 자신의 상황 인식보다는 상대방에게의 정보 전달이 더 중요하게 부각되는 급박한 상황이라고 볼 수 있다. 즉 정보 전달을 통해 문제 해결을 구하는 것이 주된 발화 목적이라는 것이다. 이러한 사실은 예문(42)처럼 상황이 더 위험하거나 위급한 경우일 때 정보 전달이 더 강조되어 '-네'의 사용이 부적절하다는 데서도 알 수 있다.

(43) 가. 이 커피 맛있어.
　　　나. 이 커피 맛있네.

조민정(2017:72)에서도 위와 같은 예를 제시하면서 정경숙(2014)에서 밝혀져 있는 '-네'의 '약한 정보 전달력'에 대해 다시 설명하였다. 조민정(2017:72)에 따르면 '이 커피 맛있어'의 '-어'는 청자에게 직접적으로 이 커피가 맛있다는 내용을 전달하지만 '이 커피 맛있네'에서 '-네'는 반드시 청자에게 '이 커피가 맛있다'라는 정보를 전달하기보다는 스스로 즉자적으로 느낀 바를 표현하는 데에 더욱 초점이 맞추어져 있어 '-어'에 비해 청자에게 정보를 전달하고자 하는 적극성이 떨어진다. 따라서 '-네'는 '직접적으로 청자에게 영향을 끼치는 전달력은 다소 낮은 어미'에 속한 것으로 볼 수 있다는 것이다.

이와 같은 '-네'의 '약한 정보 전달력' 때문에 '-네'는 어기사 '啊(a)'

보다는 어기사 '呢(ne)'와 더 많이 대응된다. 4장에서 밝혀져 있듯이 어기사 '啊(a)'를 통해 화자가 정보를 청자에게 알리고 청자에게 이에 대해 반응을 보이도록 요구하는 의도가 보이는 반면에 '呢(ne)'는 명제의 사실성만 강조하고 화자는 청자의 공감이나 반응을 요구하지는 않는다. 다시 말해 어기사 '啊(a)'보다는 어기사 '呢(ne)'가 정보 전달력에 있어 보다 약한 편이라고 할 수 있다. 본고에서 사용한 말뭉치에 나타난 용례를 통해 이를 살펴보자.

(44) 희도: 와, 이건 다 뭐야? (这些是什么?)
 승완: 아, 역대 점심 방송 녹음본. (那个啊，历届的午休节目录音带。)
 희도: 1991년 것까지 있네. 이런 걸 다 모아 두다니 진짜 살아 있는 역사다. (连1991年的都有呢,居然全都搜集起来，真的是活历史。)

〈스물다섯 스물하나 1회〉

(45) 미조: 너 이제 갱년기네. 말 같지도 않은 소리 하지 마. 빨리 가라. (你现在是更年期呢，别说废话，赶紧走。)
 찬영: 안 그래도 가려고 했거든. (我本来就要走了。)

〈서른아홉 1회〉

(46) 만화방 주인: 학생 오랜만에 오네. 10년을 봐도 참 한결같아. (同学你好久没来了呢，认识十年了，还是一样。)
 수호: 이거, 첫 장이 찢겨있는데요. (这个, 第一页被撕坏了。)

〈여신강림 1회〉

(47) 연수: 여기는 사장이 술맛을 떨어지게 하네. 나 갈래. (这家店的
老板很让人倒胃口呢, 我要走了。)
솔이: 알았어. 알았어. 미안. 미안. 앉으세요, 손님. (好啦, 好啦,
抱歉, 小姐, 您坐下吧。)

〈그해 우리는 1회〉

위와 같은 예문들의 공통점은 결국 '-네'가 수행하는 기능에서 보이는데 즉 '-네'가 쓰인 목적은 청자에게 새로운 정보를 전달하는 것보다는 화자 스스로 즉자적으로 느낀 바를 표현하는 데에 더욱 초점이 맞추어져 있다는 것이다. 이는 '-네'가 쓰인 다음에 화자가 청자의 반응을 듣지도 않고 바로 후행하는 발화가 이어지며 다른 화제로 돌린 것을 통해 알 수 있다. 또한 위와 같은 예문들의 또 하나의 공통점으로 화자가 '-네'를 사용하여 발화한 문장이 표현하는 명제 내용이 청자에 대한 것이라 화자보다는 청자가 자신의 일에 대해 더 잘 알기 때문에 해당 명제의 정보 전달력이 약하다는 것이다. 예문(44)는 '방송 녹음본 1991년 것까지 있다'는 것은 청자에 직접 관련된 일은 아니지만 청자 승원이 방송부 부장으로서 방송부에 잠깐 놀러 온 화자 희도보다 해당 정보를 더 잘 알았을 것이다.

상술한 '-네'의 '약한 정보 전달력'에 있어 또 하나의 근거로 '-네'가 혼잣말에 쓰인 경우가 많다는 것을 들 수 있다. 본고에서 사용한 말뭉치에서 혼잣말에 쓰인 '-네'가 총 208개로 전체의 15%를 차지했다.[15]

---

15) 본고에서 사용한 말뭉치에서 다음과 같이 혼잣말에 쓰인 '-네'가 많이 있다.
   (5) 가. (희도가 혼잣말로) 도망친 곳이 결국 엄마 방이네.
       나. (희도가 엄마한테 펜싱을 포기할 수 없다고 한 말을 듣고 이진이 혼잣말로) 얘가 펜싱은 계속하나 보네.
       다. (희도가 연습실에 가서 아무도 없는 것을 보면서) 아무도 없네?

5.2.2 '-네'와 어기사 '啊(a)'의 대응 양상

'-네'가 감탄문에 쓰일 때 중국어 감탄문 표지 '啊(a)'와 대응된다. '-네'가 가진 [새로 앎]의 의미 때문에 '-네'는 해당 명제에 대한 화자의 놀라움과 같은 '감탄'의 의미와 쉽게 연결된다. 본고에서 사용한 말뭉치에서 '-네'가 '감탄'의 의미로 나타난 용례가 총 159개로 나온다.[16]

(48) 가. 비 엄청 많이 오네! (雨下得好大啊！)
　　　나. 예쁘게 생긴 학생이 마음도 되게 이쁘네! (你不但长得美，心地也很善良啊！)
　　　다. 사랑 더럽게 어렵네! (爱情真难啊！)
　　　라. 집이 엄청 깨끗하네! (家真干净啊！)

〈여신강림〉

위 예문에서 종결어미 '-네'는 '감탄'의 의미를 나타낸다. 예문(48)과 같이 '감탄'의 의미로 나타난 '-네'가 어기사 '啊(a)'와 대응된다. 4장에서 밝힌 바와 같이 '呢(ne)'가 독자적으로 감탄문에 쓰이지 못하며 중국어에서 보통 어기사 '啊(a)'를 사용함으로써 '감탄'을 표현한다.

또한 '감탄'과 직접적으로 연결되는 '놀라움'을 나타내는 의미가 부각되며 때에 따라서는 청자의 반응을 강하게 요구하게 되는 특징이

　　라. (비가 오는 것을 보면서 혼잣말로) 비가 많이 오네.
16) 의사소통 기능으로써의 '감탄'은 확실히 감탄의 기능이 표출된 문장으로 한정하였는데 감탄문의 경우 일반적으로 문장 뒤에 느낌표를 붙이지만 감탄의 의미가 감탄문만이 아니라 평서문으로 표현될 때는 주로 '와' 같은 감탄사, '아주, 무척, 꽤, 정말, 굉장히' 등과 같은 정도를 나타내는 말과 함께 쓰인다(국립국어원 2005: 104). 본고는 국립국어원의 정의에 따라 문장의 마지막에 느낌표가 포함되어 있거나 '와'와 같은 감탄사 혹은 '아주, 무척, 꽤, 정말, 굉장히, 되게, 엄청' 등과 같은 강한 정도를 나타내는 말이 포함된 문장을 감탄으로 보았다.

있으며 이는 청자에게 반응을 요구하는 어기사 '啊(a)'와 유사한 면이 있어 '감탄'의 의미를 나타내는 '-네'가 '啊(a)'와 대응된다.

(49) 아씨, 아, 큰일 났네. 이거 뚜껑 안 닫히는데 보지만 말고 뭐 좀 해봐. (唉唷, 完蛋了啊 , 车蓬关不起来 , 别光看着 , 你倒是想想办法啊。)

〈서른아홉 5회〉

(50) 열라 황당하네, 이 아저씨. 아저씨, 이런 데서 주무시면 얼어 죽어요. 야. 일어나... (这个大叔真的让人好无语啊！大叔 , 睡在这里会冻死的,喂,起来啦...)

〈스물다섯 스물하나 3회〉

예문(49)에서 화자의 '큰일 났네'라는 발화가 혼잣말처럼 보이는데 뒤에 이어진 청자에게 보지만 말고 뭐든 해 보라는 요구를 통해 화자가 말한 '큰일 났네'가 혼잣말이 아니라 청자에게 얘기한 것이며 이때는 화자가 청자에게 반응을 강하게 요구하고 있음을 알 수 있다. 예문(50)도 비슷하게 '열라 황당하네'라는 발화가 혼잣말이 아니라 뒤에 만취해서 대문 앞에 누워있는 청자에게 일어나라고 깨우는 행위를 통해 '-네'가 쓰인 이 발화가 화자가 청자에게 발화한 것이며 이러한 발화를 통해 청자에게 반응을 요구하고 있음을 알 수 있다. 4장에서 언급한 바와 같이 감탄문 안에 '啊(a)'가 쓰이면 화자가 청자에게 자신의 감탄에 대해 반응을 요구한다는 의도가 들어가 있다.

5.2.3 '-네'와 관용 표현 '看來(보아하니)…啊(a)'의 대응 양상

앞서 밝혔듯이 대부분의 '-네'가 표시하는 정보의 원천은 '지각'임에도 불구하고 '-네'는 '추론'에 의한 정보를 표현하기도 한다. '-네'는 '추론'의 의미를 나타낼 때 중국어 관용 표현 '看來(보아하니)…啊(a)'와도 대응된다.[17]

중국어 어기사 '啊(a)'는 독자적으로 '추론'의 의미를 나타내지 못하며 보통 '추론'의 의미를 가진 부사 '看來(보아하니)'[18]와 결합하여 '看來(보아하니)…啊(a)'라는 관용 표현으로 굳어져 '추론'의 의미를 표현할 수 있다. 다음과 같은 예문을 통해 살펴보자.

(51) 가. 你不说话, 看来你也不知道啊。(네가 말을 안 하는 걸 보니 너도 모르나 보네.)
　　 나. 看你这表情, 看来不是这么回事儿啊。(네 표정을 보니 그런 일은 아닌 것 같네.)
　　 다. 你看这月亮, 看来明天是个晴天啊。(이 달 봐라, 내일은 맑을 것 같네.)

예문(51가, 나, 다)는 '看來(보아하니)…啊(a)'라는 관용 표현을 사용하여 각각 '상대방이 말을 안 하는 것', '상대방의 표정', '달 모양'을 통해 '상대방도 모르는 것', '그런 일은 아닌 것', '내일 맑을 것'을

---

17) '-네'가 '추론'의 의미로 나타날 때 어기사 '呢(ne)'와 대응할 수 없는 것은 어기사 '呢(ne)'가 가진 '강한 확신 및 단언'이라는 양태 의미와 연관된다. 다시 말해 '呢(ne)'가 가진 '강한 확신 및 단언'이라는 의미가 '추론'의 의미와 모순되어 서로 대응할 수 없는 것이다.
18) <現代漢語詞典(제7판)>에서 '看來'는 '경험이나 이미 알고 있는 정보에 근거하여 추측을 내리다'라고 정의하였다. 王曉平(2009)에서 '看來'는 '문장 맨 앞에서 쓰일 때 뒤의 관점이 화자의 추측임을 더욱 부각시킨다'고 하였다.

추측하고 있다. 중국어 부사 '看來(보아하니)'는 독자적으로 '추론'의 의미를 나타낸다. 따라서 예문(51)은 어기사 '啊(a)'를 생략해도 의미 변화가 발생하지는 않는다. 하지만 관용 표현으로 굳어질 정도로 부사 '看來(보아하니)' 뒤에 어기사 '啊(a)'가 많이 이어진다.

'CCL말뭉치'를 살핀 결과에 따르면 일상 대화 중 '看來'라는 표현이 267회로 나왔으며 이 가운데 부사로 쓰인 용례가 총 199개였고 199개 용례 중 '看來(보아하니)…啊(a)'라는 관용 표현으로 나타난 용례가 136개로 빈도수가 높게 나타났다.[19] 이는 '추론'의 의미를 표현하는 데에 있어 부사 '看來(보아하니)'가 독립적으로 쓰이는 것보다는 '看來(보아하니)…啊(a)'라는 관용 표현이 쓰는 경향이 있다는 것을 보여준다.

'看來(보아하니)…啊(a)'라는 관용 표현에는 어기사 '啊(a)'가 전체적인 '추론'의 의미에 영향을 미치지 않지만 중요한 역할을 발휘한다. '看來(보아하니)…啊(a)'라는 표현이 혼잣말에 쓰일 때 어기사 '啊(a)'를 사용함으로써 화자가 추측된 일을 새롭게 알게 되는 순간에는 놀라운 어감이 더 살려진다고 할 수 있다. 대화에 쓰일 경우, '啊(a)'의 첨가로써 화자가 추측된 일을 새롭게 알게 되는 순간에는 놀라운 어감을 더 살릴 수 있을 뿐만 아니라 청자의 주의를 끌기 위한 의도도 나타낼 수 있다.

---

19) '看來(보아하니)…啊(a)' 이외에 부사 '看來(보아하니)'가 어기사 '吧(ba)'와 공기할 수 있다. '看來(보아하니)…吧(ba)'라는 표현은 '추측'의 의미를 가진 부사 '看來(보아하니)'와 똑같이 '추측'의 의미를 나타내는 어기사 '吧(ba)'와 결합하여 '추측'의 의미를 최대화시켜 화자의 해당 명제에 대한 극대 불확신을 나타낸다. 예를 들면 '看来她得有50多岁了吧，还是说还很年轻？(그녀는 50대 중반이 되겠지, 아니면 아직 젊은가?)'와 같은 예문을 보면 화자가 '看來(보아하니)…吧(ba)'라는 표현을 사용하여 '그녀는 50대 중반이 된 것'을 추측하였는데 곧 그것이 아닌 것 같아서 '아니면 아직 젊은가'라고 앞의 추측을 뒤집었다. 하지만 '-네'가 보인 '추측' 의미가 화자의 추측인데 확신이 있는 추측이라 '看來(보아하니)…吧(ba)'라는 표현과 대응하기가 적절하지 않다고 할 수 있다.

이상의 논의를 바탕으로 본고에서는 평서문에서 '-네'가 '추론'의 의미로 나타날 때 관용 표현 '看來(보아하니)…啊(a)'와 대응된다고 보고자 한다.

(52) 희도: 저 전화 한 통 하고 들어갈게요. 알려 주고 싶은 사람이 있어서… (我去打通电话, 我想跟某个人讲这个好消息…)
코치님: 엄마? (你妈妈吗?)
희도: 절대 아니요. (绝对不是。)
코치님: 땐땐한 모녀지간 여전하네. (看来母女感情还是一样差啊。)

〈스물다섯 스물하나 3회〉

예문(52)와 같은 경우에는 '희도가 좋은 소식을 생길 때 알려 주고 싶은 사람이 절대 엄마가 아니라는 것'을 바탕으로 코치님이 희도와 엄마의 사이가 여전히 좋지 않은 것으로 추측하고 있다. 이와 같은 '-네'가 '추론'의 의미로 나타날 때 '추론'의 의미를 나타낸 중국어 관용 표현 '看來(보아하니)…啊(a)'와 대응된다.

또한 3장에서 밝혀져 있듯이 '-네'는 독립적으로 '추론'의 의미를 나타낼 경우가 아주 제한적이고 '-네'에 시제와 상의 의미를 나타내는 '-었-',[20] '추측'의 의미를 가지고 있는 선어말어미 '-겠-', 그리고 우언적 구성인 '-은가 보다', '-을 것 같다', '-을까 싶다', '-은 모양이다'가 추가되어 '추론'의 의미를 표현하는 경우가 훨씬 더 많다.

---

20) 박진호(2011가)에서 지적한 바와 같이 '-네'가 과거시제 표지 '-었-'과 결합하면 이 둘의 의미로부터 합성적으로 예측하기 어려운 독특한 의미가 발생한다. 따라서 '-었네'는 이 부분에서 다루지 않으며 뒤에서 따로 논의하겠다.

다음과 같은 예를 통해 살펴보자.

(53) 기자1: 근데 그동안 나희도 선수가 참 무섭게 성장했어요. (不过罗希度选手这段时间的成长真惊人。)

기자2: 고유림은 이미 결승이고 나희도가 이겨서 올라가면은 우리 국민들은 편하게 금메달 따는 경기 보<u>겠</u>네요. (高宥琳已经晋级决赛,罗希度再获胜,看来全体国民就能安心地观赏金牌战了啊。)

〈스물다섯 스물하나 9회〉

(54) 준우: 미안해요. 오늘 저녁에 못 <u>볼 것 같</u>네. (抱歉, 看来今晚没法见面了啊。)

희경: 무슨 일 있나? (出什么事了吗?)

〈여신강림 8회〉

(55) 이진: 그냥 네가 무식해서지. (就是你自己无知呗。)

희도: 진짜 맞는 말 더럽게 잘한다. 고유림이랑 <u>친한가 보</u>네. (这些话还真是正确得让人倒胃口, 看来你和高宥琳很熟啊。)

〈스물다섯 스물하나 3회〉

(56) 아줌마: 아이, 못 보던 젊은 총각이네. 놀러 왔어? (我没见过小伙子你呢, 是来玩的吗?)

지웅: 아, 예, 며칠 쉬다 가려고요. (对, 我们会在这里待个几天。)

아줌마: 둘이 여행 <u>온 모양이</u>네. (看来你们是来旅行的啊。)

〈그해 우리는 8회〉

위와 같이 '-겠네-', '-을 것 같네', '-은가 보네', '-은 모양이네' 등의 형식처럼 '추론'의 의미로 나타날 때 '-네'가 어기사 '啊(a)'를 포함한 관용 표현 '看來(보아하니)…啊(a)'와 대응하기가 더 적절하다. 위와 같이 '추론'의 의미로 나타난 '-네'와 관용 표현 '看來(보아하니)…啊(a)'의 대응 용례가 본고에서 사용한 말뭉치에서 총 231개로 나타났다.

5.2.4 '-네'와 관용 표현 '原來(알고보니)…啊(a)'의 대응 양상

앞서 언급했듯이 '-네'가 과거시제 표지 '-었-'과 결합하면 이 둘의 의미로부터 합성적으로 예측하기 어려운 독특한 의미가 발생한다. 박진호(2011가)에서 '-었네'의 의미를 '나중에 깨달음, 뒤늦은 깨달음'으로 규정하였다.

(57) 가. 어디 갔나 했더니 여기 있었네!
　　　나. 철수가 범인이었네!
　　　다. 영희가 철수의 동생이었네!

(박진호2011가:14)

박진호(2011가)에 따르면 위의 예문들은 과거에는 미처 몰랐던 사실을 이제서야 깨달았다는 뉘앙스가 강하게 느껴진다. 이러한 의미를 "나중에 깨달음, 뒤늦은 깨달음"이라고 하였다. 이와 같은 간단한 설명만으로는 '뒤늦은 깨달음'이 보통의 '깨달음'과 어떻게 다른지에 대한 구분이 어려워질 것이다. 따라서 박재연(2013)에서는 '-었네'가 '흔적 지각'의 의미를 나타내며 '뒤늦은 깨달음'의 의미와 엄밀히 구별된다고 하였다. 박재연(2013:96)에서는 '어젯밤에 비가 왔네'와 같은 예문을 제시하면서 이때의 화자는 '어젯밤에 비가 오는' 장면을 목격한 것이 아니라 '젖어 있는 땅'을 지각한 것이라고 지적하였다. 즉 과거의 사태가 남긴 흔적을 지각한 것이다. 하지만 박재연(2015:99)에서는 '흔적 지각'에도 '뒤늦게 깨달은' 상황이 포함된다고 지적한 바 있다. 이 논의에서 '흔적 지각'과 '뒤늦은 깨달음'의 의미를 구별하기 위해 '뒤늦은 깨달음'의 상황을 '사건시=지각시>인식시'인 경우, 즉 사건이 일어난 당시 지각이 일어났으나 그에 대한 진정한 인식은 이후에 일어난 경우로 좁혀 사용하며 이는 '흔적 지각'이 '사건시>지각시=인식시'로서 과거의 사건을 나중에 지각하고 인식한 경우라는 점과 대조된다고 하였다. 또한 보통 지각시와 인식시는 분리하기 어렵기 때문에 '흔적 지각'의 상황이 일반적인 경우이며 '뒤늦은 깨달음'은 지각시와 인식시가 분리된 아주 특이한 상황이라고 하였다.

(58) 가. 이 물이 해골물이었네.
　　　나. (누구신지 몰랐는데) 김유미 선생님이셨네요.
(박재연2013: 100)

박재연(2013)에 따르면 '뒤늦은 깨달음'의 해석이 좀 더 자연스러운 것은 계사문이다. 원효가 동굴 속에서 아침에 깼을 때 그는 간밤에 마신 물이 해골에 담긴 물이었음을 깨닫고 (58가)와 같은 발화를 하였을 것이다. 이는 지각시와 인식시가 분리된 전형적인 경우이다. (58나)는 복도 끝의 누군가를 지각하였으나 정확히 식별하지 못했는데 가까이 다가간 후에야 '김유미 선생님'임을 알게 되었을 경우의 발화이다.

본고에서는 박재연(2013)의 '흔적 지각'이나 박진호(2011가)의 '뒤늦은 깨달음'이나 용어의 차이뿐이고 이 두 의미는 혼동되기가 쉬우며 용어 문제는 접어 두고 '-네'가 과거시제 표지 '-었-'과 결합하여 보인 의미로 본다면 '-었네'가 '-네'와 비교할 때 사유 과정이 포함된 '깨달음'의 의미가 기본적으로 바탕에 깔려 있다고 판단한다. (58나)의 예문을 다시 가져와서 보자.

(59) 가. (누구신지 몰랐는데) 김유미 선생님이셨네요.
     나. 김유미 선생님이네요.

앞서 언급했듯이 (59가)는 복도 끝의 누군가를 지각하였으나 정확히 식별하지 못했는데 가까이 다가간 후에야 '김유미 선생님'임을 알게 되었을 경우의 발화이다. 이와 대조적으로 (59나)의 경우에는 현재의 지각과 인식만을 표현하고 과거에 저 사람이 누군가에 대한 사유 과정을 표현하지 못한다. 다시 말해 (59나)처럼 '-네'가 쓰인 문장은 훨씬 더 즉각적인 반응처럼 느껴지는 반면에 (59가)와 같은 '-었네'가 쓰인 문장은 사유를 한 뒤에 결론을 내린 것처럼 느껴져 화자의 깨달음을 표현한다. 본고에서 사용한 말뭉치에 나타난 예문을 통해 살펴보자.

(60) 가구점 주인: 말리고 나면 또 사포질해야 돼… (晾干后要再打磨一次…)
     희도: 사포질을 또 해요? 아, 그냥 뚝딱뚝딱 만들 수 있는 게 아니었네요. (还要再打磨,原来不是一下就能做好的啊。)
     〈스물다섯스물하나 1회〉

(61) 태훈: 그럼 이수호 원전 재벌 2 세잖아.(那李秀浩完全是财阀二代呗。)
     수아: 애들 개무시하길래 왜 저러나 했는데 우리랑 완전 다른 세계 사람이었네. (看他那样无视同学,还纳闷他怎么那样,原来跟我们是两个世界的人啊。)
     〈여신강림 5회〉

(62) 채란: 더 개입하면 안 돼요. 이 자리가 그렇거든요. (我不能再介入了, 站在这个位置不能介入太多。)

최웅: 되게 재밌으신 분이었네요, PD님? (原来你是这么有趣的人啊, 制作人。)

〈그해 우리는 14회〉

위의 예문들은 모두 '-었네'가 쓰인 예문이다. 예문(60)의 경우 화자 희도가 '의자를 만드는 것이 그냥 뚝딱뚝딱 만들 수 있는 게 아니었네'라고 발화한 것은 화자가 전에 의자를 만드는 것이 아주 쉬운 일이라고 생각했는데 가구점 주인의 말을 듣고 나서 쉬운 일이 아니라는 것을 깨달았다는 것을 나타낸다. 만약에 '의자를 만드는 것이 그냥 뚝딱뚝딱 만들 수 있는 게 아니네'라고 하면 사유 과정이 생략된 현재의 지각만을 표현한다. 예문(61)도 '우리랑 완전 다른 세계 사람이었네'는 '우리랑 완전 다른 세계 사람이네'와 비교하면 전자에는 화자가 과거에는 이수호가 자신과 같은 세계 사람인 줄 알았는데 이제야 다른 세계 사람인 것을 깨달았다는 뉘앙스가 느껴지는 반면에 후자는 사유 과정이 생략된 즉각적인 반응으로 느껴진다. 예문(62)도 화자가 전에 채란이 재미없는 사람이라고 생각해 왔지만 이제야 재미있는 사람이라는 것을 깨달았다는 뉘앙스를 가진다. 요약하면 '-네'는 의미의 초점이 '지각한 사실'에 있는 반면에 '-었네'는 지각한 것과 관련 있는 '사유 과정'에 초점이 있다는 것이다.

또한 예문(60-62)에는 '-었네'가 '추론'에 의한 앎을 표현한다는 점에서 공통점이 있다.[21] 즉 상대방에게 들은 정보에 화자의 사유가 추가

---

21) 여기서 '추론'의 의미는 '-었네'의 결합에서 산출되는 의미일 가능성이 높다. 박진호(2011가:12)에서 '(철수 소지품이 없는 것을 보고) 철수 벌써 갔네'와

되어 화자에게 새로이 인식된 명제를 표현하고 있는 경우들이다. 하지만 다음과 같이 '-었네'가 '지각'에 의한 앎을 표현할 수도 있다.

(63) 가. (친구를 보면서) 여기 있었네. (原来在这里啊。)
　　나. (엄마를 보면서) 집에 있었네. (原来你在家啊。)
　　다. (친구의 다친 다리를 보면서) 한쪽 깁스 풀었네. (原来一边绷带已经拆了啊。)
　　라. (서점을 보면서) 한없이 조용한 서점이 여기 있었네. (原来这里就有间十分安静的书店啊。)

〈여신강림〉

위와 같은 예문에는 화자의 사유 과정이 포함되지 않으며 화자가 직접 목격한 대로 발화한 것으로 보인다. 하지만 본고에서는 (63)과 같은 예문에 쓰인 '-었네'는 '지각'에 의한 화자의 앎을 표시하지만 화자의 '순간적인 지각'을 표현한 것이 아니라 화자의 '깨달음'을 나타낸 것으로 판단한다. (63가)를 예로 들면 화자가 친구가 어디 갔나 했더니 친구를 찾았을 때 '여기 있었네'라는 발화를 통해 화자가 친구가 여기 있을 일이 없다고 생각했다는 사유 과정이 있음을 더 표현한다. (63나, 다, 라)도 비슷하게 화자가 '엄마가 집에 있는 것', '친구가 한쪽 깁스를 풀었다는 것', '여기 서점이 있는 것'과 같은 '지각한 사실'을 표현하는 것보다는 '엄마가 이 시간에 집에 있을 일이 없다', '친구가 벌써 한쪽 깁스를 풀 일이 없다', '여기 서점이 있을 일이 없다'처럼

같은 발화에서 '-구나'뿐만 아니라 '-네'도 추론의 결과를 표현한다고 보기도 한다. 본고에서는 '-었네'와는 달리 '-었구나'에서 나타나는 '추론'은 '-구나'가 독자적으로 가진 의미라고 본다.

지각한 사태와 관련된 사유 과정을 더 표현한다.

이와 같은 '-었네'의 '깨달음' 의미가 '-었구나'에서도 부각된 것이지만 '깨달음'의 의미는 '-네'와 과거 시제 '-었-'과의 결합에서 산출되는 의미임과 달리 '-었구나'에서 나타나는 '깨달음'은 '-구나'가 독자적으로 가진 의미다.[22]

상술한 논의를 종합해 보면 '-었네'의 결합으로 '깨달음'의 의미를 나타내는데 이러한 '깨달음'은 '지각'에 의한 것을 표현할 수도 있으며 '추론'에 의한 것을 표현할 수도 있다. '-었네'가 '깨달음'의 의미를 나타내기 때문에 '깨달음'의 의미를 가진 중국어 관용 표현 '原來(알고보니)…啊(a)'와 대응된다. 중국어 부사 '原來'는 화자가 이전에 알지 못했던 상황을 알게 되어 깨달음을 나타낸다.[23] 어기사 '啊(a)'가 의외성 표지로서 화자가 새로 알게 된 것을 표현하기 때문에 '깨달음'의 어기를 더 잘 살릴 수 있으므로 '原來(알고보니)…啊(a)'가 '이전에 몰랐던 것을 새로 알게 된다'라는 의미로 굳어졌다. 다음과 같은 예문을 보자.

(64) 가. <u>原来</u>自己还很年轻。(난 아직 젊구나.)
　　 나. <u>原来</u>再自以为坚固的感情都经不住时间的考验。(아무리 자신이 굳건하다고 생각하는 감정도 시간의 시련을 이겨 내지 못하는구나.)
　　 다. <u>原来</u>这个特殊的日子是为了纪念为祖国而牺牲的烈士的。(이 특별한 날은 조국을 위해 희생된 열사를 기리기 위한 것이구나.)

(刘震云 《一地鸡毛》)

---

22) 이에 대해 후술하겠다.
23) 《現代漢語八百詞》(呂叔湘,1999), 《現代漢語虛詞例釋》(1982), 《現代漢語虛詞》(景士俊, 1980) 등 참조.

(65) 가. 原来是你啊。(너였구나.)

나. 原来你真生病了啊。 (너 정말 아프구나.)

다. 原來是他儿子回來了啊。 (그의 아들이 돌아왔구나.)

예문(64)는 중편 소설 '일지계모(一地雞毛)'에서 나타난 예문들이다. (64가, 나, 다)는 부사 '原來'를 사용하여 각각 '자신이 아직 젊은 것', '아무리 자신이 굳건하다고 생각하는 감정도 시간의 시련을 이겨 내지 못하는 것', '이 특별한 날은 조국을 위해 희생된 열사를 기리기 위한 것'을 새로 알게 되어 화자의 새로운 깨달음을 나타낸 것이다. 예문(64)를 통해 부사 '原來'는 독자적으로 '깨달음'의 의미를 가진다는 것을 알 수 있다. 하지만 예문(64)와 달리 일상 대화인 예문(65)에는 다른 양상을 보인다. 일상 대화에서 '깨달음'의 뜻을 표현할 때 부사 '原來'를 독립적으로 사용하는 것보다는 문장 끝에 어기사 '啊(a)'가 첨가되어 '原來…啊'라는 관용 표현을 쓰는 경향이 있다. 이는 소설 등 문학 작품에서 어기사가 많이 쓰이지 않는 것과 연관된다. 예문(65)와 같이 어기사 '啊(a)'를 생략해도 '깨달음'의 의미가 유지될 수 있지만 어기사 '啊(a)'는 의외성 표지로서 새로운 깨달음에 대한 의외의 심리적인 태도를 더 강하게 나타낼 수 있다.

'原來…啊'가 관용 표현으로 굳어진 것이라는 사실 여부를 입증하기 위해 본고는 'CCL말뭉치'를 살펴보았다. 'CCL말뭉치'를 살핀 결과에 따르면 일상 대화 중 '原來'라는 단어가 393회 나왔으며 이 가운데 부사로 쓰인 용례가 총 154개였고 154개의 '깨달음'의 의미로 나타난 '原來'의 용례 중 '原來…啊'라는 관용 표현으로 나타난 용례가 총 112개로 72.7%를 차지해 높은 빈도수를 보였다.[24] 이는 일상 대화에서

---

24) 어기사 '啊(a)' 이외에 부사 '原來(알고보니)'와 공기할 수 있는 어기사는 '呀

'깨달음'의 뜻을 표현할 때 부사 '原來'를 독립적으로 사용하는 것보다는 '原來…啊'라는 관용 표현을 쓰는 경향이 있다는 것을 뒷받침해 준다.[25]

요약하면 '-네'가 쓰인 문장은 훨씬 더 즉각적/즉자적인 것으로 현재의 지각만 표현하는 반면에 과거 시제 '-었-'와 결합한 '-었네'가 쓰인 문장은 사유를 한 뒤에 결론을 내린 것처럼 느껴져 화자의 깨달음을 표현한다. '-었네'는 '깨달음'의 의미를 가진 중국어 관용 표현 '原來(알고보니)…啊(a)'와 대응된다. 이와 같은 용례가 본고에서 사용한 말뭉치에서 총 121개로 나타났다.

5.2.5 '-네'와 '吧(ba)'의 대응 양상

앞서 평서문에 쓰인 '-네'가 어기사 '呢(ne)', '啊(a)'와 대응하는 양상을 살펴보았다. 이어 판정의문문에 쓰일 경우 '-네'와 중국어 어기사의 대응 양상을 고찰하도록 하겠다. 결론을 밝히자면 판정의문문에 쓰인 '-네'는 어기사 '吧(ba)'와 대응된다.

4장에서 밝혀져 있듯이 어기사 '吧(ba)'에는 '화자의 불확신'의 의미가 나타난다. 종결어미 '-네'가 보통 화자가 '지각'으로 얻는 정보를 표현할 때 쓰이므로 '-네'가 화자가 명제에 대한 강한 확신을 나타낸다.

(ya)' 및 '哇(wa)'가 있다. 앞서 언급했듯이 어기사 '呀(ya)'와 '哇(wa)'는 어기사 '啊(a)'의 변이형으로 본고에서 이를 자세히 다루지 않기로 했다. 그리고 '原來…呀', '原來…哇'는 '原來…啊'와 같은 뜻으로 사용된다.

25) 어기사 '啊(a)'가 '깨달음'의 의미를 나타내는 맥락에서 많이 쓰이기 때문에 趙元任(1979), 孫汝建(2006), 왕주(2019) 등 연구에서 '깨달음'의 의미를 '啊(a)'의 의미로 파악하였다.

그러므로 어기사 '吧(ba)'의 '불확신' 의미는 '-네'의 '강한 확신' 의미와 모순이 되어 서로 대응할 수 없는 것이 합리적이다. 하지만 의문문에 쓰인 '-네'에서는 의문문의 특성상 '강한 확신' 의미가 없어진다. 3장에서 언급했듯이 판정의문문에 쓰인 '-네'는 청자에게 확인을 구하는 의미로 나타난다. 이와 같은 '재확인'의 의미로 나타날 때 '-네'와 어기사 '吧(ba)'가 서로 대응된다. 다음과 같은 예문을 통해 '-네'와 '吧(ba)'의 대응 양상을 살펴보자.

(66) 연수: 다시 만나고 싶지도 않으니까 그냥 나보고 이렇게 조용히 꺼져 달라는거<u>네</u>? (不想跟我复合, 就是让我安安静静地磙蛋是吧?)
최웅: 아니. 우리 친구하자. (不, 我们做朋友吧。)

〈그해 우리는 3회〉

(67) 가. 펜싱부구나. 희도 후배<u>겠네</u>? (你是击剑社的啊, 那你是希度的后辈吧?)
나. 오늘도 나희도가 우승하<u>겠네</u>? (今天罗希度应该也会获胜吧?)
다. 당분간 얼굴 보기 힘들<u>겠네</u>? (暂时有段时间会见不到你了吧?)
라. 근데 같은 반이면 우리 서준이랑 친하<u>겠네</u>? (不过你们是同班的话 应该跟我们书竣很熟吧?)

〈스물다섯 스물하나〉

(68) 승완: 시간이 딱 뉴스 끝나고 바로 <u>오신 것 같네</u>요? (看这时间您应该是播报完就马上过来的吧？)
이진: 응. (嗯。)

〈스물다섯 스물하나 12회〉

(69) 기사: 근데 그, 이삿짐도 제대로 안 싸 놓으셨던데 이사를 아주 급하게 가신 모양이네요? (我看你连行李都没打包好,应该是很急着搬家吧？)

이진: 네. (对。)

〈스물다섯 스물하나 7회〉

(70) 연수: 결정했나 보네? (你决定好了吧?)

최웅: 응. (嗯。)

〈그해 우리는 4회〉

예문(66)에는 화자가 발화시에 추론한 '그냥 나보고 이렇게 조용히 꺼져 달라는 거'라는 내용에 대해서 청자에게 확인을 구하고 있다. 이럴 때는 불확실한 어감을 가지면서 청자로부터 확인을 구하지만 화자가 청자로부터 긍정적인 대답을 얻고 싶어 하는 어기사 '吧(ba)'와 대응된다. 종결어미 '-네'가 독립적으로 의문문에 쓰인 경우는 흔하지는 않으며 '-네'가 의문문으로 사용될 때에는 선어말어미 '-겠-'과 결합하여 '-겠네'의 형식으로 나타나는 경향이 있는 것은 예문(67)을 통해 알 수 있다. 본고에서 사용한 말뭉치에서 나타난 '-네'의 용례를 분석한 결과에 따르면 '-네'가 판정의문문으로 사용된 용례가 총 69개였고 이 가운데 '-겠네'가 69개 중 43개로 빈도수가 아주 높게 나타났다. 이외에 예문(68-70)과 같이 '-네'가 '-을 것 같다', '-은 모양이다', '-은가 보다' 등 추측 표현과 결합하면서 '-을 것 같네', '-은 모양이네', '-은가 보네'의 형식으로 의문문으로 사용되며[26] 화자 자신의 추측을 청자에게 확

---

[26] 앞서 '-을 것 같네', '-은 모양이네', '-은가 보네'는 평서문에 쓰일 때 '추론'의 의미로 나타나 중국어 관용 표현 '看来(보아하니)…啊(a)'와 대응된다는 것

인을 구하는 '재확인'의 의미로 나타날 때 어기사 '吧(ba)'와 대응된다.

본고에서 사용한 말뭉치 중 '-네'의 용례가 총 1353개였고 이 가운데 평서문은 총 1284개(94.9%), 의문문은 총 69개(5%)로 평서문에서 훨씬 높은 비율을 보였다.

5.2.4 소결

지금까지 살펴본 '-네'와 중국어 어기사의 대응 양상을 정리하면 다음과 같다.

〈표 10〉 '-네'와 어기사의 대응 양상

문장 유형	'-네'의 양태 의미	대응되는 어기사	출현 빈도/점유율(%)
평서문	강한 확신	呢	748/55.2%
	추론	'看來…啊'	231/17%
	깨달음	'原來…啊'	121/8.9%
	감탄	啊	159/11.7%
판정의문문	재확인	吧	69/5.0%
기타27)			25/1.8%

을 밝혔다. '-을 것 같네', '-은 모양이네', '-은가 보네' 등 표현은 의문문에 쓰일 때 '재확인'의 의미를 나타내 어기사 '吧(ba)'와 대응된다. 본고에서는 이들 평서문과 의문문을 구별하는 기준은 '문장의 마지막에 물음표가 포함되어 있으면서 '네' 혹은 '아니요' 등으로 답변하는 것으로 삼았다.

27) 본고에서 살펴본 내용 이외에 '-네'와 대응된 어기사에 있어 기타의 경우도 존재한다. 예를 들어 '그렇네'는 굳어진 표현 '真的耶'와 대응되며 '-네'가 사용되는데 어기사가 생략되는 경우도 있다. 이와 같은 경우가 드물게 나타나 본고에서 자세히 다루지는 않기로 한다.

종결어미 '-네'는 평서문과 판정의문문에서 쓰이며 모든 용법에 모두 [새로 앎]의 양태 의미가 기본적으로 바탕에 깔려 있다. <표10>에서 볼 수 있듯이 평서문에 쓰인 '-네'가 어기사 '呢(ne)' 및 '啊(a)'와 대응된다. 우선 대부분의 '-네'가 '지각'에 의한 정보를 표현할 때 쓰이기 때문에 화자의 명제에 대한 '강한 확신'의 의미가 파생된다. 이때는 명제의 사실성에 대한 화자의 강한 확신을 나타냄에 있어 '-네'와 유사한 면이 있는 어기사 '呢(ne)'와 대응된다.

또한 '-네'가 표시하는 정보의 원천은 모두 화자의 지각이 아니다. 화자의 '추론'을 통해 얻는 정보를 표현할 때도 '-네'가 쓰일 수 있으며 이때는 어기사 '呢(ne)'가 아니라 '啊(a)'와 대응된다. '呢(ne)'가 가진 '강한 확신'과 같은 의미가 '추론'의 의미와 모순되어 서로 대응할 수 없기 때문이다. 중국어 어기사 '啊(a)'는 독자적으로 '추론'의 의미를 나타내지 못하며 '看來(보아하니)…啊(a)'라는 관용 표현으로 '추론'의 의미를 표현하기 때문에 '-네'가 '추론'의 의미로 나타날 때는 '看來(보아하니)…啊(a)'라는 관용 표현과 대응된다. 그리고 '-네'가 과거시제 표지 '-었-'과 결합하면 '깨달음'이라는 독특한 의미가 생긴다. 이때는 '깨달음'의 의미를 가진 중국어 관용 표현 '原來(알고보니)…啊(a)'와 대응된다. 마지막으로 '-네'가 '감탄'의 의미로 나타날 때 어기사 '啊(a)'와 대응되며 판정의문문에 쓰인 '-네'가 청자에게 확인을 구하는 의미로 나타나며 어기사 '吧(ba)'와 대응된다.

<표 10>을 통해 종결어미 '-네'가 어기사 '呢(ne)'와 가장 밀접한 대응 관계를 보인다는 것을 알 수 있다.

5.3 '-구나'와 중국어 어기사의 대응 양상

종결어미 '-구나'의 용법은 앞에서 살펴보았던 '-네'의 용법과 유사한 점이 많다. '-네'와 마찬가지로 '-구나'도 평서문과 판정의문문의 용법을 가지고 있다.

(71) 가. 철수는 벌써 집에 갔구나.
　　　나. A: 철수는 벌써 집에 갔구나?
　　　　　B: 응. 오늘 집에 일이 좀 있다나 봐.

(박재연1998: 124)

(71가)는 평서문, (71나)는 판정의문문에 사용된 '-구나'의 모습을 보이고 있다. 종결어미 '-네'와 같이 '-구나'가 쓰인 평서문과 의문문이 명확하게 구분하기가 쉽지 않으며 상향 억양이 걸리면서 청자의 반응을 강하게 요구하게 되면 의문문의 성격을 띠게 된다. 그리고 '-네'처럼 선어말어미 '-겠-'이 통합되면 의문문의 성격이 강해진다(박재연 1998:124).[28] 본고에서는 '-구나'가 평서문과 판정의문문에 쓰인다는 것을 받아들이고 논의를 진행하고자 한다.

5.3.1 '-구나'와 '啊(a)'의 대응 양상

'-구나'는 한국어에서 흔히 감탄형 종결어미로 다루어져 왔다. 3장에서 밝힌 바와 같이 '감탄'이 '-구나'의 핵심 의미가 될 수 없음이 증명된 바 있지만 '-구나'의 '감탄' 의미를 부인할 수는 없다. 본고에서

---

28) 박재연(1998:124)에서는 '철수는 벌써 집에 갔겠구나?'라는 예문을 제시하였다.

사용한 말뭉치를 분석한 결과를 보면 '-구나'가 '감탄'으로 사용된 경우는 31개[29]로 전체의 약 9.28%를 차지하여 그렇게 낮은 빈도수로 볼 수 없을 듯하다. 그러므로 '-구나'가 흔히 중국어 감탄문에 전형적으로 사용되는 어기사 '啊(a)'로 번역되는 경우가 많았다(필숙나2012, 진관초2013, 조가근2019 등).

(72) 가. 너 그릇이 되게 크<u>구나</u>! (你真的好有肚量啊!)
　　 나. 넌 되게 똑똑하<u>구나</u>! (你还真聪明啊!)
　　 다. 우리 미조가 감성이 참 좋<u>구나</u>! (我们美昭真是感情丰富啊!)
　　 라. 연예인 돈 벌기 참 쉽<u>구나</u>! (艺人赚钱真轻松啊!)

'-구나'의 핵심 의미가 [새로 앎]으로 파악된다는 점을 보면 화자가 새로운 것을 알게 되는 순간에는 놀라움의 정서가 부수적으로 수반되는 것이 일반적이다. 흔히 '-구나'가 감탄문을 이끄는 경우에 이와 관련되기도 한다. 그러므로 예문(72)와 같은 화자가 새롭게 알게 된 명제 내용에 대한 감탄을 드러내며 중국어 감탄 어기사 '啊(a)'와 대응된다.

5.3.2 '-구나'와 관용 표현 '原來(알고보니)…啊(a)'의 대응 양상

3장에서 밝혔듯이 본고에서는 '-구나'가 '추론'에 의한 앎을 표시하는 것으로 항상 '사유 과정'을 거쳐야 하기 때문에 '깨달음'의 의미로 기술할 수 있다고 보았다. 따라서 '-구나'가 평서문에 쓰일 때 '깨달음'

---

29) 앞서 언급했듯이 본고에는 국립국어원의 정의에 따라 문장의 마지막에 느낌표가 포함되어 있거나 '와'와 같은 감탄사 혹은 '아주, 무척, 꽤, 정말, 굉장히, 되게, 엄청' 등과 같은 정도를 나타내는 말이 포함된 문장을 감탄으로 보았다.

의미를 가지는 중국어 관용구 '原來(알고보니)…啊(a)'와 대응될 수 있다. 5.2.4절에서 '原來(알고보니)…啊(a)'가 관용 표현으로 굳어져 '깨달음'의 의미로 사용된다는 것을 이미 다루었다. 다음과 같은 예문을 통해 살펴보도록 하자.

(73) 코치님: 2차 테스트 시작. (第二轮测验开始。)
　　 나희도: 아, 2차 테스트가 짤짤이<u>구나</u>. (原来第二轮测验是猜铜板啊。)

〈스물다섯 스물하나 1회〉

(74) 선우: 오늘 영어 수업 있는 걸 깜빡했네. (我忘了今天有英文课呢。)
　　 미조: 아, 영어 선생님이시<u>구나</u>. (原來你是英文老师啊。)

〈서른아홉 1회〉

(75) 연수: 그래도 괜찮나? 안 죽어? (这样没关系吗？他死不了吗？)
　　 은호: 아, 너 잘 모르겠<u>구나</u>. 걔 원래 작업할 때 그래. (啊, 原来你不知道啊, 他工作的时候就是这样。)

〈그해 우리는 3회〉

(76) 만화방 주인: 어서 오세요. (欢迎光临。)
　　 주경: 어? 아저씨. 아직 계셨<u>구나</u>. (咦? 叔叔, 原来您还在这里啊。)

〈여신강림 1회〉

위와 같은 예문에서는 의외의 사실에 대한 화자 자신의 깨달음이 강조가 되는 상황이라고 할 수 있다. 이때 '-구나'가 관용 표현 '原來(알고보니)…啊(a)'와 대응된다. 예문(73)처럼 화자 희도가 코치님이 꺼낸 동전을 보고 2차 테스트가 짤짤이임을 깨달았으며 예문(74)는 화자 미조가 상대방의 말을 듣고 선우가 영어 선생님인 것을 깨달았다. 예문 (75) 및 (76)처럼 '-구나'는 각각 추측 표현 '-겠-', 그리고 과거 시제의 '-었-'과 통합하여 깨달음을 표현하고 있다. 이는 '-구나'가 '깨달음'의 의미를 나타냄에 있어 시제 제약을 받지 않는다는 것을 보여준다. 그리고 예문(73-75)는 추론을 통한 깨달음인 것과 달리 예문(76)은 화자의 지각을 통해 어떤 사실을 새로 알게 되는 것을 표현한다. 즉 화자 주경이 만화방 주인 아저씨를 보면서 아저씨가 아직 이 만화방에 계신다는 것을 새로 깨달았다. 이를 통해 '-구나'의 이러한 '깨달음'은 '추론'은 물론 '지각' 상황에서도 드러난다는 것을 알 수 있다. 박재연(2019:344)에서도 '-구나'가 표현하는 '사유'는 매우 포괄적이고 일반적인 의미에서의 사유이며 그것은 지각에 동반된 사유일 수도 있고 지각 이후의 추론일 수도 있으며 어떤 사실을 새로 알게 되는 과정 그 자체일 수도 있다고 지적한 바 있다.

앞서 언급했듯이 '-었네'도 '깨달음'의 의미를 표현할 수 있어 중국어 관용 표현 '原來(알고보니)…啊(a)'와 대응된다. 하지만 '깨달음'은 '-었네'의 결합으로 산출되는 의미인 반면에 '-구나'는 독자적으로 '깨달음'의 의미를 나타낸다. 예문(73-76)처럼 '-구나', '-었구나', '-겠구나'는 모두 '깨달음'의 의미를 보였다는 것도 '-구나'가 독자적으로 '깨달음'의 의미를 나타낸다는 것을 뒷받침해 준다.

본고에서 사용한 말뭉치를 살핀 결과 '-구나'가 '깨달음'의 의미로 나타나 중국어 관용 표현 '原來(알고보니)…啊(a)'와 대응된 용례가 총 219개로 전체의 65.5%로 절반 이상을 차지하여 높은 빈도수를 보였다.

5.3.3 '-구나'와 '吧(ba)'의 대응 양상

앞서 평서문에 쓰인 '-구나'와 어기사 '啊(a)'의 대응 양상을 살펴보았다. 이어 '-구나'가 판정의문문에서 중국어 어기사와 대응하는 양상을 고찰하도록 하겠다. 결론을 밝히자면 판정의문문에 쓰인 '-구나'는 '-네'와 마찬가지로 어기사 '吧(ba)'와 대응된다.

(77) 선배: 너 일 재밌<u>구나</u>? (你很享受你的工作吧？)
　　　이진: 네. (是的。)

　　　　　　　　　　　　　　　　　　　〈스물다섯 스물하나 4회〉

(78) 승완 엄마: 우리 승완이 반장 뽑아 준 애들이<u>구나</u>? (是你们选我女儿当班长的吧？)
　　　유림: 아니, 저는 펜싱부라서 반장 선거는 못 했어요. (不是, 我是击剑社的所以没参与班长选举。)

　　　　　　　　　　　　　　　　　　　〈스물다섯 스물하나 5회〉

(79) 지웅: 학교는 왜 왔어? 아, 수업 일수 채우러 왔겠<u>구나</u>? (你为什么要来学校？啊, 是来补出席率的吧?)
　　　유림: 응. (嗯。)

　　　　　　　　　　　　　　　　　　　〈스물다섯 스물하나 3회〉

(80) 찬영: 내가 네 발목을 잡았<u>구나</u>? (我成为你的累赘了吧?)
　　　미조: 아니. 그런 거 아니야. (不, 不是那样的)

　　　　　　　　　　　　　　　　　　　〈서른아홉 2회〉

'-구나'는 새로 알게 된 것에 대해 다시 확인하려고 의문을 나타낼 수 있는데 이때는 어기사 '吧(ba)'와 대응할 수 있는 것이다. 어기사

'吧(ba)'는 의문문에서 쓰이면 추측의 의미를 담고 있고 화자가 자신의 생각에 대해 약간 불확신이 있어서 청자에게 확인을 구하는 경우에 쓰인다는 것이다. 예문(77-80)은 '-구나'의 쓰임으로써 화자가 추론을 통하여 알게 된 사실에 대해 청자에게 다시 확인하려 하는 의미를 가지며 '재확인'의 의미를 갖는 어기사 '吧(ba)'와 대응될 수 있다. 본고에서 사용한 말뭉치에서 '-구나'의 용례가 총 334개였고 이 가운데 의문문[30]은 29개(8.6%)만 있으며 평서문에서 훨씬 높은 비율을 보였다.

5.3.4 소결

지금까지 살펴본 '-구나'와 중국어 어기사의 대응 양상을 정리하면 다음과 같다.

〈표 11〉 '-구나'와 어기사의 대응 양상

문장 유형	'-구나'의 의미	대응되는 어기사	출현 빈도/점유율(%)
평서문	깨달음	'原來…啊'	219(65.5%)
	감탄	啊	31(9.2%)
판정의문문	재확인	吧	29(8.6%)
기타[31]			55(16.4)

---

30) 앞서 언급했듯이 본고에서는 문장의 마지막에 물음표가 포함되어 있으면서 '네' 혹은 '아니요' 등으로 답변되는 문장만을 '판정의문문'으로 보았다.
31) 본고에서 살펴본 내용 이외에 '-구나'와 대응된 어기사에 있어 기타의 경우도 존재한다. 예를 들어 '그렇구나'는 굳어진 표현 '原來如此'와 대응된다. 이 가운데 '그렇구나'는 총 29개, '그렇군요'는 4개로 총 33개로 보다 많이 나타난다. 이외에 '-구나'가 사용되는데 어기사가 생략된 경우도 있다. 이와 같은 용례가 드물게 나타나 본고에서는 자세히 다루지는 않기로 한다.

'-네'와 마찬가지로 종결어미 '-구나'도 평서문과 판정의문문에서 쓰이며 모든 용법에 [새로 앎]의 의미가 기본적으로 바탕에 깔려 있다. 평서문에 쓰인 '-구나'가 '새로운 사실에 대한 깨달음'과 관련한 의미를 표현하기에 관용 표현 '原來(알고보니)…啊(a)'와 대응된다. 또한 '-구나'가 '감탄'의 의미로 나타날 때 어기사 '啊(a)'와 대응되며 판정의문문에 쓰인 '-네'가 청자에게 확인을 구하는 의미로 나타나며 어기사 '吧(ba)'와 대응된다.

　3장에서 밝혔듯이 종결어미 '-구나'가 '-네'와 함께 [새로 앎]의 의미를 가진다는 점에서 공통점이 있지만 '-네'가 '추론'의 속성보다 '지각'의 속성과 더 밀접하게 연관되는 반면에 '-구나'는 '지각'의 속성보다는 '추론'의 속성과 더 밀접하게 연관된다. 이러한 차이로 인해 '-구나'와 '-네'에는 두 가지 차이점이 있다. 하나는 '직접 지각'의 의미로부터 확장된 화자의 '강한 확신', 즉 정보의 사실성을 드러내는 의미는 '-네'만 갖는 것이며 다른 하나는 '-네'는 추정 과정을 거치지 않아 '-네'가 쓰인 문장은 훨씬 더 즉각적인 반응처럼 느껴지는 반면에 '-구나'의 경우 추론의 과정이 두드러지게 부각되어 화자의 깨달음을 표현하는 것이다.

　위와 같은 종결어미 '-네'와 '-구나'의 차이점과 함께 서로 대응되는 중국어 어기사도 다르게 나타난다. 결론을 내리면 종결어미 '-네'가 어기사 '呢(ne)'와 가장 밀접한 대응 관계를 보이는 것과 달리 종결어미 '-구나'는 어기사 '啊(a)'와 더 밀접한 대응 관계를 가지고 있다.

06

결론

　본고는 한국어 종결어미 '-지', '-네', '-구나', 그리고 중국어 어기사 '啊(a)', '呢(nei)', '吧(ba)', '呗(bei)'의 양태 의미를 밝히고 양태 의미에 있어서 이들 종결어미와 이들 중국어 어기사의 대응 양상을 밝혔다. 이 자리에서는 앞에서의 논의를 정리하고 남은 문제를 제시하고자 한다.
　2장에서는 이후의 논의를 진행해 나가기 위한 기본적인 논의를 수행하였다. 2.1에서는 주체높임법, 시제, 문장 유형, 청자대우법 등의 개념과 구분하면서 양태의 개념을 '명제에 대한 화자의 태도'로 보았으며 종결어미를 양태의 실현 양상으로 다루었다. 2.2에서는 양태에 대한 분류 방법을 고찰하면서 인식 양태의 범주를 '정보의 확실성에 대한 판단', '정보의 획득 방법', '정보의 내면화 정도', '청자 지식에 대한 화자의 가정'으로 제시하였다. 2.3에서는 중국어학에서 양태에 대한 연구를 살펴보았다. 중국어 어학계에서 양태를 '情態'로 부르며 한국어 양태와 유사하게 '화자의 명제에 대한 주관적 태도'로 정의되어 있다. 이 절에서는 어기사가 중국어 양태의 실현 양상임을 확인하였다. 2.4에서는 어기사의 개념과 분류 방법을 소개하면서 어기사는 양태 체계에서 인식 양태에 속한 것으로 확인하였다.

3장에서는 종결어미 '-지', '-네', '-구나'의 양태 의미를 분석하였다. 3.1에서는 인식 양태와 행위 양태의 다의성을 가지는 양태 종결어미 '-지'의 양태 의미를 검토하였다. '-지'는 [이미 앎] 및 [기지가정]의 인식 양태적 의미를 갖는 것으로 보았다. '-지'의 핵심 양태 의미는 [이미 앎]이지만 설명의문문에 쓰일 때는 '과거에는 알았지만 지금은 잠시 망각함'이나 '자문'의 의미도 가진다고 보았고 '-지'의 핵심 양태 의미는 [기지가정]이지만 '청자도 화자가 말한 명제를 당연히 알고 있어야 한다는 가정'이나 '청자가 명제를 몰라도 해당 명제가 당위성이 있어서 청자가 화자로부터 얻은 해당 정보를 충분히 동의하거나 수용할 수 있다는 가정'의 의미도 가진다고 보았다. 또한 '-지'는 '제안' 혹은 '기원'의 행위 양태적 의미를 가지기도 함을 논의하였다.

3.2에서는 종결어미 '-네'와 '-구나'의 양태 의미를 기술하였다. 3.2.1에서는 '-네'의 양태 의미를 분석하였고 '-네'가 '지각'뿐만 아니라 '추론'에 의한 정보도 표현할 수 있으며 지각 증거 의미가 취소되기도 하지만 의외성의 의미를 항상 가지고 있으므로 '-네'의 핵심 의미에 있어서 증거성보다는 의외성을 훨씬 강하게 드러낸다고 보았다. '-네'의 핵심 양태 의미는 [새로 앎]이지만 화자가 새로 알게 되는 경우뿐만 아니라 화자가 내면화되어 있던 사실을 다시 자각하게 된 경우나 화자가 예상하던 것을 확인한 경우도 모두 신정보하고 할 수 있으며 이들은 모두 [새로 앎] 의미 영역에 속한다고 보았다. 또한 '-네'는 '지각'을 비롯해서 내성, 추론, 전문에 의한 정보를 표현하기도 한다는 것을 확인하였다. 3.2.2에서는 '-구나'의 양태 의미를 기술하였고 '-구나'도 마찬가지로 [새로 앎] 의미가 항상 나타난다고 보았다. 기존 연구처럼 '추

론'의 속성으로만 '-네'와 '-구나'를 구분하는 데에 문제가 있다고 보아서 3.2.3에서는 '-네'와 '-구나'의 양태 의미를 대조적으로 살펴보았다. 우선 대부분의 '-네'는 '지각'에 의한 정보를 표현하며 '추론'에 의한 정보를 표현하기도 하지만 '-네'가 추론의 기능을 가지기 위해서는 과거 시제 '-었-', 선어말어미 '-겠-', 그리고 '-을 것 같다', '-은가 보다', '-을까 싶다', '-은 모양이다' 등 추측 표현과 결합해야만 가능하다. 반면 대부분의 '-구나'는 '추론'에 의한 정보를 표현하므로 '-네'가 '추론'의 속성보다 '지각'의 속성과 더 밀접하게 연관되는 반면에 '-구나'는 '지각'의 속성보다는 '추론'의 속성과 더 밀접하게 연관된다고 주장하였다. 그러므로 '직접 지각'의 의미로부터 확장된 화자의 '강한 확신', 즉 정보의 사실성을 드러내는 의미는 '-네'만 갖는 것으로 보았다. 또한 대부분의 '-구나'가 '추론'에 의한 앎을 표시하는 것으로 항상 '사유 과정'을 거쳐야 하기 때문에 '깨달음'의 의미로 기술할 수 있다고 보았다.

4장에서는 '啊(a), 呢(ne), 吧(ba), 呗(bei)' 4가지 중국어 어기사의 양태 의미에 대해 고찰하였다. 4.1에서는 어기사 '啊(a)'의 양태 의미를 분석하였으며 어기사 '啊(a)'의 양태 의미를 '의외성'으로 파악하며 '啊(a)'에는 청자에게 반응을 보이도록 요구한다는 화자의 의도가 보인 것으로 보았다. 4.2에서는 어기사 '呢(ne)'의 양태 의미를 살펴보았다. '呢(ne)'는 독자적으로 감탄문에 쓰이지 못하며 평서문과 의문문에서 상이한 의미를 가지며 의문문에 쓰인 '呢(ne)'의 양태 의미를 '자문', 평서문에 쓰인 '呢(ne)'의 양태 의미를 '명제 내용이 참인 것을 강조함'으로 보았다. 또한 '의외성'의 의미를 나타낼 때 '啊(a)'와 '呢(ne)'가 모두 쓰일 수 있지만 어기사 '啊(a)' 자체가 '의외성'의 뉘앙스를 가지고 있는 반면에 '呢(ne)'는 문맥에 의존해야 '의외성'의 어기를 살릴 수 있다. 따라서 '啊(a)'가 나타내는 놀라움의 정도가 훨씬 더 높다.

또한 어기사 '啊(a)'를 사용하면 화자가 청자의 반응을 요구하는 데에 반해 어기사 '呢'는 화자가 사실만 강조하고 청자의 반응을 요구하지 않는다. 4.3에서는 어기사 '吧(ba)'의 양태 의미를 살펴보았고 '吧(ba)'의 양태 의미를 '화자의 불확신'으로 보았다. 그리고 판정의문문에 쓰인 '吧(ba)'가 [이미 앎]과 관련된 속성이 드러난다는 것을 확인하였다. 4.4에서는 어기사 '呗(bei)'의 양태 의미를 검토하였고 '呗(bei)'의 양태 의미를 [당연함]으로 파악하였다. 이와 같은 [당연함]은 [기지가정]과 관련된 속성이 드러난다고 보았다. 또한 '呗(bei)'가 쓰일 때 종종 화자의 못마땅한 어감이나 화자가 주어진 상황에 개의치 않는다는 어감이 수반된다. 따라서 '呗(bei)'가 친한 사이에 많이 쓰이며 보통 아랫사람이 윗사람에게 말할 때 쓰이지 않으며 엄숙한 자리에서도 사용되지 않는다. 특히 명령문에 쓰인 '呗(bei)'도 어기사 '吧(ba)'와 비슷하게 명령의 어기를 완화시키는 기능을 가지지만 '吧(ba)'가 쓰여 단순하게 명령의 어기를 완화시키는 것과 달리 명령문에 쓰인 '呗(bei)'에는 화자의 못마땅한 어감이나 주어진 상황에 개의치 않는다는 어감을 나타내며 청자에게 불쾌감을 줄 수 있다.

마지막 5장에서는 3·4장의 논의를 바탕으로 양태 의미에 있어서 '-지', '-네', '-구나' 3가지 종결어미와 4가지 중국어 어기사 '啊(a)', '呢(ne)', '吧(ba)', '呗(bei)'의 대응 양상을 살펴보았다. 5.1에서는 종결어미 '-지'와 중국어 어기사의 대응 양상을 고찰하였고 양태 의미에 있어 종결어미 '-지'가 중국어 어기사 '吧(ba)', '呗(bei)', 어기사 '啊(a)'가 들어가는 관용 표현 '當然(당연히)…啊(a)', 그리고 어기사 '呢(ne)', '來著(laizhe)'와 대응된다고 보았다. 특히 종결어미 '-지'와 어기사 '吧(ba)'가 가장 밀접한 대응 관계를 보임을 확인하였다. 5.2에서는 종결어미 '-네'와 중국어 어기사의 대응 양상을 검토하였고 양태 의미에 있어 종결어미 '-네'가 중국어 어기사 '呢(ne)', 어기사 '啊(a)'가 들어가는 관용 표현 '看來(보아하니)…啊(a)', '原來(알고보니)…啊(a)', 그리고 어기사 '吧(ba)'와 대응된다고 보았다. 이 가운데 종결어미 '-네'와 어기사 '呢(ne)'가 가장 밀접한 대응 관계를 보인다는 것을 확인하였다. 5.3에서는 종결어미 '-구나'와 중국어 어기사의 대응 양상을 살펴보았고 양태 의미에 있어 종결어미 '-구나'가 중국어 어기사 '啊(a)'가 들어가는 관용 표현 '原來(알고보니)…啊(a)', 그리고 어기사 '啊(a)', '吧(ba)'와 대응된다고 보았다. 이 가운데 종결어미 '-구나'와 어기사 관용 표현 '原來(알고보니)…啊(a)'가 가장 밀접한 대응 관계를 보인다는 것을 확인하였다. 따라서 본고에서는 종결어미 '-네'와 '-구나'는 [새로 앎]의 양태 의미를 가진다는 공통점이 있지만 '-네'가 '화자의 강한 확신 및 단언', '-구나'가 '깨달음'의 의미를 각각 나타내기 때문에 '-네'와 '-구나'의 차이점과 함께 서로 대응되는 어기사도 다르게 나타나며 종결어미 '-네'와 어기사 '呢(ne)'가 가장 밀접한 대응 관계를 보이는 것과 달리 종결어미 '-구나'와 어기사 '啊(a)'가 더 밀접한 대응 관계를 가지고 있다는 것을 확인하였다. 또한 본고 연구 대상인 한국어 종결어미 '-지', '-네', '-구나'는 다른 양태 의미가 실현되어 서로 대응되는 중국어 어기사도 다르지만 공통점을 찾을 수 있다. 즉 '-지', '-네', '-구나'는 의문문의 형식으로 사용될 때 문장이 질문의 화행을 수행하는 것이 아니라 화자가 알고 있는 것을 청자에게 재확인하는 것으로 유사의문문 효과가 실현되며 모두 '재확인' 의미를 갖는 중국어 어기사 '吧(ba)'와 대응된다.

　본고는 종결어미 '-지', '-네', '-구나'와 중국어 어기사 '吧(ba)', '唄(bei)', '啊(a)', '呢(nei)'의 양태 의미 대조 연구를 통해 종결어미 '-지', '-네', '-구나'와 중국어 어기사 '吧(ba)', '唄(bei)', '啊(a)', '呢(nei)'의

대조에 있어 보이는 일정한 패턴을 밝혔다. 학문적으로는 한국어 종결어미와 중국어 어기사의 대조에 일정한 패턴과 규칙성을 제시하여 이를 바탕으로 일관된 이론적 체계를 구축할 수 있다. 또한 실용적인 측면에서 이 연구 결과는 중국어권 한국어 학습자들이 한국어를 습득하고 구사할 때 종결어미를 적절하게 활용하는 기법을 제시하는 데 도움이 될 것으로 기대된다. 이들 양태 의미의 대조를 이해하고 활용하는 것은 학습자들의 언어적 표현 능력 향상에 도움을 줄 수 있을 것이다. 따라서, 이 연구 결과는 학문적인 이론 체계를 구축하는 데 기여할 뿐만 아니라 실용적인 측면에서도 한국어 학습자들의 언어 습득과 구사에 유용한 지침을 제시할 수 있다는 의의를 가지고 있다고 생각한다.

그러나 본고가 아직 미흡한 점을 많이 가지고 있다는 것도 인정한다. 여기서 주로 두 가지 문제점을 정리하여 언급하고자 한다. 첫째, 한국어 종결어미나 중국어 어기사는 억양에 따라 의미가 달라지는데 억양에 대한 논의를 펼치지 못한 것이 본고의 약점 중의 하나임을 부인할 수 없다. 둘째, 본고는 '증거성'을 다루는 데 있어 직접 증거와 간접 증거의 경계가 모호한 경우를 살펴보지 못했다는 한계를 가지고 있다. 본고에서는 '지각'에 의한 정보를 표현하는 것과 '추론'에 의한 정보를 표현하는 것으로 구분하여 '-네'와 '-구나'의 '증거성'을 다루었는데, 어떤 경우에는 '-네'와 '-구나'의 사용에서 '지각'과 '추론'을 구분하기 어려울 때가 있다. 예를 들어 '얼굴에 걱정이 잔뜩이구나'와 같은 문장에 쓰인 '-구나'가 표시하는 정보의 원천을 '지각'으로 볼 것인가 '추론'으로 볼 것인가 하는 문제가 대두된다. '얼굴에 무엇이 있다'는 것은 화자가 직접 보고 있는 것으로 보면 '지각'으로 볼 수 있을 것이다. 하지만 '걱정'과 같은 구체적인 것이 아니라 화자가 추상적인 것을 지각할 경우, 화자가 직접적으로 '걱정'을 볼 수 없으며 '상대방의 좋지 않은 표정이나 안색'과 같은 구체적인 것을 보고 그것을 근거로 '얼굴에 걱정이 잔뜩 있는' 것이라는 추론을 하고 있다고 보면 '추론'이라고 할 수 있을 것이다. 다시 말해 구체적인 것이 아니라 추상적인 것의 지각일 때 '지각'과 '추론'의 구분이 어려워지는데 본고에서 사용한 말뭉치에서 이와 유사한 예문을 많이 발견하지는 않았으므로 본고에서는 이러한 문제를 집중적으로 다루지 못했다. 이에 대해서는 추후에 보다 많은 자료와 예시를 확보하여 '억양'과 '증거성'에 대한 문제를 더 면밀히 살피고 이 한계점을 보완하며 보다 깊이 있는 논의를 진행하고자 한다.

참고문헌

- 고빙빙(2015), 한국어 종결어미의 중국어에서의 대응 형식에 관한 연구, 서울시립대학교 석사학위논문.
- 고영근(1986), 서법과 양태의 상관관계, 국어학 신연구, 탑출판사, 383-399.
- 고영근(1989), 《국어형태론 연구》, 서울대학교 출판부.
- 고영근(2004), 《한국어의 시제 서법 동작상》, 서울: 태학사.
- 고현정(2014), 어미 '-구-'의 의미, 동국대학교 석사학위논문.
- 국어국립원(2005), 《외국인을 위한 한국어문법 1,2》, 커뮤니케이션북스.
- 권익수(2013), 한국어 종결어미 '-네'의 의미 재고찰: 정경숙(2012)에 대한 다른 생각, 《언어》 38-1, 한국언어학회, 53-66.
- 권익수(2015), 한국어 종결어미 '-네'에 대한 여전히 다른 생각, 《언어》 40-3, 한국언어학회, 287-305.
- 김경혜(2020), 15세기 선어말 어미 '-니-', '-리-'의 의미 기능에 대한 연구, 인하대학교 박사학위논문.
- 김지은(1998), 《우리말 양태 용언 구문에 대한 연구》, 한국문화사.
- 노희제(2015), 現代中國語 判斷疑問文 語氣詞 '嗎', '吧'의 既知 狀態 硏究, 연세대학교 석사학위논문.
- 문병열(2006), 한국어의 보문 구성 양태 표현에 대한 연구, 서울대학교 석사학위논문.
- 문창학(2014), 현대 한국어 종결어미 '-네(요)'와 '-군(요)': 입력정보 처리과정의 관점에서 본 의미 비교, 《언어와 언어학》 64, 한국외국어대학교 언어연구소, 83-109.
- 민경모(2010), 병렬말뭉치의 개념 및 구조에 관한 몇 문제, 《언어사실과 관점》 25, 연세대학교 언어정보연구원, 41-70.
- 박나리(2004), 한국어 교육문법에서의 종결어미 기술에 대한 한 제안: '-어', '-네', '-지', '-다', '-구나', '-단다'의 담화 화용적 의미를 중심으로, 《이중언어학》 26, 이중언어학회, 91-116.
- 박병선(2000), 현대 국어 양태 표현의 변천, 《현대국어의 형성과 변천》, 103-131.
- 박재연(1998), 현대국어 반말체 종결어미 연구, 서울대학교 석사학위논문.
- 박재연(1999), 국어 양태 범주의 확립과 어미의 의미 기술: 인식 양태를 중심으로, 《국어학》 34, 국어학회, 199-225.

- 박재연(2004), 한국어 양태 어미 연구, 서울대 박사학위논문.
- 박재연(2006), 《한국어 양태 어미 연구》, 태학사.
- 박재연(2008), '-던가', '-더라' 의문문의 특성에 대한 연구, 《국어학》 53, 국어학회 199-227.
- 박재연(2013), 한국어의 인식론적 범주와 관련한 몇 문제, 《국어학》 66, 국어학회, 79-107.
- 박재연(2014), 한국어 종결어미 '-구나'의 의미론, 《한국어의미학》 43, 한국어의미학회, 219-245.
- 박재연(2019), 《한국어 어미의 의미》, 집문당.
- 박정구 외(2007), 《표준중국어문법》, 파주: 한울.
- 박지은·최선지(2021), 구어문법의 관점에서 본 종결어미 '-네' 연구, 《국어학》 100, 국어학회, 275-307.
- 박진호(2011가), 한국어(韓國語)에서 증거성(證據性)이나 의외성(意外性)의 의미성분 포함하는 문법요소, 《언어와 정보 사회》 15, 서강대학교 언어정보연구소 1-25.
- 박진호(2011나), 시제, 상, 양태, 《국어학》 60, 국어학회, 290-322.
- 박진호(2021), 의미유형론은 한국어 연구에 어떻게 기여할 수 있는가, 국어학회·한국언어유형론 학회 2021년 겨울 공동학술대회 발표집, 국어학회, 207-222.
- 서만(2019), 한국어 종결어미 '-더라'와 중국어 '來著'에 대한 대조 분석 연구, 《韓民族語文學》 83, 한민족언어학회, 9-44.
- 서정수(1986), 국어의 서법, 《국어생활》, 국어연구소, 116-130.
- 설문영(2021), 병렬말뭉치 기반 한·중 높임 표현 대조 연구, 계명대학교 박사학위논문.
- 손현선(1996), 이른바 반말 종결형태의 양태적 의미 연구, 연세대학교 석사학위논문.
- 손혜옥(2016), 한국어 양태 범주 연구, 연세대학교 박사학위논문.
- 손혜옥(2018), 한국어에서 내면화 의미의 존재 양상, 《국어학》 85, 국어학회, 211-250.
- 송승남(2021), 한국어 '-더라'의 중국어의 대응 표현 분석, 《한국학연구》 62, 고려대학교세종캠퍼스 한국학연구소, 267-298.
- 송재목(2007), 증거성(evidentiality)과 주어제약의 유형론 한국어, 몽골어, 티벳어를 예로 들어-, 《형태론》 9.1, 형태론, 1-23.

- 송재목(2009), 인식 양태와 증거성,《한국어학》44, 한국어학회, 27-53.
- 송재목(2011), 한국어 증거성 표지의 중복실현,《비교문화연구》22, 경희대학교 비교문화연구소, 355-375.
- 송재목(2014), 한국어 '증거성' 종결어미 '-네' : 정경숙(2007, 2012)에 대한 대답,《언어》39, 한국언어학회, 819-850.
- 송재목(2015가), 증거성(evidentiality)과 의외성(mirativity),《한국언어학회 학술대회지》12, 한국언어학회, 47-57.
- 송재목(2015나), 한국어 종결어미 '-네'의 의미기능,《국어학》76, 국어학회, 123-159.
- 신선경(2001), '-군(요)'와 '-네(요)'의 쓰임에 대한 연구: 서술 시점(敍述視點)의 차이를 중심으로,《형태론》3.1, 형태론, 69-84.
- 심현정(2017), 한국어교육에서의 종결어미 '-군, -구나, -네'의 의미 교수 방안 연구, 한국외국어대학교 석사학위논문.
- 안인경 외(2007), 병렬코퍼스를 이용한 한-독 번역 실험과 번역 교육,《독어교육》38, 한국독어독문학교육학회, 55-79.
- 안주호(2004), '-는 법이다'류의 양태표현 연구,《국어학》44, 국어학회, 185-210.
- 엄녀(2012),《한국어 양태 표현 교육 연구》, 한국문화사.
- 역소란(2019), 중국어권 한국어 학습자를 위한 종결어미 '-지(요)'와 '-네(요)'의 연구, 충남대학교 석사학위논문.
- 오승은(2017), 한국어 양태 표현 연구, 서강대학교 박사학위논문.
- 왕주(2019), 중국인 학습자를 위한 종결어미의 서법적 의미 교육 방안 연구, 인하대학교 석사학위논문.
- 윤석민(1996), 국어의 문장종결법 연구, 서울대학교 박사학위논문.
- 윤석민(1998),《문장종결법 문법 연구와 자료(이익섭선생 화갑기념논총)》, 서울: 태학사.
- 윤석민(2000),《현대국어의 문장종결법 연구》, 텍스트 언어학총서 4, 집문당.
- 이기갑(2006), 한국어의 양태 표현: 언어 유형론의 관점에서,《담화·인지언어학 학술대회 발표논문집》, 35-75.
- 이기동(1987), 마침꼴의 의미 연구,《한글》195, 한글학회, 77-104.
- 이미지(2015), 한국어 교육을 위한 '-군(요)'와 '-네(요)'의 변별 연구,《이중언어학》58, 이중언어학회, 87-110.
- 이선웅(2001), 국어의 양태 체계 확립을 위한 시론,《관악어문연구》26, 서울

대학교 국어국문학회, 317-339
- 이윤복(2019), 한국어의 의외성을 나타내는 어미 연구, 국내석사학위논문 서울대학교 대학원.
- 이해영(1996), 현대 한국어 활용어미의 의미와 부담줄이기의 상관성, 이화여자대학교 박사학위논문.
- 이효정(2004), 한국어 교육을 위한 양태 표현 연구, 상명대학교 박사학위논문.
- 임동훈(2003), 국어 양태 체계의 정립을 위하여, 《한국어의미학》 12, 한국어의미학회, 127-153.
- 임동훈(2008), 한국어의 서법과 양태 체계, 《한국어의미학》 26, 한국어의미학회, 211-249.
- 임채훈(2007), 국어 문장 의미 연구, 경희대학교 박사학위논문.
- 임채훈(2008), 감각적 증거 양태성과 한국어 어미 교육: "-네", "-더라", "-더니", "-길래" 등을 중심으로, 《이중언어학》 37, 이중언어학회, 199-234.
- 장경현(2010), 《국어 문장 종결부의 문체》, 역락.
- 장경희(1985), 《現代國語의 樣態範疇研究》, 태학사.
- 장경희(1995), 국어의 양태 범주의 설정과 그 체계, 《언어》 20, 한국언어학회, 191-205.
- 장경희(1998), 서법과 양태, 서태룡 외 편(1998), 《문법연구와 자료(이익섭 선생님 화갑 기념 논총)》, 태학사, 261-303.
- 장석진(1984), 話의 생산적 연구, 《어학연구 별권》 9-2, 서울대학교 어학연구소, 77-98.
- 장리엔(2017), 종결어미 '-지(요)'와 중국어 어기사의 양태·화행 대조연구, 세종대학교 석사학위논문.
- 장채린(2018), 한국어 교육을 위한 비격식체 종결어미 연구, 연세대학교 박사학위논문.
- 정경미(2016), 한국어 추론 증거성 연구, 고려대학교 박사학위논문.
- 정경미(2017), 종결어미 {-지}의 의미 분석, 《한국어학》 75, 한국어학회, 273-302.
- 정경숙(2012), 한국어 종결어미 '-네'의 의미: 증거성 및 의외성과 관련해서, 《언어》 37, 한국언어학회, 995-1016.
- 정명숙(2009), 현대중국어 어기조사의 화용론적 의미 분석, 고려대학교 박사

- 학위논문. 정순화(2021), 한국어 종결어미 '-네'와 '-구나' 비교 연구, 《한국어의미학》 71, 한국어의미학회, 25-46.
- 정인아(2010), 한국어의 증거성(Evidentiality) 범주에 관한 연구, 상명대학교 박사학위논문,
- 조가근(2019), 한국어 종결어미 '-구나', '-군'의 중국어 대응 양상 연구, 동국대학교 석사학위논문.
- 조민정(1996), '-구나'와 '-네'의 대한 연구, 《연세어문학》 26, 연세대학교, 281-299.
- 조민정(2017), 종결어미 '-네(요)'의 의미와 맥락 분석 연구, 연세대학교 석사학위논문.
- 조용준(2016), 한국어의 의외성 범주의 실현과 그 양상, 《한말연구》 40, 한말연구학회, 251-278.
- 진관초(2013), 중국어권 학습자를 위한 한국어 증거성 표지 연구, 연세대학교 석사학위논문.
- 진관초(2015), 한국어 종결어미 '-더라'와 중국어 '來著'에 대한 대조 연구, 《한국어학》 67, 한국어학회, 217-245.
- 최수정(2014), 종결어미 {-지}의 인식 양태 의미 연구, 《한국언어문화》 55, 한국언어문화학회, 279-314.
- 최윤지(2019), 《한국어 정보구조 연구》, 태학사.
- 한길(1986), 현대국어 반말에 관한 연구, 연세대학교 박사학위논문.
- 한길(1991), 《국어 종결어미 연구》, 강원대 출판부.
- 畢淑娜(2012), 한·중 서법표현에 대한 대조 연구, 명지대학교 석사학위논문.
- Hou, Xiaorong(2020), 한국어 종결어미 '-네(요)'와 중국어 어기사 '啊', '呢', '吧'의 대조 연구, 경희대학교 석사학위논문.
- 金兌垠(2019), 어기조사 '啊' 음운 변화 규칙과 모어 화자의 현실발음 인식 차이에 대한 고찰, 中國語文學論集 제118 호.
- Aikhenvald, A, Y.(2012), The essence of mirativity, Linguistic Typology 16(3), 435-486.
- Bybee, Joan & Fleisehlnan, Suzane(1995), Modality in grammar and discourse, Amsterdam: John Benjamins.
- DeLancy, S.(1997), Mirativity: The grammatical marking of unexpected information, Linguistic Typology 1, 33-52.
- Fillmore, C.(1968), The case for case, In E. Bach and R. T. Harms,

- Universals in Linguistic Theory, New York: Holt, Rinehart and Winston, 1-88.
- Lee, H.S.(1991), Tense, aspect, and modality: A discourse-pragmatic analysis of verbal affixes in Korean from a typological perspective, Ph.D. Dissertation, University of California Los Angeles.
- Lee, H.S.(1993), Cognitive constraints on expressing newly perceived information With reference to epistemic modal suffixes in Korean, Cognitive Linguistics 4, 135-167.
- Lyons, J.(1977), Semantics I, II, Cambridge University Press.
- Palmer, F. R.(2001), Mood and Modality, 2nd ed, Cambridge University Press.

<중국어 문헌>

- 陳前瑞(2006), '來著' 補論, 漢語學習.
- 崔希亮(2003), 事件情態和漢語的表態系統, 中國語文雜志社編.語法研究與探索 (十二), 北京: 商務印書館.
- 單 威(2017), 現代漢語偏離預期表達式研究, 吉林大學.
- 丁駿怡(2020), 漢語語氣詞'呢'的研究, 青年文學家.
- 丁石林·楊曉芳(2009), 副詞"原來"和"其實"的對比考察, 語言應用研究.
- 範東青(2011), 現代漢語'來著'的詞義探析, 現代商貿工業.
- 高名凱(1946/1985), 《漢語語法言》, 臺北:臺灣開明書局.
- 黃伯榮(1994), 《漢語助詞論(序)》, 漢語學習.
- 賀 陽(1992), 試論漢語書面語的語氣系統, 中國人民大學學報, 第5期.
- 胡明亮(2014), "唄"的語義語用分析, 語文學刊.
- 胡明揚(1988), 語氣助詞的語氣意義, 漢語學習.
- 胡明揚(2003), 語義語法範疇[J], 漢語學習.
- 金浩真(2011), 漢語語氣助詞'嗎', '呢', '啊'研究, 華中科技大學碩士學位論文.
- 金智姸(2011), 現代漢語句末語氣詞意義研究, 復旦大學, 博士學位論文.
- 劉月華(2001), 《實用現代漢語語法》, 北京:商務印書館.
- 龍旭潔(2021), 韓國學生語氣詞"啊""呢""吧"習得偏誤研究, 湖南師範大學.
- 李軍華·李長華(2010), "呢"字句的情態類型與語氣詞'呢'的情態意義考察, 語言研究, 第30卷 第3期.

- 李鹹菊(2010), 口語交際中"唄"的多維選擇及話語功能 [J], 洛陽師範學院學報.
- 魯　川(2003), 語言的主觀信息和漢語的情態標記, 中國語文雜志社編, 語法研究與探索(十二).
- 呂叔湘(2005),　關於語文教學的兩點基本知識(緒), 語文學習.
- 穀　峰(2014), 漢語反預期標記研究述評, 漢語學習.
- 彭利貞(2005), 現代漢語情態研究, 復旦大學, 博士學位論文.
- 彭利貞(2007), 論情態與情狀的互動關係, 浙江大學學報(人文社會科學版), 第5期.
- 樸明男(2014), 漢語語氣詞與韓語終結詞的對比教學, 中國遼寧師範大學碩士論文.
- 齊滬揚(2002), ≪語氣詞與語氣系統≫, 安徽教育出版社.
- 強星娜(2017), 意外範疇研究述評, 語言教學與研究.
- 邵敬敏(2001). ≪漢語語法的立體研究≫, 北京:商務印書館.
- 孫汝建(1999), ≪語氣和口氣研究≫, 北京中國文聯出版社.
- 孫汝建(2006), ≪語氣詞口氣意義的分析方法≫, 南通大學哲社版.
- 孫錫信(1999). ≪近代漢語語氣詞：漢語語氣詞的曆史考察≫，語文出版社.
- 孫玉蘭(2005), 語氣詞"呢"的意義分析, 和田師範專科學校學報, 第 26 卷第一期.
- 孫　貞(2021), 韓國學生語氣詞"呢"的習得順序研究, 中國語教育與研究, 第33號.
- 盛澤元(2009), 現代漢語語氣詞A的用法研究, 中國傳媒大學碩士學位論文.
- 完　權(2018), 信據力:"呢"的交互主觀性, 語言科學.
- 王　力(1954/1985/2000), ≪中國現代語法≫, 北京: 商務印書館.
- 王　力(1984), ≪中國語法理論≫, 濟南:山東教育出版社.
- 王林哲(2018), 現代漢語意外情態範疇研究, 上海師範大學 博士學位論文.
- 王良傑(2006), 談"嗎"和"呢"的用法, 唐山師範學院學報, 第28卷 第3期.
- 王曉平(2009), 現代漢語 "看來" 及其相關格式研究綜論, 合肥學院學報(社會科學版), 第26卷 第1期.
- 溫鎖林(2001), ≪現代漢語語用平面研究≫, 北京圖書館出版社.
- 謝佳鈴(2002). 漢語的情態動詞, 台灣清華大學博士學位論文.
- 徐晶凝(2003), 語氣助詞"吧"的情態解釋, 北京大學學報(哲學社會科學版).
- 徐晶凝(2007), 語氣助詞 "唄 "的情態解釋, 語言教學與研究.
- 徐晶凝(2008), ≪現代漢語話語情態研究≫, 昆侖出版社.
- 尤　佳(2013), 韓國留學生漢語語氣詞習得研究-以'啊', '呢'爲例, 遼寧師範大學漢語國際教育碩士專業學位論文.
- 趙　敏(2021), 歎詞"啊"的預期性感歎表達, 寧夏大學學報(人文社會科學版).

- 趙元任(1979), ≪漢語口語語法≫, 北京：商務印書館.
- 張伯江(2001), 漢語句法的功能透視[J], 漢語學習.
- 張桂權(2002), 语气词啊的音变及其用字规范问题, 桂林师范高等专科学校学报, 2002年 第001期.
- 張筱平(1993), 談語氣助詞'唄'[J]. 邏輯與語言學習.
- 張誼生(2010), 語法化現象在不同層面中的句法表現, 語文研究.
- 張小峰(2003) , 現代漢語語氣詞 '吧', '呢', '啊'的話語功能研究, 上海師範大學博士學位論文.
- 周怡君(2009), 漢語語氣詞'啊，嗎， 嘛，吧，呢'與韓語終結詞尾對比分析, 北京語言大學碩士論文.
- 曾俊潔(2010), 淺議漢語句末語氣詞"吧"的情態意義, 語言研究.
- 朱德熙(1982/2003), ≪語法講義≫, 北京:商務印書館.
- 朱家凱(2018), 漢語語氣詞'啊，吧， 呢， 嗎'和韓國語詞尾的對比和教育研究, 中國大連外國語大學碩士論文.

<사전류>

- [1] 戴維·克裏斯特爾 (David Crystal), ≪現代語言學詞典≫, 北京商務印書館, 2000.
- [2] 景士俊, ≪現代漢語虛詞[M]≫, 呼和浩特：內蒙古人民出版社, 1980.
- [3] 呂叔湘, ≪現代漢語八百詞[M]≫, 北京：商務印書館, 2001.
- [4] ≪現代漢語虛詞例釋[Z]≫, 北京：商務印書館, 1982.
- [5] ≪現代漢語八百詞(增訂版)≫, 商務印書館, 1999.
- [6] ≪現代漢語詞典(第七版)≫ , 商務印書館, 2018.

中文摘要

本文以韩语终结语尾"-지","-네","-구나"及汉语语气词"啊","呢","吧","唄"为研究对象，从情态意义的角度对两种语言进行对比分析，旨在揭示其在情态表达上的对应关系。

第二章阐述了研究的相关概念。2.1节区分了情态与敬语、时态、句子类型、听者待遇法等概念，将"情态"界定为"说话者对命题的态度"，并指出终结语尾是情态意义的重要实现形式。2.2节探讨了情态的分类方法，将认知情态的范畴界定为"对信息准确性的判断"，"信息的获取方式"，"说话者对信息的已知程度"以及"说话者对听者认知状态的假设"。2.3节回顾了汉语学界关于情态的研究成果，确认汉语与韩语在"情态"定义上的相似性，即均将其视为说话者对命题的主观态度，并认为语气词是汉语中实现情态意义的主要手段。2.4节进一步介绍了汉语语气词的概念与分类，明确语气词主要体现于认知情态范畴之中。

第三章分析了韩语终结语尾"-지","-네","-구나"的情态意义。3.1节指出，"-지"兼具认知情态与行为情态的多义性，既可表达[说话者已知]或[听话者已知]的认知情态，也可体现"过去知道但暂时忘记"，"自问"等附加意义。在行为情态层面，"-지"还可表示"提案"或"祈愿"。3.2节探讨了"-네"和"-구나"的情态特征。3.2.1节认为，"-네"不仅用于表达通过"五感"获得的信息，也可表示基于推论得出的判断，其核心意义为[说话者新知]。这一"新知"不仅限于初次获知，也包括再次确认或印证预想的信息。此外，"-네"可结合"自省"，"推论"，"听说"等形式使用。3.2.2节指出，"-구

나"同样具有[说话者新知]的意义。由于两者在推论属性上存在交叉，3.2.3节对二者进行了对比分析：一般而言，"-네"更倾向于表达通过"五感"获得的直接信息，而"-구나"多用于基于推论的理解与领悟。因此，"-네"体现说话者对命题真实性的确信，而"-구나"则更强调"领悟"或"顿悟"的情态特征。

第四章转向汉语语气词的情态意义分析。4.1节认为"啊"主要表达"意外性"，并带有促使听者回应的语用意图。4.2节指出，"呢"在疑问句中常体现"自问"，在陈述句中则用于强调命题真实性。虽然"啊"和"呢"均可出现在意外语境中，但前者自身带有"惊讶"语气，而后者需依赖上下文体现意外感，因此"啊"的情绪色彩更强。4.3节分析了"吧"的情态功能，认为其核心意义为"表达说话者对命题的不确定性"，同时在非疑问句中亦可体现[说话者已知]的属性。4.4节探讨了"呗"的情态意义，认为其核心为[理所当然]，常带有"不在意"或"轻微不满"的语气色彩，多用于亲密语境，在正式或上下级场合中较少使用。命令句中使用"呗"虽有缓和语气之效，但仍含不满的语气，因此可能引发听者的不快。

第五章综合前述分析，从情态意义角度探讨韩语终结语尾与汉语语气词的对应关系。5.1节认为，"-지"与"吧"，"呗"及惯用表达"当然……啊"，"呢"，"来着"等相对应，其中与"吧"的对应关系最为密切。5.2节指出，"-네"在情态意义上与"呢"、惯用句"看来……啊"，"原来……啊"以及"吧"相对应，其中与"呢"的关系最为紧密。5.3节分析"-구나"与"原来……啊"，"啊"，"吧"的对应关系，其中以"原来……啊"最为接近。由此可见，尽管"-네"和"-구나"均具有[说话者新知]的情态特征，但前者强调确信，后者侧重领悟，因而与不同的汉语语气词相对应。此外，三种韩语终结语尾在疑问句中都具有"再确认"功能，与汉语语气词"吧"在语义上表现出共性。

总体而言，本文通过对韩语终结语尾与汉语语气词的情态意义对比研究，总结了两种语言在对应关系上的固定模式，对构建相关对比研究的理论体系具有一定的启示作用。同时，该研究结果对汉语母语者学习和运用韩语终结语尾具有一定的参考价值。当然，本文亦存在不足。其一，韩语终结语尾和汉语语气词的语义会随语调变化而呈现差异，本文未能深入探讨语调因素。其二，在"证据性"分析中，对直接证据与间接证据的区分尚不够清晰。未来的研究将通过更大规模的语料分析，进一步弥补这些不足。

作者简介

杨静静，山东济南人，现为山东大学外国语学院重点资助类博士后。主要研究方向为中韩语言对照学，区域国别学。目前主持一项省级项目，曾参与韩国国家级项目。在《韩国学研究》，《二重言语学会》，《中国朝鲜语文》等核心期刊发表论文8余篇。

병렬말뭉치에 기반한 한국어 종결어미와 중국어 어기사의
양태 의미 대조 연구

1판 1쇄 발행 2025년 10월 30일

지 은 이 | 杨静静(양정정)
펴 낸 이 | 김진수
펴 낸 곳 | 한국문화사
등   록 | 제1994-9호
주   소 | 서울시 성동구 아차산로49, 404호(성수동1가, 서울숲코오롱디지털타워3차)
전   화 | 02-464-7708
팩   스 | 02-499-0846
이 메 일 | hkm7708@daum.net
홈페이지 | http://hph.co.kr

ISBN 979-11-6919-356-6 93710

· 이 책의 내용은 저작권법에 따라 보호받고 있습니다.
· 잘못된 책은 구매처에서 바꾸어 드립니다.
· 책값은 뒤표지에 있습니다.

오류를 발견하셨다면 이메일이나 홈페이지를 통해 제보해 주세요.
소중한 의견을 모아 더 좋은 책을 만들겠습니다.